동방정교회 선교사들
The Missionaries of Eastern Orthodox Church

동방정교회 선교사들

The Missionaries of Eastern Orthodox Church

누가 알렉산더 베로니스 지음

남정우 편역

한국학술정보㈜

편역자의 글

　이 책은 누가 알렉산더 베로니스라고 하는 정교회 신부님이 쓴 책을 번역한 것과 편역자의 논문과 다른 번역물을 모아서 만든 것이다. 누가 신부님은 그리스계 미국인 3세 정교회 신부님인데 지금 알바니아에서 정교회 선교를 위하여 애쓰고 있는 분이다.

　이 책은 편역자가 박사과정을 밟고 있던 중 읽었던 책인데, 정교회의 선교 역사를 인물 중심으로 알기 쉽게 소개하고 있다. 아직도 동방정교회 세계에 대하여 지식이 별로 없는 한국교회에 정교회의 선교를 소개하는데 아주 좋은 책이라고 생각하고 틈틈이 번역하면서 박사논문을 준비하던 중 어떤 부분은 미안하지만 누가 신부님 보다 내가 더 잘 쓸 수 있겠다 하는 내용이 있었다. 특별히 페름의 스테판 그리고 니콜라이 카사트킨의 경우는 편역자가 더 상세한 지식을 가지고 있다고 생각되어 기본 골격은 누가 신부님의 글을 따르면서 편역자가 연구한 자료들을 많이 추가하였다. 동방정교회 세계가 한국인들에게 워낙 낯설기 때문에 글의 내용을 보다 쉽게 이해하고 상상할 수 있도록 돕기 위하여 관련된 사진이나 그림들을 다른 자료집에서 뽑아 편역자가 첨가하였다.

　　그리고 부록에 편역자가 번역하고 연구한 글 6편을 실었다. 첫 번째 번역물은 정교회에 대하여 전혀 지식이 없는 사람들에게 도움을 주기 위한 글이다. 정교회란 어떤 교회인가를 이해하는데 유익한 내용이다. 두 번째 "정교회의 국가－정치적 선교 개념"이라는 글은 편역자의 박사논문의 핵심을 요약한 논문이다. 그리고 세 번째 글은 러시아정교회가 약 600년 동안 행한 선교역사의 줄거리를 정리한 글이고, 네 번째, 다섯 번째, 여섯 번째 글은 러시아정교회의 선교 역사를 초기(시베리아 개척과 선교), 중기(16-18세기), 말기(19세기)로 구분하여 연구한 글을 번역한 것이다.

　　지금은 지구화 시대, 세계화 시대이다. 이제 기독교인들은 자기 교회, 자기 교파 안에서만 생각하지 말고, 세계적인 관점에서 다른 그리스도인들을 이해하고 협력하는 법을 배워야 한다. 편역자는 이 책을 통하여 한국교회가 동방정교회 세계를 많이 이해하고, 정교회의 훌륭한 선교사들을 존경하며, 정교회 선교의 특징들을 이해함으로 21세기 세계 선교를 위하여 서로 협력하여 삼위일체 하나님의 나라를 지구상에 구현하는데 작은 기여를 할 수 있기를 바란다. 부족한 글을 사랑과 정성으로 출판해 주신 한국학술정보(주) 관계자 여러분들에게 감사드린다.

2007년 8월
서울 대치동에서
남 정 우

• • 차 례 • •

서 론

2천 년의 역사와 전통을 지닌 동방정교회는 현대 기독교 세계의 보고 (寶庫)이다. 사도시대, 교부시대로부터 천 년의 비잔틴문명과 비잔틴기독교의 핵심을 이루었으며, 이후에 동유럽과 러시아로 확장되어 나간 동방정교회는 고대 에큐메니컬 7대 공의회의 결정들을 훼손됨이 없이 신학과 예전과 영성 가운데 보존해 오는 교회이다.

하지만 기독교 세계에서 동방정교회의 위대한 선교적 전통은 종종 간과되어 왔다. 모든 피조물들에게 예수 그리스도의 복음을 선포하는 선교사역은 항상 정교회의 핵심적 사역이었다. 역사적으로 정교회가 선교의 지상명령(마 28:18-20)을 완수하는 데 소극적인 태도를 취한 기간이 있었던 것이 사실이다. 그러나 많은 경우 그러한 소극적인 태도는 선교에 대한 무관심에서 비롯된 것이라기보다는 역사적 상황의 어려움 때문이었다. 수많은 선교사들이 모든 민족에게 복음을 전하는 일에 사도적 열심과 열정을 바쳐 왔다. 이 책에 실린 선교사들의 이야기는 선교가 정교회의 본질적인 부분을 차지해 왔다는 사실을 보여주는 증거들이 될 것이다.

정교회 선교역사에 대한 무지

로마가톨릭교회나 개신교회는 정교회가 선교를 거의 하지 않은 것으로 생각한다. 그 첫 번째 이유는 편견이나 무지 때문이다. 정교회 출신 선교사들을 거의 알지 못하기 때문이다. 불행하게도 이러한 편견과 무지는 정교회역사를 오해하고 있는 수많은 서적들과 정교회와 갈등 관계 속에서 지내온 역사적 상황들로 인하여 더욱더 확산되고 강화되었다.

정교회의 선교는 사도시대로부터 11세기 동서방교회의 대분열이 일어나기 직전까지 쉬지 않고 계속되었다. 한 선교신학자가 지적하였듯이, "로마와 콘스탄티노플이 갈라서기 전까지 비잔틴정교회의 선교는 서방가톨릭교회의 선교사역과는 확연하게 다른 특징을 보여주었다. 하지만 정교회의 선교를 따로 구분하지 않고 '교부적인 선교(patristic mission)'라는 타이틀로 소개되었다"(Stamoolis 1986:19).[1] 이러한 타이틀 때문에 마치 정교회 역사에서는 선교역사가 없었던 것처럼 인식되었다.

정교회는 풍부한 선교역사를 지니고 있다. 고트족, 훈족, 이베리안족, 코치스족, 코카스족, 켈트족, 페르시안족, 그리고 아르메니안족 등 수많은 민족에게 선교하였다(Yannoulatos 1989:65). 정교회 선교역사의 최고봉은 끼릴과 메쏘디우스 형제의 선교사역으로 슬라브족을 개종시킨 일이다. 최근에 이르러서야 서구세계가 정교회의 선교역사를 알기 시작하였는데, 거기에는 프랜시스 드보르닉(Francis Dvornik)과 같은 현대 학자들의 공이 크다.

정교회의 선교역사를 제대로 알지 못한 두 번째 이유는 지난 600년 동안 정교회 세계가 접하고 있는 지리적 세계와 상황에 대하여 친숙하지 못하였기 때문이다. 천 년 동안 비잔틴제국을 중심으로 정교회 세계가 확장

---

1) James Stamoolis, *Eastern Orthodox Mission Theology*(New York: Maryknoll Orbis Books, 1986).

되다가 1453년 콘스탄티노플이 붕괴된 다음 정교회 세계는 암흑 속으로 사라지는 듯하였다. 정교회가 있던 지역에서 이슬람을 근간으로 한 오토만제국이 부흥되면서 정교회의 선교활동은 엄격한 제한을 받았다. 이슬람의 법은 기독교의 선교를 금지하고 대신에 이슬람으로 개종하는 일을 권장하였다. 이슬람으로 개종하면 많은 혜택을 부여하였다. 지난 400년 동안 이러한 굴레 속에서 정교회는 계속 쇠퇴하였다. 억압과 고난을 받아온 그리스, 중동, 발칸반도에 거주하는 정교회 신자들은 선교활동에 참여할 수가 없었다. 이렇게 지내는 동안 정교회의 선교역사와 유산은 망각되었다.

19세기, 20세기에 발칸반도에 있던 정교회 민족들이 독립을 쟁취하면서 민족별로 자립적인 정교회가 부흥되기 시작하였다. 새로 쟁취한 정치적 독립과 자유는 세속화된 민족주의의 바람을 일으켰는데, 이것은 세계 열방을 위한 선교사명을 수행하는 데 부정적인 영향을 끼쳤다.

발칸반도의 정교회가 암흑기를 보내는 동안, 사도들의 선교적 열정은 러시아로 건너갔다. 14세기부터 러시아정교회는 키예프 북쪽 지역과 동부 지역에서 중요한 선교사역들을 수행하였다. 14세기부터 16세기 사이에 러시아정교회는 모범적인 선교사들을 배출하였다. 러시아정교회의 선교는 19세기에 절정에 달하였다. 그 주된 이유는 19세기에 러시아에 영적인 부흥운동, 경건주의 운동의 뜨거운 바람이 러시아 전역에서 불었기 때문이었다. 러시아 짜르의 제국 변방에서 수많은 이방 민족들을 대상으로 선교사역이 이루어졌고, 영웅적인 선교사들이 탄생하였지만, 정교회 밖의 세계에서는 이러한 사실을 거의 알지 못하였다. 게다가 1917년 갑자기 볼셰비키 공산혁명이 일어나 러시아제국이 무너지고 러시아정교회가 공산주의의 굴레 속으로 들어가 버리자 러시아정교회의 선교역사와 선교활동도 공산주의 굴레 속에 갇히고 말았다.

20세기에 러시아정교회는 생존을 위하여 투쟁하였고, 발칸반도에 있는 정교회는 400년 이상 오토만제국의 지배로부터 벗어나 정교회의 순전한 전통을 회복하기 위하여 노력하였다. 20세기 초에 이렇게 내적인 자유와 순수성을 회복하기 위하여 투쟁하는 동안, 외적으로는 정교회가 선교에 소극적인 것으로 비추어졌다. 1950년대 60년대가 되어서야 비로소 정교회가 잃어버린 선교적 열정을 되찾은 것으로 비추어졌다.

이렇게 선교에 불리한 역사적 상황과 고립으로 인하여 정교회가 서구인들에게 거의 알려지지 않았다. 게다가 다른 문제들이 정교회 신자들의 선교적 열정을 마비시켰다. 많은 정교회 신자들은 교회와 선교와의 관계성도 잘 모르고, 정교회 역사 안에 선교적 전통이 있었다는 사실조차도 알지 못하고 있다. 오랫동안 생존 자체를 위하여 투쟁하는 데 전념해 온 정교회 신자들은 최근에 와서야 자신들의 풍부한 역사와 전통을 재발굴하는 작업을 시작하고 있다.

또 다른 이유가 있다. 서구 선교사들이 정교회 세계에 들어와서 복음을 전하기 위하여 많은 노력을 기울이고 있는데, 정교회 신자들의 입장에서 선교라는 단어를 달리 이해하기 때문이다.

 …… 개종시키는 것은 문제가 많은 것이다. 수백 년 동안 정교회 세계에서 선교라는 말은 비정교회 선교기관들이 정교회 신자들을 개종시키기 위하여 전통적으로 정교회 지역이라고 알려진 지역 속으로 침투해 들어오는 행위로 이해되었다. 그래서 (서구)선교사들은 자주 분리주의자들, 종파주의자들로 간주되었다(Bria 1980:3).

선교라는 단어 자체에 대하여 이러한 이해와 거부감을 지닌 정교회 신자들은 모든 형태의 선교 자체를 거부하는 경향으로 나가게 되었고, 주님의 선교 명령과 자신의 선교역사마저도 망각하는 지경에 이르게 되었다. 그러므로 정교회 세계 안에서 무엇보다 시급한 일은 선교란 진실로 무엇인가에 대하여 올바른 오리엔테이션이 이루어져야 한다. 선교란 "온 세계에 복음을 전파해야 하는 교회의 근본적인 사명이며 사도적 소명이다"(Bria 1980:3).

현대 정교회가 외부세계를 선교하는 일에 적극적으로 나서지 않는 두 번째 이유는 두려움 때문이다. 기존의 정교회가 아직 연약한데 어떻게 외부세계에 나가서 선교한단 말인가 하는 두려움을 지니고 있다. 그래서 교회지도자들은 외국 선교 대신에 교회 내부에 있는 명목상 교인들을 가르치는 데 우선순위를 두어야 하지 않겠느냐고 주장한다. 그러나 해외선교를 해야 한다고 주장하는 지도자들은 교구의 울타리를 뛰어넘어 선교하는 일은 주님의 지상명령을 수행하는 일이 될 뿐만 아니라, 국내교회를 위해서도 많은 유익과 힘을 얻게 된다고 말한다. "해외선교를 하다 보면, 교회는 열정과 담대함을 배우게 되고, 교회의 진정성을 회복할 수 있게 됩니다. 우리가 교회와 교구의 울타리 안에서만 살다 보면 복음진리의 보편성과 능력을 망각하기 쉽습니다"(Yannoulatos 1962:1).

정교회가 왜 선교에 무관심하였는가? 그 세 번째 이유는 너무 지나친 민족주의 때문이었다. 19세기, 20세기 정교회 지역에서는 독립운동이 일어났다. 독립운동이 일어날 당시에는 정교회가 독립운동을 많이 도왔다. 그러나 독립된 이후 지나친 민족주의는 정교회의 진리와 기독교진리의 보편성을 왜곡하였다. 협소한 자국중심주의는 정교회의 해외선교사들을 의심하는 눈초리로 보았다. 자신의 조국을 배신하고, 다른 나라와 민족을 위하여 일하는 매국노가 아닌지 의심하였다.

이러한 요인들로 인하여 정교회의 선교는 서구세계와 정교회 세계 안에서 모두 무시당하였다. 오랫동안 정교회의 역사와 신학과 선교의 진실은 많은 부분 무시되고 오해되었다.

정교회 선교의 기초

선교에 대한 정의와 개념은 사람에 따라서 다양하다. 어떤 이는 개종화 작업이라 하고, 어떤 이는 교회에 의하여 수행되는 모든 기독교적 수고가 선교라고 말한다. 그러므로 먼저 선교에 대한 분명한 개념 정의를 내려야

이 글에서 효과적인 논의가 이루어질 것이다.

  선교란 살아계신 삼위일체 하나님을 증거하는 것이다. 삼위일체 하나님
은 어떤 하나님이신가? 우리를 구원으로 부르시고 교회공동체 안에 우리
를 묶으시는 분이시다. 선교는 이 점에 있어서 일반적인 목회사역과 구분
된다. 선교는 비신자들이나 신앙에 무지한 사람들, 혹은 신앙생활을 싫어
하는 사람들에게 다가가서 그들에게 하나님을 증거하여 교회 안으로 인도
하는 사역이다. 하지만 목회사역은 이미 교회 안으로 들어와 있는 사람들
을 돌보는 사역이다. 선교에는 내부 선교와 외부 선교가 있는데, 내부 선
교는 같은 지역, 같은 언어와 같은 문화권 안에 있는 비신자들을 대상으
로 할 때 이루어지는 사역이고, 외부 선교는 다른 지역, 다른 언어와 다른
문화권 속에 있는 다른 민족과 비신자들에게 다가가서 하나님을 증거하는
사역이다(Yannoulatos 1989:63).

  선교의 목적은 모든 민족 모든 사람에게 복음을 전파하는 것이다. 선교
사역은 비신자들로 하여금 자유롭게 교회 안으로 들어와서 삼위일체 하나
님의 삶 안에서 이루어지는 구원의 여정에 즐거운 마음으로 참여하도록
만드는 사역이다. 선교에 대한 이러한 이해를 하나님의 선교(God's divine

mission)와 비교해 보면, 하나님의 선교는 하나님의 성육신, 삶, 죽음, 부활 그리고 재림을 통하여 세계를 새롭게 하시는 사역인데, 하나님의 선교 목적은 하나님의 영광을 나타내 보이며 모든 사람을 하나님의 영광으로 인도하는 데 있다. 교회의 선교는 하나님의 선교에 봉사하는 선교이다. 어떤 정교회 고위 성직자가 이런 말을 하였다.

> 기독교 선교는 하나님의 선교를 위하여 봉사하는 사역이기 때문에, 우리가 수행하는 선교의 목표는 하나님의 선교와 다른 것이 될 수가 없다. 성경(특별히 에베소서와 골로새서)이 분명히 말하고 있듯이, 모든 선교의 목표는 그리스도 안에서 우주만물의 회복(recapitulation – anakephalaiosis)이며, 우리가 하나님의 영원하고도 최종적인 영광에 우리가 참여하는 것이다(Yannoulatos 1965:4).

그러므로 교회의 선교, 모든 기독교인들의 선교는 하나님의 영광을 인식하는 것이며, 하나님의 영광을 전파하는 것이며, 하나님의 영광에 참여하는 것이다(Stamoolis 1986:52). 물론 현실적으로 선교의 다른 동기들이 있는 것이 사실이지만, 하나님의 영광의 확장에 참여하는 것이 모든 피조물에게 복음을 전파하는 주된 목표이다.

하나님의 사랑, 하나님을 향한 사랑

하나님이 모든 민족과 모든 사람들을 사랑하신다는 사실이 교회가 선교 활동을 하는 데 기초석이다. 하나님이 역사 속에서 행동하시는 근원적인 동기와 이유에 대하여 요한복음은 이렇게 증거한다. "하나님이 세상을 이처럼 사랑하사 독생자를 주셨으니 이는 저를 믿는 자마다 멸망치 않고 영생을 얻게 하려 하심이니라. 하나님이 그 아들을 세상에 보내신 것은 세상을 심판하려 하심이 아니요, 저로 말미암아 세상이 구원을 받게 하려 하심이라."(요 3:16-17) 여기서 하나님이 세상을 사랑하시는 목적과 이유는 구원에 있음을 분명히 말하고 있다. 사랑이 하나님의 마음을 뜨겁게 하여 인간의 역사 속에 개입하게 하셨고, 사랑이 하나님의 마음을 움직여 타락한 인간들을 그냥 버려두지 않게 만들었다. 사랑이 하나님의 마음을 인도하여 인류를 낙원으로 다시 인도하게 하였다. 예수님의 생애와 사역을 한마디로 요약한다면 피조물에 대한 사랑이다. 교회의 선교는 하나님의 선교를 증거하고 하나님의 선교를 확장하는 사역이다. 따라서 교회의 선교는 하나님의 사랑을 모방하여 모든 피조물들을 회복시켜 하나님의 영광으로 인도하고 하나님의 영광에 참여하도록 돕는 사역이다. 따라서 교회는 하나님의 사랑을 나타내 보이시고 가장 완벽하게 실천하신 예수님을 본받아 사역할 때 제대로 된 선교를 할 수 있다.

하나님을 향한 사랑은 교회마다 다른 방식으로 이루어진다. 예수님은 제자들에게 말씀하셨다. "그대가 나를 사랑한다면, 나의 계명을 지키라"(요한복음 14장 15절). 예수님이 승천하시기 직전에 제자들에게 주신 마지막 계명은 지상명령이다. "그러므로 너희는 가서 모든 민족들로 제자를 삼으라. 아버지와 아들과 성령의 이름으로 세례를 주고, 내가 너희에게 명령한 모든 것을 가르쳐 순종하도록 만들어라"(마태복음 28장 19~20절). 유명한 정교회 선교학자가 예수님의 지상명령을 교회가 자주 잊어버린다고 지적하면서, 교회의 운명과 지상명령 사이에는 필수불가결의 관계성이 있다고 하였다.

이 지상명령은 "우리가 할 수 있을까?(Can we?)"의 문제가 아니라, 우리가 반드시 "해야 한다(We must)"는 명령이다. "그러므로 가서 모든 민족들을 가르치라!" "너희는 세계 곳곳으로 가서 모든 피조물에게 복음을

선포하라!" 이러한 명령 앞에 '우리가 정말 할 수 있을까?'를 고민하는 것
은 적합하지 않다. 주님의 이 말씀은 단순하며 분명한 명령이다. 선교는
하면 유익하고 멋진 그 무엇이 아니다. 만사를 제쳐두고 해야 하는 명령
이다. 좋고 나쁘고를 따질 이유가 없는 명령이다. 우리가 정교회 신앙을
진정으로 지키기를 원한다면, 주님의 명령에 무조건 순종해야 한다
(Yannoulatos 1959:2, 3).

물론 주님의 선교명령을 준행할 때에는 명령에 대한 의무감 때문에 하
기보다는 창조주 하나님과 구세주 예수님에 대한 사랑 때문에 준행한다.
주님을 향한 사랑이 선교하는 주된 동기로서 작용한다. 그리스도인들이
선교하는 이유는 어쩔 수 없이 해야 하기 때문이 아니라, 하나님을 사랑
하는 뜨거운 마음 때문에 선교하려는 것이다.

내적인 필연성

하나님의 사랑에 감동하고 하나님을 뜨겁게 사랑하는 마음, 이 두 가지
는 선교가 이루어지는 정교회 선교 현장에서 복음을 전파하려는 모든 정교
회 신자들의 마음 깊은 곳에서 역사하는 내적인 필연성(inner necessity)이
다. 이러한 필연성은 하나님과의 연합에서 생겨나는 현상이다.

선교는 단순한 복종이 아니다. 그렇다고 의무도 아니며 이타주의도 아
니다. 선교는 내적인 필연성이다. 사도 바울이 고백한 대로, 부득불 할 일
이다. "내가 복음을 전할지라도 자랑할 것이 없음은 내가 부득불 할 일임
이라. 만일 복음을 전하지 아니하면 내게 화가 있을 것임이로다"(고전
9:16). 선교의 모든 활동은 이러한 내적인 필연성으로부터 나오는 것이다.
선교는 하나님을 믿는 모든 신자의 내적인 필연성이며, 교회의 내적인 필
연성이다. 신자와 교회가 이 내적인 필연성을 거부하면, 단순히 명령 하나

를 거부하는 것이 아니라, 자신의 존재 자체를 부정하는 것이 되고 만다. 그리스도 안에서 새 생명을 얻고 그리스도 안에서 살아가는 교회와 신자는 그리스도와 다른 방식으로 생각하고 느끼고 행동할 수가 없는 것이다 (Yannoulatos 1965:293).

그리스도와 연합된 신자와 교회는 그리스도의 비전이 자신의 비전이 된다. 그리하여 온 세계에 기독교를 세우시려는 하나님의 비전을 가지게 되는데, 그렇게 되면 자신의 교구 중심, 도시 중심, 민족 중심, 인종 중심주의로 살아가려는 생각의 틀이 깨어지게 된다. 그리스도가 끊임없이 잃어버린 양을 찾아 상처받은 부분을 치유하기를 원하시듯, 그리스도와 연합된 교회와 신자는 오늘날 잃어버린 영혼들을 찾아 도우려는 열망으로 불타게 된다. 의심할 바 없이 이 세상에서 가장 귀한 보물은 예수 그리스도 안에 나타난 진리이다. 이 진리는 가장 비싼 진주이다. 이 진주를 받지 못한 사람들은 누구나 다 잃어버린 영혼이다. 유감스럽게도 많은 사람들이 이 진리를 받아들이지 않고 있다. 받아들이지 않는 이유들 중에 많은 부분은 예수 그리스도를 거부하기 때문이 아니라, 한 번도 예수 그리스도에 대하여 들어볼 기회가 없었기 때문이다. 이런 상황을 알게 되면 신실한 신자들과 교회공동체는 밖으로 나가서 복음을 전파하려는 열망이 불타오르게 된다. 바울은 로마서에서 이렇게 말하고 있다.

누구든지 주의 이름을 부르는 자는 구원을 얻으리라. 그런즉 저희가 믿지 아니하는 이를 어찌 부르리오 듣지도 못한 이를 어찌 믿으리오 전파하는 자가 없이 어찌 들으리오 보내심을 받지 아니하였으면 어찌 전파하리요 기록된바 아름답도다. 좋은 소식을 전하는 자들의 발이여 함과 같으니라.
(롬 10장 13~15절)

신실한 정교회 신자를 위한 주님의 명령은 정교회 공동체에게도 그대로 적용되어야 할 명령이다. 정교회가 "하나이며 거룩하며 보편적이며 사도적인 교회"라고 선포하는 진리는 내적인 필연성을 따라서 교회가 선교에 매진할 때 그 능력이 나타난다. 그리스도의 몸이라고 주장하는 교회가 가장 값비싼 진주인 복음을 자신만이 지키려고 하는 배타적인 행동을 한다면 모순이다. 하나님의 교회는 하나님의 방식을 모방해야 한다. 사도적인 선교에 적극적으로 참여해야 한다.

선교하지 않는 교회는 교회가 아니다. 선교에 대하여 생각하지도 않고 꿈도 꾸지 않는 교회, 바깥 세상에 복음을 전파하는 일에 관심을 기울이지 않는 교회는 결코 하나의 교회, 거룩한 교회, 보편적인 교회, 사도적인 교회라고 불릴 수 없다. 그런 교회를 통해서는 주님이 자신의 사역을 계속하실 수가 없기 때문이다(Yannoulatos 1965:296).

바깥 보편적인 세계에 대한 관심을 상실한 신앙이나 영성은 진정한 정교회 신앙이 아니다.

> 우리 자신을 속이지 말자. 우리의 영적인 생활(개인 생활이든지 교회생활이든지)은 바깥 세상에 관심을 가지지 않고 우리 공동체의 울타리 안에 충실하게 머무는 것이며, 우리가 속한 마을과 도시와 세상의 운명에 대하여 잊어버리고 오직 거룩한 일에만 집중하는 것이라고 가르치고 생각하는 것은 스스로를 속이는 일이다(Yannoulatos 1962:10).

그러므로 바깥 세계에 대한 관심을 가지고 선교하지 않는 교회는 절름발이 교회가 되는 것이다. 선교적인 열정을 잃어버리면 교회는 클럽 수준으로 전락하고 만다. 그리스도의 몸으로서의 교회 속성을 상실하고 만다.

정교회의 선교역사

정교회 선교역사를 상세하게 연구해 보면, 선교가 신앙의 액세서리가 아니라 신앙의 핵심임을 생생하게 보여준다. 이러한 사실은 수많은 정교회 신자들이 선교활동에 적극적으로 참여해온 역사를 통하여 알 수 있다. 물론 대다수의 선교사들은 수도사들이었지만, 교회는 선교사역을 결코 수도사들에게만 제한하지 않았다. "주교, 사제, 수도사, 황제들, 영주들, 왕자들, 외교관들, 공무원들, 군인들, 상인들, 항해사들, 여행가들, 포로들 …… 다양한 사람들이 선교사역에 참여하였다"(Yannoulatos 1989:66). 예를 들면, 몇 명의 유명한 선교사들의 간략한 연대기를 보아도 거기에는 다양한 평신도, 수도사들, 그리고 안수받은 성직자들이 관련되어 있다는 사실을 금방 알 수가 있다.

사도들의 사역은 4세기에는 조지아의 니나(Nina)를 통하여, 아르메니아의 계몽가 그레고리(Gregory the Illuminator)를 통하여, 이집트 팔레스틴, 시리아의 수도원들을 통하여, 에디오피아의 플루멘티우스(Flumentios)를 통하여, 5세기에는 아일랜드의 패트릭(Patrick)을 통하여, 9세기에는 끼릴과 메쏘디우스(Cyril and Methodius)를 통하여, 11세기에는 아토스 산의 러시아인 안쏘니(Anthony)를 통하여, 14세기에는 페름의 스테판(Stephen)을 통하여, 14세기에는 라도니쉬의 세르기우스(Sergius)를 통하여, 18세기에는 코스마스 아이톨로스(Kosmas Aitolos)를 통하여, 19세기에는 마카리우스 글루하렙(Macarius Gloukharev)을 통하여, 18~19세기에는 헤르만(Herman)과 알래스카의 이노센트(Innocent)를 통하여, 그리고 19~20세기에는 일본의 니콜라스(Nikolas)를 통하여 계속 이어져 왔다. 대충 이러한 인물을 언급하는 것은 2천 년 동안 정교회의 역사에 선교가 중단된 적이 없었다는 사실을 말하기 위함이다. 모든 선교사들을 모두 언급하는 것은 끝이 없을 것이다.

위에 대충 언급한 선교사들의 삶과 사역을 연구해 보면 공통된 점들이 나타난다. 첫째, 모든 선교사들은 항상 그리스도를 본받아서 다른 사람들에게 그리스도의 빛을 전하려고 무던히도 노력하였다는 사실이다. 선교사역에 최선을 다한 남자와 여자, 그리고 신실한 선교사들은 그리스도가 말씀하신 대로 "자기를 부인하고 자신의 십자가를 지고 주님을 따르라!(눅 9장 23절)"는 말씀을 따라서 자기를 비우고 희생하여 그리스도를 섬기는 일에 집중하였다. 선교사들은 복음을 전파하기 전에 먼저 복음을 삶으로 살아야 한다는 사실을 깨달았다. 즉, 지적으로, 육신적으로, 그리고 영적으로 예수 그리스도와 친밀한 관계성 속에 있는 모습이 드러나야 한다는 것을 깨달았다. "선교사의 참다운 모습과 능력은 그리스도 안에서 참으로 변화된 삶의 모습을 통하여 나타난다"(Yannoulatos 1964:147).

선교사역을 행하기 전에 먼저 선교적 존재와 인격이 되어야 한다는 생각은 정교회 전통에 있어서 선교사들이 지닌 일반적이고도 공통적인 특징이 되었다. "내적인 평화를 먼저 확보하라. 그리하면 그대 주위에 있는 수천의 사람들이 구원의 길을 찾을 것이다"라고 말한 사로프의 세라핌(St. Seraphim of Sarov)의 가르침을 따라서 능동적으로 선교사역을 기획하기보다는 수동적으로 자신의 인격수양에 힘쓰는 선교사들(passive missionaries)이 정교회에는 많았다. 이러한 타입의 선교사들은 구심력을 지니고 있었다. 자신의 모범적인 삶과 신앙에 의하여 주위 사람들을 끌어들이는 힘을 지니고 있었다.

일반적으로 수동적 선교가 의미하는 바는 선교사가 기도와 검소하고 거룩한 삶의 방식을 통하여 주위 사람들을 그리스도의 제자로서의 삶과 영적인 삶으로 인도하는 선교방식을 말한다. 거룩한 삶, 그리스도 중심적인 삶, 그리고 성령 충만한 삶이 대중들을 끌어 모으는 데는 비효과적이지만, 가까이에서 그러한 삶을 관찰해 온 사람들로 하여금 기독교 복음을 받아들이게 하며 그와 같은 삶의 방식을 살도록 인도하는 능력을 가지고 있다. 이것이 정교회 선교의 일반적인 모습이다(Veronis 1983:54).

수도원 전통은 이런 종류의 선교방식의 원형(prototype)을 제공한다. 이집트, 팔레스틴 그리고 시리아 사막에서 활동한 수도사들로부터 18세기 알래스카에서 처음으로 복음을 전한 최근의 수많은 선교사들에 이르기까지 수동적인 수도원적(passive monastics) 선교 방식이 비정교회 세계의 오해

를 받아 자기중심적이고 자기완성만을 추구하는 개인주의적 영성활동이라고 오랫동안 비판을 받았다. 물론 수도사들과 신실한 정교회 신자들은 자신의 구원의 완성을 추구한다. 그러나 동시에 그들이 속한 세계에 대하여 관심을 가진다. 예를 들면, 4세기의 에바리우스(Evarius)와 같은 수도사는 종종 자신이 머물던 사막을 떠나 알렉산드리아로 가서 거기에 있는 이방인들에게 복음을 전하였으며, 19세기 금욕적인 수도사 헤르만(Herman)은 러시아 상인들과 식민주의자들이 알래스카 원주민들을 비인간적으로 착취하는 것에 대항하여 토착민들의 인권을 옹호하는 일을 하였다.

정교회의 선교사들은 지칠 줄 모르고 여러 곳을 옮겨 다니며 선교하였다. 아마도 이런 유형의 선교는 사도 바울에 의하여 처음으로 생겨났을 것이다. 바울은 여러 도시와 장소를 여행하면서 비기독교인들에게 복음을 전하였다. 그와 같은 방식으로 정교회 신교역사에 있어서 사상 위대한 선교사들 중의 하나인 이노센트 베니아미노프(Innocent Veniaminov)는 45

년 이상 알래스카와 동시베리아 지역을 돌아다니며 선교하였다. 매년 그는 수천 마일을 여행하면서 수많은 섬들과 마을들을 방문하였으며, 교구를 조직하였다. 수동적인 선교사들뿐만 아니라, 능동적인 선교사들도 복음을 입으로 전하기 전에 먼저 삶과 인격으로 그리스도를 본받는 노력을 먼저 해야 한다는 사실을 잘 알고 있었다.

정교회 선교의 방법들

수동적인 선교를 하든, 능동적인 선교를 하든 대다수의 정교회 선교사들은 선교 현장에서 몇 가지 공통적인 방법들을 사용하였다. 무엇보다도 먼저 어떤 선교이든지 선교의 주요 목표는 순전한 지역 성찬공동체를 조직하는 것이었다. 다시 말하면, 선교사는 토착민들이 정말 자신들의 교회라고 부를 수 있는 그런 교회를 세우도록 돕는 일에 최선을 다하였다. 선교사들은 이런 목표를 달성하기 위하여 무엇보다도 먼저 토착 언어로 성경을 번역하고, 예배의식서들과 경건서적들을 토착 언어로 번역하였다. 오순절에 성령이 임하자, "각 사람이 자기 방언으로 말함을 듣더라"(행 2장 9절)의 말씀이 선교사들의 토착 언어 활용에 대한 신학적 확신의 근거가 되었다. 서구교회와는 달리, 동방정교회는 히브리어, 헬라어, 라틴어만이 예배시간에 사용되어야 한다는 생각에 동의하지 않았다. 사실, 동·서방교회가 분열되기 이전에 70개 이상의 언어로 예배의식서들이 번역되어 사용되고 있었다(Yannoulatos 1964:146).

토착 언어에 대한 정교회의 이러한 이해 덕분에 초기부터 선교 현장에서는 성경과 예배의식서들이 적극적으로 토착 언어로 번역되어 활용되고 있었다. 처음 400년 동안 성경이 토착 언어로 번역되어 사용된 사례를 언급하자면, 아르메니아 선교, 아일랜드 선교, 에디오피아 선교 등이다. 선교사들은 단순히 번역만 한 것이 아니라, 필요한 곳에서는 알파벳을 고안하여 문자를 만들어 주기도 하였다. 대표적인 예가 9세기 끼릴에 의하여 고안된 끼릴 문자이다. 14세기에는 페름의 스테판이 주리안족을 위하여 주리안 알파벳을 만들었다. 19세기에는 인노센트가 알래스카에서 알뤼트인과 틀링기트족을 위하여 문자를 만들어 주었다.

선교사들은 번역작업을 넘어서서 그들의 문화 속으로 들어갔다. 선교사들은 복음을 백성들의 문화 속에 성육신화 되도록 하기 위하여 여러 가지 방법과 노력을 동원하였다. 무엇보다도 선교사들은 토착민들의 문화를 최대한 존중하였다. "토착문화에 대한 정교회 선교사들의 이러한 태도가 정교회 선교의 가장 뚜렷한 특징이라고 생각된다"(Stamoolis 1986:61). 기본적으로 선교사들은 그리스도의 성육신의 모범을 따르려고 노력하였다.

> 살아계신 말씀이 육신이 되었다. 마찬가지로 기록된 말씀이 성육신화 되어야 한다. 그리스도가 인간이 되셨기에 인간들이 말씀을 이해할 수 있게 되었다. 마찬가지로 그리스도의 말씀이 성육신화 되어야 사람들이 구체적으로 이해할 수 있을 것이다. 하나님은 계시된 말씀과 기록된 말씀을 통하여 말씀하신다. 선교사는 청중이 이해할 수 있는 말로 말씀을 전해야 한다. 그리스도가 하나님의 생각을 인류에게 몸으로 번역하여 전해주었듯이, 선교사는 그리스도의 지상명령을 수행하기 위하여 자신의 몸으로 그리스도의 말씀을 번역하여 토착민들에게 전해주어야 한다(Stamoolis 1986:62).

토착민들의 언어와 풍습을 이해한 다음, 선교사들은 토착민들의 영혼과 삶에 뿌리박은 새롭고도 생동감이 넘치는 교회를 세우고자 하였다. 교회를 세우는 과정에서 선교사들은 토착민들 개인과 공동체에 대하여 존중과 존경을 표현하였다. 선교사들의 이러한 태도는 토착민 지역교회에 대한 자존감을 높여주었다(Yannoulatos 1964:145).

복음을 토착민 문화 속에 깊이 뿌리 내리게 하기 위하여 선교사들은 토착민들 가운데서 성직자를 세웠다. 토착민 개종자들 가운데서 신실하고 유능한 사람을 선별하여 훈련시킨 다음 안수하여 성직자로 세웠다. 토착민 교회 지도력은 단순히 토착민 성직자에게만 의존하지 않았다. 알래스카에서 선교한 인노센트의 경우에는 성직자 부재 시 예배를 인도할 수 있는 평신도를 세웠다. 이들을 "독경자들(readers)"이라고 불렀는데, 이들은 성직자가 없을 경우에는 예배를 인도하는 역할을 맡았고, 성직자가 있을 경우에는 예배를 돕는 보조자의 역할을 하였으며, 다른 토착민들이 예배에 참석하여 예배를 잘 드릴 수 있도록 안내하는 역할도 하였다. 이러한 모습은 일본에서 선교한 니콜라이 카사트킨에게서도 볼 수 있는데, 그는 평신도들을 세워서 전도사로 활용하였다.

정교회 선교 방법의 세 번째 뚜렷한 특징은 자치적인(self-governing) 토착민 교회를 세운다는 것이다. 선교사들은 토착민 교회가 독립적인 교회가 되도록 돕는다. 모교회-딸교회의 관계에서 자매-자매 교회의 관계성으로 변화하도록 유도한다. 지역에 세워진 토착민 교회가 발전을 거듭하여 마침내 자치적이고 자율적이고 민족적인 정교회로 발전하도록 만드는 것을 선교사의 사명으로 삼는다.

선별된 정교회 선교사들

이 책에 소개되는 정교회 선교사들은 특별히 선별된 인물들이다. 여러 시대, 여러 장소에서 사역한 선교사들인데, 여러 선교사들을 살펴보는 가운데 우리가 발견하는 사실은 교회가 그리스도의 지상명령에 적극적으로 응답을 하든 안하든 그리스도의 지상명령을 이루기 위하여 그리스도의 모범을 따르는 선교사들이 끊임없이 있었다는 사실이다. 이 책에 소개된 선교사들의 전기를 읽는 정교회 신자들은 정교회의 복음적 선교적 전승에 친숙해지는 기회를 얻게 될 것이다. 또한 이 책을 읽는 가운데 정교회는 훌륭한 선교의 조상들을 가지고 있는 교회이며, 선교적 열정과 모범을 온 세계에 알려야 할 책임과 특권을 지닌 교회임을 깨닫게 될 것이다.

정교회 신자가 아닌 독자들이 이 책을 읽을 경우에는 정교회가 아주 오래전부터 선교의 역사를 쌓아온 선교적 교회라는 사실을 알게 될 것이며, 서구교회와는 다른 선교적 전통과 지혜를 배울 수 있을 것이다. 또한 개신교회가 16세기 종교개혁 이후에야 선교 현장에서 사용해 온 선교방법과 선교적 특성들(토착민 언어로 성경을 번역한 일, 토착민 지도자들을 세우는 일 등)이 정교회 세계에서는 이미 오래전부터 사용되었다는 사실을 알게 될 것이다.

제1장

사도 바울: 이방인의 사도(1세기)

유대인들로부터 시작된 기독교가 유대인 세계의 테두리를 넘어 광대한 이방인의 세계로 확장되어 나가는 데 탁월한 기여를 한 선교사가 사도 바울이다. 얼마 되지 않은 추종자들의 도움을 받은 한 명의 선교사가 어떻게 예수 그리스도의 복음을 그렇게 빠른 속도로 넓은 지역에 전할 수 있었을까? 현대인의 머리로 이해하기란 어렵다. 초대교회의 사도들은 수천 마일을 걸어 다녔고, 수많은 고난을 참아 내었고, 계속되는 위험을 기쁨으로 감수하였다. 계속되는 도전에 굴복함이 없이 그들은 계속 전진하여 소아시아, 마케도니아, 그리고 그리스에 복음을 전하여 교회를 세우는 일에 성공하였다. 바울은 소아시아, 마케도니아 등지에서 8년 내지 12년 짧게 사역한 다음, "이제는 이곳에서는 일할 곳이 없고"(롬 15장 23절), 다른 곳으로 사역지를 옮겨야 하겠다고 말할 정도로 최선을 다하여 복음을 전하였다.

사도 바울의 성공적인 선교사역들은 그와 그의 동역자들이 선교사역 내내 직면했던 수많은 부정적인 도전들을 긍정적으로 극복해 낸 결과였다. 사도 바울이 자서전적인 편지에서 자신이 경험했던 여러 가지 도전과 고난들을 이렇게 요약하고 있다.

"그들이 그리스도의 일꾼이냐? 정신없는 말을 하거니와 나는 더욱 그러하도다. 내가 수고를 넘치도록 하고 옥에 갇히기도 더 많이 하고 매도 수

없이 맞고 여러 번 죽을 뻔하였으니, 유대인들에게 사십에서 하나 감한 매를 다섯 번 맞았으며, 세 번 태장으로 맞고 한 번 돌로 맞고 세 번 파선하고 일주야를 깊은 바다에서 지냈으며, 여러 번 여행하면서 강의 위험과 강도의 위험과 동족의 위험과 이방인의 위험과 시내의 위험과 광야의 위험과 바다의 위험과 거짓 형제 중의 위험을 당하고, 또 수고하며 애쓰고 여러 번 자지 못하고 주리며 목마르고 여러 번 굶고 춥고 헐벗었노라. 이 외의 일은 고사하고 아직도 날마다 내 속에 눌리는 일이 있으니 곧 모든 교회를 위하여 염려하는 것이라."(고후11장 23~28절, 개역개정판)

바울은 수많은 복음의 적대세력들을 지혜롭게 극복하고 기독교 선교사들의 미래를 위하여 찬란한 모범을 보여주었으며, 훌륭한 선교적 진보를 이루었다.

사도 바울이 예수 그리스도 이후 그 어떤 인물보다도 교회의 성장과 교회의 방향에 지대한 영향을 끼쳤다는 사실을 고려하여 정교회는 항상 사도 바울을 교회의 기둥으로 생각하였고, 가장 빛나는 선교사 모델이라고 여겨왔다. 회심의 경험을 포함한 사도 바울의 삶과 사역, 이방세계의 선교를 위하여 부름 받은 소명 그리고 그의 모든 선교 전략은 이후 수백 년 동안 정교회 선교사들의 선교사역의 방향과 기초를 제공하였다. 그러므로 사도 바울의 생애에 대한 연구는 앞으로 정교회 선교사들이 사역을 해나갈 때 이정표 역할을 할 것이다.

역사적 배경

사도 바울은 로마제국의 다소(오늘날 터키의 한 도시)라는 곳에서 태어났다. 로마제국의 도시에서 자라난 그는 어떤 경건한 유대인보다도 다양한 세계에 대하여 열린 마음을 배우게 되었다. 다소 지역은 그리스 종교와 문화적 영향이 강한 곳이었다. 유대인 디아스포라로서 자라난 그는 세상을 이해하는 관점에 있어서 그리스 종교문화의 영향을 많이 받았는데, 자신의 종교인 유대교를 이해하는 데에도 그리스 영향을 많이 받았다. "예를 들어 칠십인역(Septuagint – 그리스어로 번역된 구역성경)을 사용한 그는 틀림없이 어휘와 사고방식에 그리스 영향을 많이 받았을 것이다"(Gilliland 1983:22). 그리스도의 종교문화는 로마제국의 영혼이었다. 사도 바울은 자신이 로마제국의 시민권을 가지고 있다는 사실을 자랑스럽게 말하였다. 당시 유대인들은 로마를 적과 압제자로서 미워하고 있던 상황이었다. 그런데 바울은 자신이 로마제국의 시민권을 지닌 사람임을 주저 없이 선언하였는데, 특별히 복음을 전하는 데 필요한 수단이 된다고 생각되었을 때 그렇게 하였다 (행 23장 27~28절, 25장 8~11절).

하지만 그는 유대인 중의 유대인이었다. 경건한 유대인 가정에서 자라난 그는 철저하게 유대인 조상들의 전통을 배웠다. 유년시절 예루살렘에서 그 당시 최고의 유대인 랍비 문하에서 배웠다. 그러한 교육으로 인하여 그는 엄격한 바리새파 종교지도자가 되었으며, 유대교의 율법을 철저하게 지키는 일에 헌신하였다. 그가 회심하기 이전에는 그의 행동과 신념에 대하여 비난받을 일을 전혀 하지 않았다. 그는 자기 백성들의 풍습을 신실하게 쫓았으며, 그가 옳다고 믿은 일에 열정을 가지고 있었다.

사도 바울은 율법의 선생으로서 유대교를 열정적으로 전파하였으며, 유대교의 순수성을 해치는 모든 것들에 대하여 적극적으로 대항하였다. 그런데 어떤 유대인 무리가 예수를 메시아라고 선포하는 운동이 확산되고 있다는 소문을 들었을 때, 바울은 그러한 운동이 자기의 신앙 유대교를 위협하는 것이라고 생각하였다. 그는 곧바로 이 위험한 이단운동을 제거하는 캠페인을 주동하였다. 결과 스데반을 돌로 쳐 죽이는 일이 정담함을 옹호하는 일에 증인으로 나섰던 것이다.

이러한 배경은 사도 바울의 인생에 있어서 급진적이고도 철저한 변화를 위한 기초가 되었다. 바울의 회심 경험은 갑자기 일어났지만, 진공상태에서 일어난 사건은 아니었다. "어떠한 회심도 개인적인 삶의 배경과 무관하게 일어나는 경우는 없다"(Gilliland 1983:77). 그가 극적인 회심을 경험했을 때, 그는 자신의 신앙(유대교)에 대하여 새로운 이해를 가지게 되었고, 기독교의 '박해자'에서 기독교의 '옹호자'로 변화되었다.

회심과 소명

사도 바울 인생에 중대한 위기가 다메섹 도상에서 일어났다. 그는 예수를 따르는 유대인들을 박해하기 위하여 거기로 가던 중이었다. 길에서 사도 바울은 부활하신 예수를 만나게 되었고, 이 만남으로 인하여 나자렛 예수에 대하여 전혀 다른 시각을 갖게 되었다. 그는 이 회심의 경험을 유대교에서 기독교의 회심이라고 생각하지 않았다. 단지 새로운 시각에서 신실한 유대인의 역할을 이해하게 된 것뿐이었다. 바울의 회심은 새로운 하나님을 만난 새로운 경험이 아니라, 기존의 자신의 신앙에 대하여 새로운 이해를 가지게 된 사건이었으며, 그 경험으로 인하여 그의 삶의 방향이 새로워지고, 그의 충성과 가치관의 방향이 재정립되었다(Gilliland 1983:71).

예수와 개인적이고 친밀한 만남을 가진 결과 하나님에 대한 바울의 전(全) 이해가 바뀌었다. 그의 회심 경험을 간증한 내용을 확인해 보자.

> "내가 땅에 엎드러져 들으니 소리 있어 이르되 사울아 사울아 네가 왜 나를 박해하느냐 하시거늘, 내가 대답하되 주님 누구시니이까 하니 이르시되 나는 네가 박해하는 나사렛 예수라 하시더라"(행 22장 7~8절).

십자가에 달려 죽으시고 부활하신 나자렛 예수와의 생생한 만남의 경험으로 인하여 일생동안 그는 하나님을 새롭게 이해하게 되었다. 이제 더 이상 유대인의 율법을 하나님을 기쁘시게 하는 도구로 보지 않게 되었다. 대신 하나님이 원하시고 진정으로 기뻐하시는 바는 그의 아들 나자렛 예수 그리스도에게 충성하고 예수를 신실하게 따르는 자가 되는 것임을 깨달았다. 이러한 깨달음으로 그리스도의 몸인 그리스도인들의 공동체, 즉 교회에 속하게 되었고, 교회를 위하여 충성하는 일군이 되었다.

그리스도와의 만남이 바울을 새로운 피조물로 만들었다. 다메섹 도상에서 자기를 만난 그리스도는 자신을 통하여 자신 안에서 역사하기를 원하신다는 사실을 깊이 깨달았다. "부활하신 주님이 그를 붙들었다. 그는 살아계신 주님의 강력한 영에 의하여 붙잡힌 사람이 되었다"(Grassi 1978:23). 예수 그리스도로부터 느낀 엄청난 사랑이 그를 일생토록 강권하였다.

바울의 회심 경험으로 인하여 그는 사도로 부르심을 받았다. 그리스도를 직접 만나고 주님을 박해하던 자신에게 큰 사랑을 베풀어주신 하나님을 경험한 바울은 그리스도를 위하여 무언가를 해야 한다고 생각했는데, 그것은 다른 사람들에게 자신이 만난 그리스도를 전하는 것임을 깨달았다. 바울은 부활하신 주님이 자신을 만나주신 것이 곧 사도로서의 자격을 부여한 일이라고 믿었다. 사도 바울이 만난 예수는 열두 제자들이 3년 동안 따라다니며 배우고 함께 한 그 예수였다. 다메섹 도상에서 예수를 만났을 때, 모든 사람들에게 예수의 복음을 전하는 도구가 되어야 한다는 부르심을 확실히 들었다. 그가 자신의 회심 경험을 간증하는 중에 이렇게 말한 적이 있다. "일어나 너의 발로 서라 내가 네게 나타난 것은 곧 네가 나를 본 일과 장차 내가 네게 나타날 일에 너로 종과 증인을 삼으려 함이니"(행 26장 16절). 환언하면, 그의 회심경험과 소명경험은 동시에 이루어졌다는 뜻이다.

회심과 소명의 이 관계성은 사도 바울의 변화 이후에 일어난 첫 번째 사건을 통해서 더욱 명백하게 드러난다. 아나니야가 소경이 된 바울에게 안수하니 박해자 바울의 시력이 회복되었다. 시력을 얻는 바울은 즉시로 "회당에 가서 예수가 하나님의 아들이다"(행 9장 20절)이라고 선포하였다. 바울은 자신의 회심 속에 하나님의 목적이 있음을 느꼈다. 시간이 지나면서 그는 자신의 부르심의 목적이 이방인의 사도가 되는 것임을 보다 구체적으로 깨달았다. 그가 부름을 받기 이전에 어느 누구도 복음이 헬라인과 야만인을 포함한 모든 인류를 위한 것임을 깨달은 자가 없음을 자각하였다(Hahn 1965:100). 이후로 바울은 복음전파의 명령을 받은 사람이라는 자의식을 가지고 살았음이 그의 여러 서신에 나타나고 있다(갈 2:7, 딤전 1:11, 살전 2:4, 롬 10:13–15). 복음전파에 대한 강한 책임의식은 "내가 복음을 전할지라도 자랑할 것이 없음은 내가 부득불 할 일임이라 만일 복음을 전하지 아니하면 내게 화가 있을 것이로다(고전 9:16)"라는 한 구절 속에 잘 나타난다.

사도 바울의 회심 경험과 전도와 선교에 대한 그의 소명의식의 이러한 관계성을 적절하게 이해할 때, 우리는 사도 바울을 더 잘 이해할 수 있다. 바울의 그러한 경험은 다른 선교사들 가운데서도 자주 발견되는 현상이다. 예수 그리스도와의 인격적이고도 다이나믹한 만남의 경험 속에 항상 회심의 경험이 포함된다. 그리고 그리스도와의 깊은 만남은 사명으로 이어진다. 현대 정교회의 선교 지도자인 얀눌라토스가 이런 말을 하였다. "나는 회심하였다. 매일 매 시간 나의 주님 나의 하나님과 새롭고도 더 깊은 관계를 경험한다"(Yannoulatos 1993). 회심에 대한 이러한 이해는 선교사로 하여금 선교의 기초가 무엇인지를 알게 해준다. 회심에 대한 이러한 이해를 가져야 회심을 경험하는 다른 사람들을 바르게 인도할 수가 있다. 회심의 경험은 선교사가 되기 위한 전제조건이 아니라, 모든 그리스도인들이 그리스도 안에서 지속적으로 성장하고 그리스도의 증인이 되려는 열망을 가질 때 경험하게 되는 계단과 같은 것이다.

사도 바울의 회심 경험과 회심 이후 이루어진 삶의 모습을 통하여 우리는 그리스도 안에서 끊임없이 새로워지는 삶의 모습이 얼마나 중요한가를 깨닫게 된다. 사도 바울과 같은 회심과 회심 이후 이루어진 헌신적인 삶의 모습은 정교회 선교사들의 삶 속에서 반복적으로 발견되는 모습이다.

선교 전략

바울의 사역과 선교전략은 모든 선교사들의 모델이다. 바울과 바울의 제자들은 수많은 이교도 지역을 찾아가서 단기간 내에 수많은 기독교 공동체를 세웠다. 바울은 8 내지 12년 동안 소아시아, 마케도니아 그리고 그리스 지역을 단 세 차례 선교여행을 했을 뿐인데, 로마제국의 동쪽에는 더 이상 그의 발이 닿지 않은 곳이 없었다는 사실은 정말 놀라운 일이다. 그런데 그는 거기에 만족하지 않고 아직 복음을 한 번도 들어본 적이 없는 스페인에 가기를 원했다.

인간 사도 바울

사도 바울의 선교사역이 성공을 거둘 수 있었던 것은 여러 가지 요인들이 복합적으로 작용한 결과이다. 무엇보다도 바울은 그리스도를 나타내 보이는 삶을 살았다. 그는 이렇게 고백하였다. "내가 율법으로 말미암아 율법에 대하여 죽었나니 이는 하나님에 대하여 살려 함이라. 내가 그리스도와 함께 십자가에 못 박혔나니 그런즉 이제는 내가 사는 것이 아니요 오직 내 안에 그리스도께서 사시는 것이라 이제 내가 육체 가운데 사는 것은 나를 사랑하사 나를 위하여 자기 자신을 버리신 하나님의 아들을 믿는 믿음 안에서 사는 것이라"(갈 2:19-20). "그리스도 안에" 산다는 것은 자신의 삶 속에서 그리스도의 삶과 죽음 그리고 부활을 체험한다는 뜻이다. 세례를 통하여 믿는 자는 그리스도로 옷 입고 새로운 피조물이 되었다. 바울은 이렇게 기록하였다.

> "그리스도의 사랑이 우리를 강권하시는도다 우리가 생각하건대 한 사람이 모든 사람을 대신하여 죽었은즉 모든 사람이 죽은 것이라. 그가 모든 사람을 대신하여 죽으심은 살아 있는 자들로 하여금 다시는 그들 자신을 위하여 살지 않고 오직 그들을 대신하여 죽었다가 다시 살아나신 이를 위하여 살게 하려 함이라. 그러므로 우리가 이제부터는 어떤 사람도 육신을 따라 알지 아니하노라 비록 우리가 그리스도도 육신을 따라 알았으나 이제부터는 그같이 알지 아니하노라. 그런즉 누구든지 그리스도 안에 있으면 새로운 피조물이라 이전 것은 지나갔으니 보라 새 것이 되었도다"(갈 5:14-17).

그리스도 안에 있는 새 삶의 모습은 사도 바울의 삶과 사역 가운데서 가장 잘 나타난다. 바울은 자신이 그리스도 중심적인 삶을 보여줌으로 그의 메시지를 전파하였고, 듣는 청중들은 그러한 바울의 말을 경청하였다. 한 예로 바울과 실라가 빌립보 감옥에 들어가 있을 때이다. 주먹과 채찍에 맞고 투옥되었음에도 불구하고 두 사람은 찬송을 부르며 한밤중에 기도하였다. 그들의 내적인 충만함으로부터 흘러나오는 증거는 감옥에 있던 다른 사람들과 간수에게 깊은 인상을 주었다. 간수는 "선생님, 내가 무엇을 해야 구원을 받을 수 있겠습니까?"(행 16장 30절)라고 물을 정도였다.

수많은 상황 속에서 사도 바울은 성령의 인도하심에 자신을 전적으로 위탁하였다. 예를 들면, 빌립보에 있는 자신의 추종자들에게 "주 안에서 항상 기뻐하십시오"라고 말하였는데, 그때 그는 감옥 안에 있었다. 어떻게 감옥에 있는 사람이 감옥 밖에 있는 사람에게 그런 말을 할 수 있단 말인가? 그 비밀에 대하여 그는 이렇게 편지에 적고 있다. "내가 궁핍하므로 말하는 것이 아니니라 어떠한 형편에든지 나는 자족하기를 배웠노니, 나는 비천에 처할 줄도 알고 풍부에 처할 줄도 알아 모든 일 곧 배부름과 배고픔과 풍부와 궁핍에도 처할 줄 아는 일체의 비결을 배웠노라. 내게 능력 주시는 자 안에서 내가 모든 것을 할 수 있느니라"(빌 4:11-13). 바울의 삶은 그리스도와 얼마나 친밀하였는지, 바울의 삶 속에서 그리스도가 보일 정도로 바울의 삶은 그리스도로 충만하였다.

선교팀

바울 사역에서 두 번째 측면은 팀 사역에 대한 그의 강한 믿음이었다. 그는 어떤 경우에도 혼자 힘으로 목표를 성취하려고 한 경우가 없었다. 항상 동역자들이나 제자들과 함께 다니며 함께 사역하였다. 그의 선교팀은 항상 그리스도 중심적인 팀이었고, 그의 팀 사역은 교회공동체의 마땅한 모습을 가르쳐 주었다. 새 신자들은 바울과 함께 한 동역자들이 어떻게 일하고 섬기는지를 보면서 교회 안에서 그들의 삶을 배우고 모방하였다. 바울의 제자들 중에는 유대인도 있었고, 그리스인도 있었다. 민족이 서로 다른 사람들이 어떻게 바울 밑에서 함께 일할 수 있었는지 궁금하다. 그리고 바울은 여인들과 노예들 속에 들어가서 복음을 전하였는데, 당시 상황을 감안한다면 참으로 어려운 일이었을 텐데, 어떻게 그렇게 할 수 있었는지를 연구해 보는 일은 흥미로울 것이다. 바울 주위에 함께 동역하고 함께 주님을 섬긴 다민족 공동체는 바울이 평소 전한 복음의 내용이 현실적으로 이루어진 것이다. 그리스도 안에는 유대인이나 헬라인이나 자유인이나 노예나 남자나 여자나 차별이 없다.

바울은 다양한 남자와 여자들이 자신의 동역자로 일할 수 있도록 훈련함으로 자신의 선교사역을 더욱 강화할 뿐만 아니라, 복음이 더 넓은 지역으로 전파될 수 있도록 하였고, 차세대 지도자들을 양성하는 결과를 낳았다. 바나바 밑에서 바울이 배운 것을 기억하여 바울은 다른 많은 믿음의 형제자매들을 가르쳐서 차세대 교회 지도자 선교사가 되게 하였다.

다양한 동역자들을 양육하여 함께 일하다 보니 성령께서 다양한 은사들을 팀 사역자들에게 부어주신다는 사실을 경험하게 되었다. 여기서 바울은 믿음의 공동체가 그리스도의 몸이라는 사실을 깨달았다. 다양한 구성원들에게 다양한 은사를 부어주시는 성령의 역사로 그리스도의 몸이 이루어지고, 그리스도의 몸을 통하여 하나님의 기뻐하시는 사역, 곧 복음 전파의 사역이 계속하여 성취되어 간다는 사실을 깨달았다.

전략적 지역에 교회 개척

바울이 행한 세 번째 전략은 아직 복음이 전파되지 않은 핵심 지역에 교회를 세우는 것이었다. 그는 작은 모든 마을에 교회를 세우는 대신에 크고 중요한 도시에 교회를 세우는 데 초점을 맞추었다. 역사가 롤랑 알렌(Roland Allen)은, "바울이 교회를 세운 도시는 모두 로마의 행정, 헬라 문화, 유대인 문화 혹은 상업의 요충지였다"(Allen 1962:13)고 했다.

바울은 새로 세워진 교회들이 복음전도의 센터가 되며 교구의 테두리를 뛰어넘어 인근 지역으로 확장되어 나가기를 소망했다. 교회의 신자들은 수동적으로 복음을 받는 것이 아니라, 능동적으로 복음을 받아 가까운 사람들에게 전도하는 사람이 되기를 원했다. 성령이 새로운 개종자들의 마음을 충만케 하셔서 제2, 제3의 바울 같은 인물들이 많이 생겨나서 복음을 열정적으로 전파하는 역사가 일어나기를 기도했다.

사역 초기부터 바울은 지역교회 지도자를 세우는 일에 적극적이었다. 그래야 그가 그 지역을 떠난 다음에도 계속해서 복음사역이 이루어질 수 있다고 생각했기 때문이다. 복음은 오직 그 지역사회와 함께 하는 공동의 노력을 통해서만 전파될 수 있기 때문에 현지인 지도자와 현지인 공동체를 세워 책임과 권한을 부여하고 그 공동체와 지역사회를 위하여 수고하도록 해야 한다고 그는 생각하였다. 새롭게 세례를 받는 새 신자들이 신앙의 지식은 얼마 되지 않을지라도 성령이 함께 하시면 복음을 전할 수 있다고 믿었기에 새 신자들에게도 선교의 사명을 가르쳤다.

현지인 지도자를 세울 때에는 남자와 여자, 자유인과 노예, 유대인과 헬라인을 차별하지 않고 세웠다. 열성적인 여성지도자들 중에는 빌립보 지방에서 첫 번째로 개종한 루디아가 있는데 그녀는 복음을 받자마자 자기 집안사람들에게 전도하였으며, 자기 집을 전도의 거점으로 내놓았다. 그리고 브리스길라, 뵈베, 페르시스와 마리아 같은 여인도 복음전도의 헌신자들이 되었다. 빌레몬서는 당시 노예였던 오네시모 같은 이도 복음전도의 일꾼이 된 것을 말해준다. 다양한 신분과 민족의 사람들이 바울의 선교사역에 동참하였다.

각 지방의 중심되는 도시들에 교회를 세움으로 선교한다는 바울의 선교 전략을 생각해 본다면, 우리는 바울이 그렇게 짧은 기간이 지난 후에 자신의 선교사역을 다 이루었다고 느낀 이유를 이해할 수 있을 것이다. 바울이 로마에 있는 교회에 쓴 편지에 이렇게 기록하고 있다.

"그리스도께서 이방인들을 순종하게 하기 위하여 나를 통하여 역사하신 것 외에는 내가 감히 말하지 아니하노라. 그 일은 말과 행위로 표적과 기사의 능력으로 성령의 능력으로 이루어졌으며 그리하여 내가 예루살렘으로부터 두루 행하여 일루리곤까지 그리스도의 복음을 편만하게 전하였노라. 또 내가 그리스도의 이름을 부르는 곳에는 복음을 전하지 않기를 힘썼노니 이는 남의 터 위에 건축하지 아니하려 함이라. 기록된 바 주의 소식을 받지 못한 자들이 볼 것이요 듣지 못한 자들이 깨달으리라 함과 같으니라. 그러므로 또한 내가 너희에게 가려 하던 것이 여러 번 막혔더니 이제는 이 지방에 일할 곳이 없고 또 여러 해 전부터 언제든지 서바나(스페인)로 갈 때에 너희에게 가기를 바라고 있었으니⋯⋯"(롬 15:18-23)

바울은 자기가 복음을 전했다고 해서 모든 사람들이 빠짐없이 다 복음을 들었다고는 믿지 않았다. 대신 그가 세운 교회를 통하여 복음이 계속 전파되어 나갈 것이고, 그러면 인근 지역 주민들이 복음을 듣게 될 것이라고 믿었다.

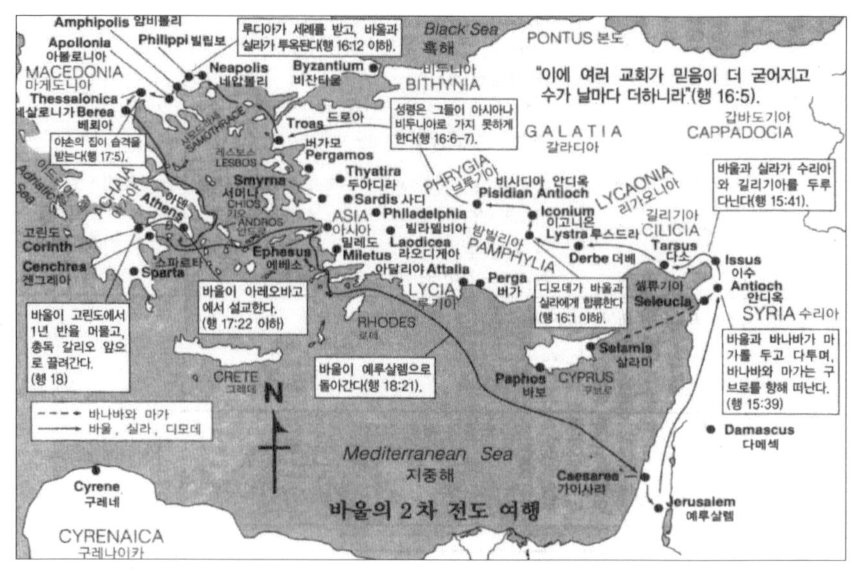

여러 지역에 가서 짧게 머묾

바울이 실천한 네 번째 원리는 어떤 지역에 가서 짧은 기간만 머문다는 전략이다. 그가 교회를 세우고 현지인 지도자를 세우고 나면 빨리 새로운 선교 지역으로 옮겨갔다. 바울은 일반적으로 한 곳에서 수개월 이상 머물지 않았다. 특별한 경우라 해도 2~3년 이상 머문 적이 없었다. 학자들이 계산을 해보았는데, 바울의 첫 번째 선교 여행에서 루스드라에 머문 기간은 6개월이었다(Allen 1962:84). 마게도니아 지방에서 데살로니가 교회를 개척할 때 걸린 시간은 5월 이상이 되지 않았다. 다른 지역에서는 수주일 이상 머물지 않았다. 예외가 두 군데 있는데, 고린도와 에베소이다. 그곳에서는 1년 그리고 2년 반을 머물렀다.

바울도 필요 이상 한 곳에 오래 머물고 싶은 마음의 유혹을 받았다. 그는 새로운 개종자들이 신앙에 관한 더 많은 지식을 얻고 싶어 하고, 또 그렇게 지도해 주어야 할 필요성을 이해했다. 하지만 그의 소명은 복음이 전파되지 않는 곳에 가서 전도하는 것이라는 의식이 한 곳에 오래 머물지 못하게 하였다. 예배드릴 준비, 성찬식을 행할 준비 그리고 전도할 준비를 갖추었다고 생각되면 그는 다른 곳으로 이동하였다. 그는 신생교회에 자율성을 주어야 한다고 믿었다. 신생교회로 하여금 성령이 그들 자신을 지도하고 인도해 주실 것을 믿으라고 가르친 다음 신생교회 스스로 모든 일을 처리하도록 맡겼다. 그렇다고 신생교회를 완전히 방치한 것은 결코 아니었다. 바울은 그의 편지나 그의 동역자들의 방문을 통하여 신생교회들과 일정한 관계성을 계속 유지하였다. 바울은 신생교회 성도들이 그리스도의 몸의 지체임을 자주 상기시켰으며, 다른 교회들과도 협력관계를 유지할 것을 부탁하였다. 그리고 긴급한 일이 생길 때마다 바울은 교회들을 방문하거나 신실한 제자들을 보내어 격려해주거나 잘못을 고쳐주거나 지도하는 일을 지속적으로 해나갔다.

복음전파 방식

사도 바울의 선교에 있어서 또 다른 전략은 그의 독특한 설교 방식이다. 사도행전에 따르면, 바울은 그가 방문한 도시의 회당에서 담대하게 설교하였다. 유대인으로서 그는 무엇보다 먼저 예수 그리스도 안에 있는 구원의 메시지를 동료 유대인들에게 전하고 싶었다. 유대인들이 그가 전한 메시지를 거부했을 때, 바울은 방향을 돌려서 비유대인 개종자들과 회당에서 하나님을 예배하던 '하나님을 경외하는 자들(God Fearers)' 그리고 이방인들에게 복음을 전했다. 복음을 전할 때 바울의 중심 메시지는 "모든 사람에게 모든 것이 되는 것"이었다. 그의 편지를 인용해 보면,

"내가 모든 사람에게서 자유로우나 스스로 모든 사람에게 종이 된 것은 더 많은 사람을 얻고자 함이라. 유대인들에게 내가 유대인과 같이 된 것은 유대인들을 얻고자 함이요, 율법 아래에 있는 자들에게는 내가 율법 아래에 있지 아니하나 율법 아래에 있는 자같이 된 것은, 율법 아래에 있는 자들을 얻고자 함이요, 율법 없는 자에게는 내가 하나님께는 율법 없는 자가 아니요, 도리어 그리스도의 율법 아래에 있는 자이나 율법 없는 자와 같이 된 것은 율법 없는 자들을 얻고자 함이라. 약한 자들에게 내가 약한 자와 같이 된 것은 약한 자들을 얻고자 함이요, 내가 여러 사람에게 여러 모습이 된 것은 아무쪼록 몇 사람이라도 구원하고자 함이니, 내가 복음을 위하여 모든 것을 행함은 복음에 참여하고자 함이라"(고전 9장 19~23절).

유대인들에게 복음을 전할 때에는 유대인처럼 행동했다. 유대인들에게 그는 이렇게 외쳤다. "나는 팔 일 만에 할례를 받고 이스라엘 족속이요 베냐민 지파요 히브리인 중의 히브리인이요 율법으로는 바리새인이요, 열심으로는 교회를 박해하고 율법의 의로는 흠이 없는 자라"(빌 3:5-6).

유대인들 사이에서 선교할 때에는 유대인들이 이해할 수 있는 용어를 사용했다. 히브리어 성경을 자주 인용하여 예수가 어떻게 하여 율법과 선지

자와 역사가 오랫동안 기다려온 메시아인지를 증거하였다. 그는 예수의 사역에 초점을 맞추어 그리스도의 삶과 죽음과 부활이 하나님의 택한 백성을 위하여 어떤 의미를 지니는지를 설명하려고 애를 썼다. 이러한 설명을 한 다음에는 그의 청중들에게 회개하고 복음을 받아들이라고 촉구하였다.

하지만 이방인들에게 복음을 전할 경우에는 다른 방식을 취하였다. 그의 준거 틀(his frame of reference)을 청중에게 맞추었다. 바울은 자신의 설교를 듣고 있는 청중의 문화를 이해하는 것이 얼마나 중요한지를 이해하고 있었다. 청중의 문화를 이해하기 위해서는 그들의 종교적 배경을 아는 것이 중요한 역할을 한다는 것도 알고 있었다. 아덴에서 설교한 내용을 분석해 보면, 이러한 사실들을 확실히 알 수 있다. 철학을 좋아하고 우상을 좋아하는 아덴 사람들에게 전도할 때에는 바울이 유대적인 것에 대해서나 메시아의 대망사상을 성취한 예수에 대해서는 한 마디도 언급하지 않았다. 대신에 헬라인의 수준에서 말문을 열었다. 그들의 우상숭배 풍습을 정죄하지도 않았다. 정죄함으로 전도를 시작하는 것은 정말 지혜롭지 못하다. 대신에 그들의 예배행위 가운데 좋은 점을 찾아내어 그것으로부터 말을 시작하였다.

> "바울이 아레오바고 가운데 서서 말하되, 아덴 사람들아 너희를 보니 범사에 종교심이 많도다. 내가 두루 다니며 너희가 위하는 것들을 보다가 '알지 못하는 신에게' 라고 새긴 단도 보았으니 그런즉 너희가 알지 못하고 위하는 그것을 내가 너희에게 알게 하리라"(행 17:22-23).

이렇게 말을 시작한 바울은 만물의 창조주 하나님, 생명을 주시는 하나님, 모든 사람이 찾고 있는 하나님, 심판주 하나님, 죽은 자로부터 부활한 예수에 관하여 말하였다. 바울은 그들이 이해하고 있는 주제들을 다루었고, 신앙에 대한 자신의 변증을 지지해 줄 만한 헬라 철학자들이나 시인들의 이름을 언급하였다. 이런 방식으로 바울은 복음을 전하였고, 이렇게 함으로써 그의 메시지를 듣는 이방인들이 단지 종교적이고 문화적인 배경의 차이 때문에 못 받아들이겠다고 말할 수 있는 여지를 최소화하였다.

바울은 전도할 때 청중들을 회유하고 청중들을 존중하려고 최선을 다했지만, 그렇다고 진리를 타협하는 일은 결코 하지 않았다. 바울은 복음의 어려움들을 결코 숨기지 않았다. 그는 예수 그리스도가 초청하는 제자의 길이 좁은 길이며 희생을 요구하는 길이라는 사실을 깨달아 알기를 소망했다. 아덴에서는 청중들의 우상숭배에 대하여 맹렬하게 공격하지는 않았다. "하지만 우상숭배를 그냥 봐주기식으로 넘어가거나, 나쁜 종교를 이용하거나, 모든 종교가 다 같다는 생각을 가진 것은 아니었다. 바울의 설교를 바르게 이해한다면, 그의 마음속에는 참되신 하나님과 하나님의 가르침으로 인도하려는 열정으로 충만하다는 사실을 발견한다"(Allen 1962:70).

바울은 복음을 순전하게 담대하게 전해야 한다고 믿었으며, 새 신자들이 어떻게 무엇을 해야 하는지를 명확하게 가르치는 것이 자신의 책임이라고 믿었다. 과거에 죄를 많이 짓고 살던 사람이 개종을 했을 경우, 바울은 과거의 죄의 습관과 완전히 단절하라고 가르쳤다. "그리스도의 영광에 이르는 쉬운 길은 없다. 그리스도 이외에는 구원의 소망이 없으며, 세상과 짝해서는 안 되며, 핍박을 각오하지 않고서는 교회 다닐 수 없다고 가르쳤다"(Allen 1962:70).

이렇게 복음을 전한 다음에는 바울이 어떤 결단을 기대하였다. 바울은 자유를 주고 기다렸다. 왜냐하면 메시지를 들은 청중들은 좁은 길을 가기 전에 고민하는 과정을 거치는 것이 필요하다는 사실을 알았기 때문이다. 그러나 바울은 항상 성령님이 모든 청중들 가운데 운행하셔서 복음에 긍정적인 반응을 보일 수 있도록 역사해 주시기를 소망하였다.

기도의 전략

바울은 자신의 모든 사역과 선교의 기초는 기도라고 굳게 믿었다. 신생 교회에 보내는 그의 모든 편지에서 규칙적으로 기도하고 있음을 반복하여 언급하였다. 예를 들어 빌립보교회에 보내는 편지 가운데, "내가 너희를 생각할 때마다 나의 하나님께 감사하며, 간구할 때마다 너희 무리를 위하여 기쁨으로 항상 간구함은 너희가 첫날부터 이제까지 복음을 위한 일에 참여하고 있기 때문이라"(빌 1:3-5)고 하였다. 그가 영적인 자녀들을 위하여 드린 기도 가운데 가장 아름다운 것들 중의 하나를 언급하면, 빌립보서 1장 16~19절이다.

"내가 기도할 때에 기억하며 너희로 말미암아 감사하기를 그치지 아니하고, 우리 주 예수 그리스도의 하나님, 영광의 아버지께서 지혜와 계시의

영을 너희에게 주사 하나님을 알게 하시고, 너희 마음의 눈을 밝히사 그
의 부르심의 소망이 무엇이며 성도 안에서 그 기업의 영광의 풍성함이 무
엇이며, 그의 힘의 위력으로 역사하심을 따라 믿는 우리에게 베푸신 능력
의 지극히 크심이 어떠한 것을 너희로 알게 하시기를 구하노라."

이러한 기도를 통하여 그는 새 신자들을 전능하신 하나님의 손에 맡겼
고, 무슨 일이든지 항상 기도 가운데 하나님을 의지하는 삶의 모범을 보
여주었다.

교회를 위하여 기도하는 동시에 그는 새 신자들이 자신을 위하여 간절
히 기도하며 복음의 확산을 위하여 기도해 줄 것을 부탁하였다. 그는 성
령이 자신의 선교와 사역을 지도해 주지 아니하면 모든 것이 헛될 것이라
고 생각했다. 그래서 그는 끊임없이 자신과 동역자들을 성령님이 보호하
시고 힘을 주시고 지도해 주실 것을 기도하였다. "또 나를 위하여 구할
것은 내게 말씀을 주사 나로 입을 열어 복음의 비밀을 담대히 알리게 하
옵소서 할 것이니, 이 일을 위하여 내가 쇠사슬에 매인 사신이 된 것은
나로 이 일에 당연히 할 말을 담대히 하게 하려 하심이라"(엡 6:19-20).
데살로니가인들에게 보낸 편지에서 간절히 부탁하기를, "끝으로 형제들아
너희는 우리를 위하여 기도하기를 주의 말씀이 너희 가운데서와 같이 퍼
져 나가 영광스럽게 되고, 또한 우리를 부당하고 악한 사람들에게서 건지
시옵소서 하라"(살후 3:1)고 하였다. 기도가 사도 바울의 모든 전략과 성
공의 밑거름이 되었다.

결 론

　지금까지 그의 회심 경험으로부터 시작하여 그가 발전시킨 그리스도와의 친밀한 관계성, 이방인들의 사도로서 행한 일들, 그리고 그가 사용한 전략들을 살펴보았다. 바울은 정말 신실하고 많은 열매를 맺은 훌륭한 선교사였다. 주님의 지상명령을 이루기 위하여 고군분투한 바울의 모습을 동방정교회는 충실하게 본받으려고 노력해야 할 것이다.

제2장

이집트, 팔레스틴
그리고 시리아의 수도사들(4세기)

　　사도 바울과 그리스도의 제자들은 이곳저곳으로 옮겨 다니며 그리스도의 복음을 전하는 선교사들이었다. 교회가 점점 발전하기 시작하자 다른 형태의 선교방식이 등장하였다. 그 다른 형태의 선교방식은 수도원에서 생겨났는데, 이제는 사람들을 찾아다니는 것이 아니라 사람들을 한 곳으로 끌어 모으는 방식으로 선교가 이루어졌다. 수도사들은 언덕 위에 있는 등불과 같아서 주위 사람들을 그들에게로 모이게 만들었다. 이 빛 아래로 모여든 사람들은 그 메시지에 큰 감동을 받아서 생각이 변하고 삶이 변하는 역사를 경험하였다.

불행하게도 많은 역사가들이 이러한 수도사들이 선교사역을 수행했다는 사실을 간과하였다. 예를 들어, 4세기에 이집트, 팔레스틴, 그리고 시리아 사막으로 도망을 갔던 수도사들은 하나님을 찾아서 고독과 격리된 삶을 살았던 사람들이었다 라고만 인식되었다. 그들이 사막으로 도망을 갔던 이유는 4세기 콘스탄틴 황제가 로마제국의 평화를 위하여 종교관용령을 발표함으로 기독교의 순수성과 세속적인 사회의 문화 풍조가 혼합되는 것을 싫어하였기 때문이었다. 4세기 수도사들에 대한 편향된 시각으로 인하여 몇몇 역사가들이 사막의 교부들을 자기구원에만 집착한 개인주의자들, 세상과 분리를 선언한 분리주의자들이라고 해석하였다.

사막의 교부들과 수도사들의 실제 모습은 많이 다르다. 그들은 자신의 개인 구원에만 집중하고, 목회하고 선교하는 일에 무관심한 사람들이 아니었다. 그들은 두 가지 방식으로 사도적 책임을 적극적으로 수행하려고 하였다.

첫째는 그들이 생각하기에 복음을 가장 효과적으로 선포하는 방법은 그리스도-중심적인 삶을 살아내는 것을 통하여 이루어진다는 확신이었다. 이러한 선교방식은 이후 수많은 수도사들에 의하여 더욱 강력하게 실천되는 것을 역사적으로 살펴볼 수 있다. 아시시의 프랜시스는 이러한 방식을 "항상 복음을 행동과 삶으로 전파하십시오. 필요하다면 말을 하십시오"라는 표현으로 대변하였다. 사로프의 세라핌도 비슷한 글을 남겼는데, "내적인 평화를 확보하십시오. 그리하면 그대 주위에 있는 수천의 사람들이 구원을 길을 보게 될 것입니다"라고 하였다. 이러한 수동적인 방식의 선교(passive mission), 이것은 4세기 수도원을 중심으로 이루어진 일반적인 선교 모습이었으며, 정교회 선교역사에 일반적으로 나타나는 선교방식이다.

일반적으로 수동적인 선교란 사람
이 한 곳에 머물러 있으면서 기도와
소박한 삶, 거룩한 삶을 통하여 주위
사람들이 영적으로 변화되고 그리스
도의 제자가 되도록 감화를 주는 영
향력을 의미한다. 거룩한 삶, 그리스
도에 집중하는 삶, 성령 충만한 삶은
많은 사람들의 관심을 끌 뿐만 아니
라, 그러한 삶의 모습을 지켜보는 사
람들로 하여금 그리스도의 복음을
받아들이게 하며, 다른 사람들도 그

러한 삶을 살도록 유도한다. 이러한 방식의 선교가 정교회의 일반적인 선교
방식이다(Veronis 1983:54).

이러한 수동적 선교의 대표적인 예가 사막 수도원의 아버지라고 불리는
안쏘니(Anthony)이다. 그의 거룩한 삶이 기독교인과 이교도 모두에게 감
동을 주었으며, 많은 사람들을 사막으로 끌어들여 기독교 신앙의 풍성함
을 재발견하게 하였으며, 하나님에게 헌신하는 삶의 유익과 즐거움을 소
개하였다.

두 번째 선교방식은 적극적으로 복음을 직접 전파하며, 설교를 통하여 신
앙을 변증하고, 교회를 개척함으로 신도수를 증가시켜 나가는 것이다. 초기
수도사들은 거리에 나가서 복음을 전하는 일을 적극적으로 하였다. 313년
콘스탄틴 황제가 종교 관용령을 내렸지만, 로마제국 안에는 여전히 이교도
들이 많았다. 콘스탄틴이 죽고 50년이 지난 뒤 380년에 데오도시우스 황제
가 기독교를 국가 종교로 선포할 때까지 기독교는 여전히 소수종교로 남아
있었다. 380년 이후 기독교가 로마제국의 종교로 선포되었지만, 여전히 4세

기에는 우상숭배와 이교도들의 종교의식이 계속되었으며, 6세기까지 존재하였다. 귀족들과 시골 사람들은 여전히 이교도의 종교생활을 떠나지 못하였다. 사실, 데오도시우스 황제 때 상원의원들 중 절반 이상, 그리고 많은 교육을 받은 철학자들이 4세기 말까지 우상을 섬겼다(Yannoulatos 1969:210).

분명한 것은 로마제국이 그리스도의 죽음 이후 400년 동안 선교의 기회를 많이 제공하였다는 사실이다. 그 선교의 기회를 적극적으로 활용한 사람들이 사막의 수도사들이었다. 그들이 이교도들 속으로 들어가서 복음을 전파하고, 교회를 개척하고 세례를 줌으로 우상과 이교도 풍습을 없애고 기독교를 확장시키는 일에 크게 공헌하였다.

선교사로서의 수도사들

사막의 수도사들이 삶 가운데서 가진 최고의 관심사는 하나님의 나라를 경험하는 것과 하나님의 나라를 전파하는 것이었다. "하나님 나라에서 상급을 받고자 하는 강열한 열망, 그리고 하나님 나라의 임재를 위한 간절한 기도가 영적인 에너지를 만들어 내었는데, 그러한 열망과 기도는 눈에 보이지 않았지만, 제국 안에서 기독교를 견고하게 세우는 강력한 촉진제가 되었다"(Yannoulatos 1969:211). 하나님 나라의 전파는 그들의 거룩한 삶과 힘 있는 설교를 통하여 이루어졌다. 교회역사가 유세비우스는 이렇게 적고 있다:

그 당시 많은 제자들이 하나님의 말씀을 듣는 가운데 마음의 감동을
받아 진리에 대한 뜨거운 사랑을 가지게 되고, 어려운 사람들과 궁핍한
사람들에게 진리를 전파함으로 구원으로 인도하는 일을 하였다. 그 다음

에는 외국으로 여행을 다니며 아직도 신앙의 말씀을 한 번도 들어본 적이 없는 사람들을 찾아 복음을 전하는 일을 최고의 명예로 여기며 복음전도자의 길을 걸었다(Yannoulatos 1969:212).

극단적인 금욕주의의 삶을 살았던 앤쏘니는 선교적 열정으로 불타올라 제자들을 모아 가르쳐서 매우 유능한 선교사들이 되게 하였다. 앤쏘니의 전기 작가는 이렇게 적고 있다:

> 그의 삶은 굉장히 인상적이었습니다. 그가 홍해 근처 깊은 산속에 들어간 다음에도 세속 사회와 인연을 완전히 끊은 것은 아니었습니다. 앤쏘니는 사람들과 만남을 가졌고, 그들의 이야기에 귀를 기울였습니다. 그에게는 도움을 구하러 오는 많은 방문객들이 끊임없이 있었습니다. …… 흔히 앤쏘니는 사람 사는 곳을 멀리 떠나 살았다고 말하지만, 그렇다고 그가 사람들과의 관계를 완전히 단절하고 살았던 것은 아닙니다. 사막 가운데서도 그는 항상 사람들과의 관계 속에 살았고, 수많은 사람들이 끊임없이 그를 찾아 도움을 구하였고, 그는 그 요청에 응답하였습니다. 거룩한 삶을 살았던 앤쏘니는 순례객들의 목표였고, 치유와 기적을 바라는 사람들이 만나고 싶어 하는 사람이었습니다(Gregg 1980:9).

필요가 생겼을 때, 앤쏘니는 이 집트의 대도시 알렉산드리아로 찾아가서 이교도 철학자들과 담판을 벌이기도 하였다. 355년 한 무리의 이교도들과 그들이 소중히 여기는 종교적 진리들에 관하여 논쟁을 벌인 이후에, 그는 그들에게 기독교 신앙을 받아들이라고 권하였다. "주 예수를 믿으십시오. 그리하면 우리의 확신이 단순히 말장난이 아니라, 그리스도 안에 있는 사랑으로 말미암은 믿음에서 나온 것임을 알게 될 것입니다. 만일 믿음을 가지게 된다면, 당신들은 더 이상 말로 증거를 보이라고 하지 않을 것입니다. 그리스도를 믿는 믿음 자체만으로 충분하다는 사실을 알게 될 것입니다."(Yannoulatos 1969:213).

앤소니는 자신의 제자들에게 자신의 선교정신을 가르쳐 주었다. 사막생활의 고독함과 선교의 책임과의 관계성을 가르쳤다. 앤쏘니의 제자였던 암모나스(Ammonas)가 스승의 가르침을 요약하길, "하나님의 파송을 받을 사람들은 침묵생활을 버리려고 하지 말아야 합니다. 침묵생활은 하나님의 능력을 얻는 통로이기 때문입니다. 하지만 사람들을 교화하라는 창조주 하나님의 명령을 불순종해서도 안 될 것입니다"(Yannoulatos 1969:224).

이집트인 마카리우스는 이러한 스승의 가르침을 훌륭하게 실천하였다. 그는 나일 강 델타 지역에 있는 어떤 이교도의 섬에서 유배생활을 하였다. 그 섬에서 그는 원주민들에게 복음을 전하였으며, 그리스도의 이름으로 기적을 행하였다. 한번은 마카리우스가 이교도 사제의 딸을 고쳐줌으로 원주민들의 신뢰를 얻었다. 이 사건을 통하여 그는 그 섬의 성직자들뿐만 아니라 일반 주민들에게도 기독교 신앙을 전할 수 있었다. 개종자들은 그 섬의 신전 하나를 개조하여 교회당으로 만들었다. 거기서 세례를 받고 기독교의 진리를 배웠다(Yannoulatos 1969:212).

이집트에서 최초로 수도원 공동체를 세운 수도사 아볼로(Apollos the conobite)도 그의 제자들에게 선교정신을 불어넣었다. 열 개의 이교도 마을로 둘러싸여 있는 헤르무폴리스(Hermoupolis)에 수도원을 세우고, 수도사 제자들을 가르치고 훈련시키면서 그는 선교정신을 꾸준히 주입하였다. 제자들로 하여금 자신의 신앙을 가까운 이웃들에게 증거하도록 만든 결과 당대에 그 지역 주민들을 모두 개종시켰다. 수도사들은 개종자들이 세례를 받기 전에 철저하게 교육하였다.

아볼로가 사도적 소명, 즉 선교적 사명을 다하기 위하여 그렇게 정열적으로 일한 이유는 그의 내적인 신념 때문이었다. 첫째, 아볼로는 모든 인간은 각자의 존엄성을 지니고 있다는 사실을 강조하였다. 하나님은 모든 사람을 하나님의 형상을 따라서 창조하였다. 그러므로 모든 사람은 존경과 사랑을 받아야 한다고 그는 생각하였다. 모든 사람에 대한 이러한 이해와 사랑이 수도사들로 하여금 이교도들 속으로 들어가서 하나님의 풍성한 사랑을 나누도록 하였던 것이다. 둘째, 성경을 부지런히 읽고 묵상하는 일을 통하여 선교적 열정이 솟아났다. 성경을 읽으면 신앙이 뜨거워지고, 신앙이 뜨거워지면 복음전도의 명령에 대하여 무관심하게 지낼 수가 없었다. 성경의 가르침에 뿌리박은 그들의 신앙생활은 예배와 성찬식을 중심으로 이루어졌다. 아볼로는 그의 제자 수도사들이 영적으로 자신을 매일 새롭게 하기 위하여 성찬식에 규칙적으로 참여해야 한다고 생각했다. 규칙적으로 성찬에 참여함으로 수도사들은 삭막하고 적대적인 세상 가운데 나가서 복음을 담대하게 전파할 수 있는 힘과 용기를 얻었다. 아볼로가 제자 수도사들에게 선교사적 사명을 가르칠 때 기쁨으로 그 사명을 감당하라고 하였다. 그는 항상 이렇게 말하곤 하였다:

> 우리는 하나님의 나라를 상속하게 되어 있기 때문에 구원 문제에 대하여 의심하거나 낙심할 필요가 없습니다. 우리가 받을 상급을 믿고 생각한다면, 어찌 어두운 얼굴을 하고 다닐 수 있겠습니까? 사도 바울은 "항상 기뻐하라, 쉬지 말고 기도하라, 범사에 감사하라"고 했습니다(Yannoulatos, 1969:217).

가자의 수도사 힐라리온(Hilarion)은 수도원장이었는데, 자신이 속한 수도원 공동체 안에서 선교정신을 끊임없이 가르쳤다. 그는 팔레스틴의 탁월한 선교사였는데, 그의 선교적 열정은 앤쏘니 밑에서 제자로 있을 때 성경을 연구하면서 배운 것이었다. 신앙인으로서 선교명령에 순종하는 것이 얼마나 중요한 일인지 깨달은 그는 가자(Gaza)에 최초로 선교 센터를 설립하였다. 그는 자신의 제자들 가운데 2천 명을 훈련시켜 팔레스틴 지역 이교도 마을들을 찾아다니며 복음을 전하게 만들었다(Yannoulatos 1969:219).

시리아 수도사 알렉산더는 "비질란트"(vigilants, 깨어있는 자들)공동체를 조직하였고, 선교 수도단을 세웠다. 380년에 알렉산더는 콘스탄티노플을 떠나서 시리아 사막에서 성경을 읽으며 기도하며 11년을 지냈다. 침묵의 수도생활에 정진하던 중, 그는 사막을 나와서 이방인들에게 그리스도의 복음을 전하라는 소명을 받았다. 순회 전도자가 되어서 이곳저곳을 여행하였다. 그는 주로 메소포타미아 지역을 여행하면서 복음을 전하였는데, 그 주위에 수많은 사람들이 모여들었다. 추종자들이 생겼다. 마침내 그는 유프라테스 강가에 수도원을 세우고 400여 명의 수도사들을 훈련시켰다. 그 다음 그가 훈련시킨 수도사들 중에서 유능한 수도사 150명을 뽑아서 "순회하는 수도원(traveling monastery)"을 새로 조직하였다. 그는 수도사 선교사들을 훈련하여 메소포타미아 전역에 파송하였다. 선교사들은 메소포타미아 구석구석에 들어가서 복음을 전하며 백성들을 구원의 진리로 인도하였다(Yannoulatos 1969:222).

또 다른 시리아 은둔자 아브라미우스(Abraamius)도 훌륭한 선교사였다. 그도 처음에는 수년 동안 침묵생활 가운데 기도에 정진하던 수도사였는데, 부르심을 받아 사막을 나와서 레바논으로 들어가서 수많은 이교도들에게 복음을 전하였다. 몇 명의 제자들과 함께 마을 한가운데 거주지를 마련하였다. 거기서 3년 동안 마을 사람들과 함께 생활하며 전도하였다. 그곳에서 그가 처음으로 추진한 일은 마을 한가운데 교회당을 짓고 매일 예배를 드리는 일이었다. 그는 살아계신 한 분 하나님께 드리는 예배를 통하여 복음을 전하였다. 교회당과 예배의 아름다움과 경건함이 주민들을 끌어 모았고, 시간이 지남에 따라서 많은 사람들로 하여금 세례를 받게 하고 복음을 수용하게 만들었다.

결 론

4세기에 선교적 열정으로 불타올랐던 수도사 선교사들의 이야기는 끝이 없다. 수도사 암미안(Ammian)과 은둔자 유세비우스(Eusebius) 사이에 오간 대화 한 마디가 4세기의 분위기를 잘 대변해 준다. 친구 수도사들에게 복음전파의 사명의 중요성을 일깨워주기를 간절히 원했던 암미안이 다음과 같이 간곡한 말로 친구들에게 말하였다:

> 나의 사랑하는 친구여, 말해 주시오. 그대가 이 어렵고도 고매한 수도원의 생활을 시작할 때 누구를 기쁘게 하기 위함이었습니까? 그가 대답하기를, 그야 물론 하나님을 기쁘게 하기 위함이었습니다. 암미안은 계속하여 말하였습니다. 그렇습니다. 그대가 사랑하는 분은 하나님입니다. 그런데 나는 그대의 헌신과 섬김을 더욱 강하게 만들어 줄 다른 길을 보여주고 싶습니다. 아무리 열심히 주님을 섬긴다 해도 우리는 우리 자신의 이기심에서 완전히 벗어날 수는 없습니다. 하나님은 우리의 이웃을 우리 자신처럼 사랑하라고 하셨습니다. 성령 충만했던 사도 바울은 사랑이 율법을 완성한다고 하였습니다. 두 번째 엘리야 세례 요한은 사막에서 생활하다가 성령의 인도를 받아 요단강으로 가서 거기서 주님의 길을 예비하며 세례를 베풀었습니다. 그러므로 하나님을 지극히 사랑하고 잘 섬기려는 열정으로 가득한 그대여, 다른 사람들을 당신과 같이 하나님을 섬기는 자로 만드는 일에 관심을 가지십시오. 이것이 그대의 주님을 가장 기쁘게 해드리는 일이 될 것입니다(Yannoulatos 1969:224).

지금까지 우리는 4세기 사막의 수도사들, 교부들 중의 몇 사람을 선별하여 간략하게나마 그들의 사도적 소명, 즉 선교적 명령에 헌신한 모습을 살펴보았다. 그들의 선교적 헌신은 기독교 역사에 길이 빛날 유산이다. 이들 수도사들은 이집트, 팔레스틴 그리고 시리아에서 기독교를 전파하는 데 크게 기여하였다. 그들의 거룩한 삶과 담대한 선포가 많은 그리스도인들로 하여금 더욱 신실한 삶을 살도록 자극하였고, 이교도들로 하여금 복음의 능력을 발견하여 개종하도록 만들었다.

제3장

슬라브족의 사도,
끼릴과 메쏘디우스(9세기)

끼릴과 메쏘디우스 형제는 비잔틴 시대 가장 유명한 선교사들이었으며, 선교하는 모든 교회의 모범적 인물이다. 슬라브족에게 복음을 전한 자로서, 그리고 계몽가로서 그들의 역할과 공헌은 이루다 말할 수 없다. 끼릴과 메쏘디우스의 수고와 그 영향으로 슬라브족의 문화와 언어가 형성되었으며, 동방정교회 세계의 선교 모델이 만들어졌다. 끼릴과 메쏘디우스의

이야기를 하지 않고 슬라브족의 언어와 문화를 말하는 것이 불가능할 정도로 그들의 역사적 영향력은 지대하다(Kantor 1983:10).2) 세계적으로 명성을 날린 미국인 교회사가 켄네쓰 라뚜렛도 "끼릴과 메쏘디우스가 영향을 끼친 지역의 크기를 두고 말하자면, 세계의 가장 위대한 선교사들의 반열에 포함될 위대한 선교사들이다"라고 말하였다(Latourette, 1938:166).3)

---

2) Marvin Kantor, *Medieval Slavic Lives of Saints and Princes*, Ann Arbor, MI: Slavic Publications.

역사적인 배경

끼릴은 826/827년에 콘스탄틴이라는 이름으로 태어났다. 그의 형 메쏘디우스는 815년에 태어났다. 그들의 아버지는 데살로니가에 주둔하는 높은 계급의 군인이었다. 9세기에는 데살로니가라는 도시가 비잔틴제국에서 두 번째로 중요한 도시였으며, 비잔틴제국와 슬라브민족의 문화적 중심지로서 중요한 역할을 하였다. 이러한 도시에서 성장한 두 형제는 어릴 적부터 자연스럽게 슬라브족 문화를 배웠는데, 이것이 나중에 선교사역을 하는 데 귀중한 밑거름이 되었다.

비잔틴제국의 고위 장교의 자녀로서 그들은 높은 수준의 교육을 받을 수 있었고, 이로 인하여 엘리트 반열에 오를 수 있었다. 영민한 머리를 가진 콘스탄틴은 콘스탄틴노플제국대학에서 공부를 하였다. 그리고 그는 그 당시 탁월한 철학자들 중의 한 사람으로 명성을 얻었다. 대학에서 공부를 마치자마자, 총대주교는 그를 부제(기독교 전임전도사)로 안수하여 총대주교의 도서관사서로서 일을 보게 하였다. 이 일은 정교회 원로급 성직자들조차도 명예롭게 여기는 귀중한 일이었다. 그런데 젊은 콘스탄틴이 그 일을 맡아 보게 되었다. 그는 제국대학 철학부 교수로 청빙을 받을 때까지 수년 동안 총대주교 도서관사서 일을 보았다.

반면에 메쏘디우스는 비잔틴제국의 정치세계에 입문하였다. 그리고 14년 동안 슬라브족이 거주하는 지역에서 정부 관리로서 경력을 쌓았다. 이후 그는 모든 세속적인 일을 버리고 소아시아 올림푸스 산에 위치한 중앙 비잔틴 수도원에 들어갔다.

---

3) Kenneth Latourette, *A History of the Expansion of Christianity: A thousand years of Uncertainty*, Vol. 2. New York: Harper and Brothers.

무슬림과 유대인들 앞에 선 기독교 변증가

콘스탄틴은 기독교 철학가로서 명성이 높았기 때문에 황제는 자주 그를 기독교 신앙의 변증가로 활용하였다. 851년 초 콘스탄틴은 기독교 학자들과 연합하여 바그다드로 가라는 황제의 명령을 받았다. 그 당시 이슬람 세계의 최고 학자들과 논쟁을 하기 위함이었다. 이 일에 대하여 알려진 역사적 사실은 별로 없지만, 콘스탄틴의 전기 작가에 의하면 논쟁이 끝날 무렵 그의 대적자들은 그의 논박에 위협을 느낀 나머지 독살하려는 시도까지 하였다고 기록하고 있다. 하나님이 그를 보호해 주심으로 당시 24세였던 콘스탄틴은 아무런 해를 입지 않고 그곳을 빠져나올 수 있었다(Kantor 1983:41).

외국 여행을 마친 다음, 콘스탄틴은 그의 형이 머물고 있는 올림푸스 산 수도원으로 갔다. 전기작가에 따르면, 콘스탄틴은 거기에 머물면서 "끊임 없이 기도하며 성경 연구에만 집중하였다. 두 형제는 다른 일은 일체 하지 않고 이 두 가지 일에만 헌신하였다"(Kantor 1983:41). 몇 년 동안 기도와 성경연구에 집중하던 콘스탄틴의 생활은 황제의 부름으로 중단되고 말았다. 황제가 특별한 사명을 맡겼기 때문이다. 황제가 두 형제를 하자르민족 (Khazars)에게 복음을 전하러 보냈다. 하자르민족은 당시 이교도들이었는데, 유대교, 이슬람 그리고 기독교의 주요 교리를 비교하면서 어느 교리가 진리에 가까우냐를 조사하고 있었다. 콘스탄틴은 하자르민족 가운데 들어가서 여러 날 머물면서 신앙의 기본 진리들, 예컨대 성육신, 삼위일체, 구속론, 성경, 그리고 특별히 예수 그리스도의 인성에 대하여 가르쳤다. 토론이 거의 끝날 무렵, 하자르족의 지도자가 황제에게 편지를 썼다.

> "폐하, 폐하께서는 말과 행위에 있어서 탁월한 사람을 우리에게 보내셔서 기독교 신앙이 거룩하다는 사실을 보여주었습니다. 우리는 기독교가 참된 종교임을 확신하게 되었고, 우리 모두 기독교 신앙을 가지고자 모든 백성은 다 세례를 받으라고 명령을 내렸습니다"(Kantor 1983:63).

끼릴과 메쏘디우스가 그 지역을 떠나기 직전에 200명이 이미 세례를 받았다.

슬라브족 선교

이 조그만 선교적 업적으로 인하여 이 두 형제는 커다란 선교역사의 선구자가 될 준비를 갖춘 사람들임이 증명되었다. 본격적인 선교사역은 862년에 시작되었다. 그해 모라비안 왕자 라스티슬라프(Rastislav)가 콘스탄티노플에 대사를 파송하여 비잔틴제국과 정치적 동맹을 맺고자 하였다.

왕자는 당시 프랑크족 이웃들과 갈등을 겪고 있었는데, 비잔틴제국의 도움을 받아 모라비아의 자율성을 보장받고자 하였다. 왕자는 종교적인 도움도 구하였다. 이미 50년 이상 프랑크족 선교사들이 모라비아 지역 안에 들어와서 선교활동을 하고 있었는데, 선교사들은 모두 라틴어로 예배를 드리며 라틴어로 기독교교육을 해야 한다고 주장하였다. 왕자가 보기에는 이러한 주장은 불합리적으로 보였다. 대다수의 백성들은 라틴어를 몰랐다. 대신에 슬라브어를 일반적으로 사용하고 있었기 때문에 라틴어로 드리는 예배를 이해할 수 없었고, 따라서 은혜와 감동을 받을 수가 없었다. 이런 모습을 지켜본 라스티슬라프는 기독교를 받아들이지 않고 있었다. 선교사역에도 진보가 없었다. 이런 답답한 상황을 바꾸기 위하여 라스티슬라프는 콘스탄티노플 황제에게 사람을 보내 다음과 같은 요청을 하였다:

> 우리 백성은 이교풍습을 버리고 기독교의 법을 따르고 있습니다. 하지만 우리에게는 우리 언어로 기독교 진리를 가르쳐 줄 스승이 없습니다. 우리가 바르게 이해하고 우리 언어로 배우고 가르칠 수 있을 때 우리 주위에 있는 다른 민족들에게도 전파할 수가 있을 것입니다. 그러므로 우리에게 주교나 스승을 보내주십시오. 폐하는 온 세상에 선한 법을 가르치시는 빛이십니다(Dvornik 1970:73).[4]

비잔틴 황제와 포티우스(Photios) 총대주교는 모라비아 왕의 이러한 청원에 대하여 호의적인 반응을 보였다. 마침내 콘스탄틴과 메쏘디우스를 선교사로 파송하기로 결정하였다. 그렇게 결정한 이유는 그들은 유년시절부터 여러 문화권에서 자랐으며 탁월한 교육을 받은 사람들이었기 때문이었다. 두 형제는 주저 없이 그 결정을 받아들였다. 그 당시 슬라브 민족에

---

4) Francis Dvornik, (1963) "St. Cyril and Methodius in Rome." *St. Vladimir's Theological quarterly* 7(1):20−30. (1970) *Byzantine Missions among the Slaves: SS. Constantine−Cyril and Methodius.* New Brunswick, NJ: Rutgers University Press.

게는 문자가 없었다. 그러므로 모라비아로 출발하기에 앞서 콘스탄틴은 슬라브 민족을 위한 알파벳을 고안하기로 결심하였다. 콘스탄틴의 언어학적 재능과 선교사역을 자극했던 주요한 신념은 모든 민족이 그들 자신의 알파벳으로 기록된 성경을 가져야 한다는 것이었다. 그래서 그는 슬라브족의 문화 수준을 끌어올리기 위해서는 먼저 알파벳을 만드는 것이 급선무라고 생각하였다.

862년 콘스탄틴은 처음으로 슬라브 문자를 만들었다. 오늘날 학자들이 그 문자를 글라골릭(glagolithic) 알파벳이라고 부른다. 나중에 끼릴과 메쏘디우스의 제자들이 글라골릭 문자를 개조하여 끼릴 알파벳을 만들었다. 콘스탄틴의 문자 발명은 다른 알파벳과는 다른 독특성을 지닌 천재적 언어학적 발명이었다. 어떤 역사가가 언급하였듯이, "콘스탄틴은 유럽이 배출해 낸 언어학자들 가운데 최고의 학자임에 틀림없을 것이다"(Obolensky 1963:5).[5]

슬라브 문자를 발명한 다음, 그는 희랍어 성경 중에 일부분을 번역하여 예배시간에 사용하도록 하였다. 번역한 성경은 시편과 바울 서신(사도행전, 바울서신의 일부, 공동서신의 일부)이었다.

863년 초 봄에 두 형제는 그 백성의 언어로 복음을 전파할 만반의 준비를 하고서 모라비아를 향하여 출발하였다. 유럽 중부 지역에 도착했을 때, 그들은 마음속에 선교를 위한 세 가지 비전을 마음에 그려 보았다. 기독교가 이미 수용되었기 때문에, 그들의 주된 사역은 개종이 아니라 기독교 교육이 되어야 한다고 생각했다. 이러한 생각을 들은 라스티슬라프는 두

---

5) Dimitri Obolensky, (1963) "St. Cyril and Methodius, Apostles of the Slaves." *St. Vladimir's Theological Review* 7(1):3–13. (1986) "The Cyrillo–Methodian Mission: The Scriptural Foundations." *St. Vladimir's Theological Review* 30(3):101–116.

형제가 제자들을 양육하여 차후 기독교교육을 확대하는 일을 적극적으로 도왔다. 두 형제는 슬라브언어로 학생들을 가르쳤다. 학생들이 토착민 성직자들이 되도록 훈련시켰으며, 교회를 발전시키고 예배 서적과 경건서적을 슬라브언어로 번역할 수 있도록 가르쳤다.

이러한 가르침은 모라비아인들에게 고무적인 교육이었다. 그 이전에는 모든 예배 서적과 경건서적이 모두 라틴어로만 되어 있었다. 두 형제 이전에 모라비아 지역에 와서 선교활동을 한 선교사들은 하나님을 경배하고 찬양하는 데 가치 있는 언어는 오직 히브리어와 헬라어와 라틴어뿐이라고 생각하였다. 그러나 비잔틴정교회는 그러한 생각에 동의하지 않았다. 동방정교회의 선교사들은 토착민들이 자신의 토착 언어로 하나님을 경배하고 찬양하는 일은 아름다운 일이라고 믿고 있었다. 두 형제는 생각하길, "모든 언어는 주님 앞에서 동등한 것이다. 모든 사람은 자신의 모국어를 통하여 정신적 발전을 이루며, 하나님은 토착 언어 속에 성육신 하셔서 인간의 영혼을 어루만지신다"고 보았다(Obolensky 1986:103). 이러한 생각을 가지고 있었기에 두 형제는 모라비아에 도착하자마자 교회 직제에 관한 가르침, 교회 찬양 악보, 성무일과표, 예배 순서지 등 모든 것을 번역하였다. 그 다음에는 유코로기온(기도서)을 번역하였고, 베드로의 예배순서지를 번역하였다. 베드로의 예배순서지를 번역한 이유는 모라비아인들은 이미 로마가톨릭 선교사들의 영향을 받아서 동방정교회보다는 로마가톨릭 예배방식과 분위기에 익숙하다는 점을 감안하였기 때문이었다.

콘스탄틴과 메쏘디우스의 선교사역의 핵심에는 성경이 있었다. 그래서 예배의식서들을 번역한 다음 곧바로 사복음서를 번역하는 데 집중하였다. 번역을 마치고 출판하는 책 서문에 콘스탄틴은 자신이 성경을 번역하는 이유와 토착민의 언어로 읽히는 말씀을 듣고 기뻐할 토착민들의 기쁨을

생각하며 다음과 같은 시를 남겼다:

빛이 없으면 기쁨이 없으리
빛이 없으면 하나님이 만드신 것들의 아름다움을 어찌 볼 수 있으리
빛이 없으면 아름다움도 사라지고 마는 것을

이와 같이 문자가 없으면
정신과 영혼의 기쁨도 없으리
문자가 없으면
하나님의 법과 진리도 알 수 없으며
하나님의 법과 진리를 알지 못하면
하나님이 숨겨두신
지혜와 능력과 아름다움도 알지 못하리

코가 없이는 꽃이 있어도 향기를 맡을 수 없으리
입이 없으면 맛을 느낄 수 없으리
이와 같이 문자가 없으면
하나님의 법을 알 수 없고,
하나님의 법을 알지 못하면
하나님이 만드신 피조세계를
알지 못하였으리라(Obolensky 1986:114).

라스티슬라프는 두 형제 선교사가 슬라브 문자를 고안해 준 데 대하여 깊이 감사하였다. 자신의 문자와 글자를 갖게 된 모라비아 백성들은 처음으로 그들 자신의 영혼을 감동시키는 신앙의 가르침을 듣게 되었으며, 그리스도와 더 친밀하고 깊은 관계 속으로 들어갈 수 있었다.

그러나 슬프게도 프랑크 군대가 모라비아를 침공해 오자 모라비아의 선교상황은 돌변하고 말았다. 다시 모라비아 지역에 들어온 로마가톨릭 선교사들이 슬라브어 예배형식을 버리고 라틴어 예배형식을 도입하였다. 새

로운 선교사들은 비잔틴에서 온 선교사들이 선교를 망쳐 놓았다고 비난하였다. 저속한 토착 언어로 예배예식서들을 번역하고, 거룩한 예배 시간에 토착 언어로 기도하였다고 비난하였다. 그들은 하나님께 드리는 예배와 기도와 찬송은 오직 거룩한 세 개의 언어만으로 드려져야 한다고 주장하였다. 콘스탄틴은 그러한 주장을 하는 선교사들과 맞서서 논쟁을 하였다. 콘스탄틴은 그들을 그리스도의 제자가 아니라 빌라도의 제자들이라고 불렀다. 왜냐하면 빌라도가 예수를 끌고다 십자가에 처형할 때 세 개의 언어(히브리어, 헬라어, 라틴어)로 죄패를 만들어 붙였는데, 그러한 빌라도를 따르는 것처럼 보였기 때문이다.

모라비아 지역에 들어온 프랑크족 선교사들로 인하여 이루 말할 수 없는 아픔과 갈등이 있었지만, 두 형제는 포기하지 아니하고 계속하여 3년 4개월 동안 선교사역을 하였다. 이러한 지속적인 수고를 통하여 처음에 그들이 세웠던 목표를 성공적으로 완수할 수 있었다:

> 슬라브 언어로 된 예배순서지와 경건서적을 번역함으로 모라비아 토착
> 교회의 기초를 마련하고, 새로운 제자 그룹을 만들어 교육해온 그들은 이
> 제 제2단계 사역으로 넘어갈 준비를 갖추었다. 즉, 토착민들 가운데서 성
> 직자를 세워 토착민들을 책임지고 목양할 수 있는 일을 하게 하는 것이었
> 다(Dvornik 1970:128).

로마 방문

867년 비잔틴 선교사들과 가장 우수한 제자들 몇 명이 토착민 지도자로서의 성직자 안수를 받기 위하여 콘스탄티노플을 향하여 출발하였다. 이 여행 그룹은 당시 정치적인 불안 때문에 목적지로 직행하지 못하고 베니스(Venice)를 경유하여 가는 길을 선택하였다. 도중에 판노니아(지금의 헝가리 지역)의 코셀(Kocel of Pannonia) 왕자가 자신의 백성들을 만나줄 것을 부탁하였다. 모라비아 지역에서 두 형제 선교사가 슬라브어로 예배 의식서들과 성경을 번역한 일을 듣고 두 선교사의 선교사역에 대하여 좀 더 자세히 듣기를 원했다. 만나자마자 코셀은 선교사들에게서 너무 좋은 인상을 받아서 자기가 데리고 있는 젊은이들 가운데 가장 똑똑한 청년 50명을 맡길 터이니 훈련시켜 달라고 부탁하였다. 그 당시에는 선교사들이 그 제안을 받아들일 수 없었지만, 코셀과의 만남은 나중에 이루어질 커다란 선교사역을 위한 예비적 만남이 되었다.

판노니아에서 잠시 머문 다음, 콘스탄틴과 메쏘디우스는 베니스에 도착하였는데, 거기서 그들은 수많은 주교들과 사제들과 수도사들로부터 비난과 냉대를 받았다. 이유는 슬라브 문자를 고안하여 예식서들을 번역한 일 때문이었다. 베니스의 성직자들은 오직 세 개의 고대 언어만이 하나님을 찬양하기에 적합한 언어라고 주장하였다. 전능하신 하나님을 찬양하는 데 슬라브어와 같은 저속한 언어를 사용한 것은 아주 잘못된 일이라고 주장하였다. 이런 주장에 논박하여 콘스탄틴은 세 개의 고대 언어만이 거룩한 언어이며 다른 언어로 하나님을 찬양하는 것을 하나님이 좋아하지 아니하신다는 생각이 얼마나 잘못된 것인지를 다음과 같이 자세히 지적하였다:

하나님은 모든 민족에게 똑같이 비를 내리시지 않는가? 햇빛을 똑같이
비추지 않으시는가? 우리 모두 똑같은 방식으로 숨을 쉬지 않는가? 세 개
의 언어만 거룩한 언어라고 주장하는 것은 세 개의 민족 이외에 다른 민족
은 듣지도 말고 보지도 말고 숨 쉬지도 말라는 말인가? 하나님이 그렇게
무능하신 분인가? 세 개의 언어 이외에는 의사소통을 하실 수 없을 정도
로. 우리는 자신의 언어와 문자를 가지고 하나님의 이름을 찬미하는 수많
은 민족들을 알고 있다. 예를 들면, 아르메니아민족, 페르시아민족, 아프카
지안민족, 이베리안민족, 소디안민족, 고트민족, 아바르민족, 투르크민족,
하자르민족, 아랍민족, 이집트민족, 기타 등등(Kantor 1983:71).

콘스탄틴은 자신의 주장이 옳다는 것을 성경에서도 찾아내어 논박하였
다. 그중에 가장 중요한 성경적 증거는 오순절에 성령이 임재하여 앞으로
모든 민족이 자신의 언어로 복음을 들을 수 있는 날이 올 것임을 증거하
였다는 사실이다. 오순절에 성령이 모든 민족의 언어를 성화하였다. 그리
고 모든 민족이 자신의 모국어로 복음을 듣고 창조주 하나님과 교제할 수
있는 길을 성령이 열어 놓았다.

논쟁이 격해지자, 소문이 멀리 퍼져 나갔다. 소식을 들은 교황이 콘스탄
틴과 메쏘디우스를 로마 교황청으로 소환하였다. 교황은 두 형제가 모라비
아 지역에서 행한 선교사역에 관하여 보고를 들었다. 그리고 무엇 때문에
베니스에서 논쟁이 벌어졌는지도 들었다. 교황은 그 모든 사실들을 두 형
제로부터 직접 확인하고 싶었다. 교황의 소환을 받고 867년(혹은 868년 초
일는지도 모른다), 두 형제는 제자들을 데리고 로마에 도착하였다. 두 형제
와 일행은 로마에서 따뜻한 환영을 받았다. 그 이유 중의 하나는 두 형제가
클레멘트의 유물(the relics of St. Clement)을 가지고 왔기 때문이었다.

많은 청중들 앞에서 교황은 두 형제 선교사들이 행한 선교사역에 대하
여, 그리고 그러한 선교사역을 행한 이유를 들었다. 교황 하드리안 2세는
모라비아에서 행한 두 형제 선교사의 사역을 경청하면서 별로 문제 삼을

만한 부분이 없다고 생각하였다. 두 형제가 번역한 슬라브어 책들을 교황에게 선물로 주었다. 교황은 축복을 해 주었고, 그 책들을 성모 마리아 교회에 두도록 하였다. 그리고 두 명의 주교에게 명하여 슬라브족 제자들에게 안수하여 성직자로 임명하도록 명하였다(Dvornik 1963:25). 새로 안수 받은 슬라브족 성직자가 4일 동안 4개의 다른 성당에서 슬라브어로 예배를 집례하도록 하였다. 이로써 토착 언어로 예배를 드리는 일을 교황이 공식적으로 승인하고 축복하였던 것이다.

메쏘디우스 일행이 로마를 방문한 목적이 성공을 거두었다. 그러나 콘스탄티노플에서 정치적인 문제로 불안한 일들이 생겨서 두 형제는 로마를 떠나 콘스탄티노플로 돌아가는 여정을 연기하였다. 868/869년 무렵, 총대주교의 지위 문제를 두고 비잔틴제국의 정치 지도자들과 종교지도자들 사이에 갈등과 혼란이 발생하였다. 포티우스와 이그나티우스가 총대주교직에 올랐다가 폐위되고, 다시 올랐다가 폐위되는 혼란이 반복되었다. 두 형제를 선교사로 파송한 총대주교는 포티우스였지만, 두 형제는 이 문제에 개입하지 않고 기다리는 것이 최선이라고 판단하였다. 그런데 로마에 있는 비잔틴 수도원에 머무르고 있는 동안 콘스탄틴이 병에 걸리고 말았다. 쉽게 회복될 수 없는 병이었다. 콘스탄틴의 모든 선교적인 수고와 책임을 다른 사람에게 넘겨주어야만 했다.

수도사로서 눈을 감기 원했던 그는 경건하게 수도사 서원을 하고 비잔틴 전통을 따라서 끼릴(Cyril)이라는 새로운 이름을 받았다. 그가 수도사로서 머리를 깎을 때 그는 기쁨에 가득차 이렇게 말했다고 전기 작가가 전한다.

"이제 나는 황제의 종도 아니고 이 땅 누구의 종도 아닙니다. 오직 전능하신 하나님의 종입니다. 이전 나는 없어졌고, 이후로 나는 하나님의 영원한 종으로서 기억되기를 원합니다. 아멘"(Kantor 1983:77).

끼릴은 이 땅에서 그의 생명이 곧 끝날 것임을 알고서도 모라비아에 남아 있는 그의 양 떼에 관하여 염려와 걱정을 하였다. 그는 죽을 때 그의 형제에게 다음과 같은 마지막 말을 남겼다.

"보라, 형제여, 우리 둘은 같은 멍에를 메고 같은 이랑을 따라서 밭을 갈았지. 이제 나의 날이 끝나고 내가 먼저 이 멍에를 벗어야 하겠네. 그대는 원래 산(수도생활을 하던 올림푸스 산)을 사랑한 사람이었지. 그 산에서 받은 가르침을 끝까지 지키게. 그 가르침이 그대를 구원해 줄 걸세"(Kantor 1983:113).

이 말을 남기고 50일이 지난 뒤, 869년 2월 14일 42세의 나이로 주님의 부르심을 받았다.

9세기경의 형세도

슬라브인들에게로 돌아가다

메쏘디우스가 동생의 죽음을 애도한 이후 그의 수도원으로 돌아가든지 아니면 모라비아로 돌아가기 위하여 애를 쓰고 있는 동안, 교황은 판노니아의 코셀 왕자로부터 "우리의 스승 메쏘디우스를 돌려 달라"는 요청의 편지 한 통을 받았다. 편지에 응답하여 교황은 왕자의 요구를 단순히 승낙하는 정도로 끝내지 않고, 메쏘디우스를 판노니아와 모라비아 지역의 대주교로 임명하고 그에게 "시르미움의 대주교 그리고 교황의 특사(Archbishop of Sirmium and Papal legate)"라는 직위를 하사하였다. 이와 더불어 교황은 메쏘디우스에게 편지를 써주면서 두 형제가 고안한 문자로 번역한 모든 예배의식서들을 사용해도 좋다는 공식 허가를 내려주었다. 메쏘디우스와 그의 제자들은 일년 동안 로마에서 체류하면서 그들이 꿈꾸었던 선교적인 목표를 성취하였다.

모라비아(지금의 슬로바키아 지역)와 판노니아(지금의 헝가리 지역)로 돌아오자 백성들은 그들의 새로운 대주교를 따듯하게 영접하였다. 이제는 프랑크족 선교사들이 메쏘디우스와 그의 제자들의 선교사역에 대하여 더 이상 반대할 수가 없게 되었다. 하지만 그들의 질투와 시기심은 계속 불타올랐다. 이전에 이단적인 것으로 여겼던 슬라브어 예배의식서들이 다시 사용되면서 자신들의 입지가 무너지게 되었고, 백성들의 존경과 사랑은 새로 부임한 대주교에게 쏠렸기 때문이었다.

프랑크족 선교사들의 시기 질투심은 마침내 새로운 대주교 취임행사식에서 조용하게 드러났다. 백성들은 새로운 대주교를 환영하였지만, 수많은 프랑크족 성직자들이 모의하여 대주교를 체포하여 투옥하였다. 죄목은 반역죄를 지었다는 것이었다. 백성들은 놀랐지만 적극적으로 저항하지 않았다. 투옥된 대주교는 감옥에서 고문을 당하고 바바리아(Bavaria, 지금의 독일 남동부 바이에르 주)로 옮겨져 거기서 재판을 받았다(Dvornik 1970:153).

870년 11월 레겐스버그(Regensburg)에서 모인 주교들의 모임에서 로마 가톨릭 주교들은 교황의 명령을 무시하고 메쏘디우스를 훼방꾼/침입자로 규정하고 이단적인 사상을 유포한 범죄자로 정죄하였다. 주교단은 대주교를 멀리 떨어진 스와비아(Swabia)로 보내서 거기에 있는 엘왕겐(Ellwangen) 수도원에 무기한으로 감금하였다. 2년 반이 지나서 교황이 메쏘디우스의 상황을 알게 되었다. 교황은 즉시로 그를 불러내어 대주교직위에 복직시켰고, 대주교의 일을 보게 하였다.

모라비아와 판노니아 지역으로 돌아오자 백성들은 그들의 대목자(大牧者)자가 돌아오게 되었다고 환영하였지만, 그 지역의 성직자들은 여전히 메쏘디우스를 못마땅하게 여기고 대주교의 사역을 방해하였다. 879년 새로운 교황 요한 8세가 즉위하였는데, 그는 이전의 두 교황이 행한 일들을 못마땅하게 여겨 다른 입장을 취하였는데, 메쏘디우스에게 편지를 보내어 슬라브어 예배의식을 즉시로 중단하고 라틴어와 희랍어로 예배를 집례할 것을 명령하였다. 이러한 명령은 모라비아 지방에서 이룩한 선교사역의 성공을 완전히 뒤엎어 버리는 조치였다. 그동안 모라비아 지역에서 수많은 개종자들을 얻을 수 있었던 것은 그들의 언어로 예배를 드리고 그들의 언어로 성경을 가르치면서 이루어진 열매들이었는데, 이제 그들의 언어로 예배를 드리지 못한다면, 더 이상 새로운 개종자들은 생기지 않을 것이다. 그래서 메쏘디우스는 즉시로 답장을 보냈다. 교황의 명령은 받아들일 수 없으며, 계속하여 토착민들의 언어로 예배를 드리고 기독교교육을 계속하겠다는 자신의 결심을 적어 보냈다.

불행하게도 프랑크족 선교사들은 교황이 메쏘디우스에게 보낸 편지를 보았다. 그리고 그 편지에 근거하여 메쏘디우스를 모질게 공격하였다. 왜 교황의 명령대로 하지 않느냐고. 그들은 메쏘디우스가 이제 이단이라고 공격하였다. 나중에는 그들이 메쏘디우스가 니케야 신조에서 "필리오케"라는 단어를 마음대로 삭제해 버렸다고 고소하였다. "필리오케(filioque)"

라는 말은 라틴어로 "그리고 아들로부터도"라는 뜻이다. 325년에 만들어
진 니케야 신조에는 "성령이 아버지로부터 나온다"라고 되어 있었으나, 6
세기 말엽 스페인 지역에서 "성령이 아버지로부터 나오며 그리고 아들로
부터도 나온다"라는 표현을 사용하기로 결정한 이후에 로마가톨릭교회에
서는 필리오케를 임의로 삽입하여 사용해 오고 있었다. 그리고 프랑크족
은 필리오케를 정통교리로 선포하고 그들의 주요한 주장으로 삼았다. 메
쏘디우스와 비잔틴교회는 니케야 신조에 임의로 필리오케라는 단어를 첨
가하는 것은 전체 에큐메니칼공의회의 권위를 훼손하는 행위이기 때문에
수용할 수 없다는 입장을 취하였다.

프랑크족 주교들은 메쏘디우스를 이단으로 고소하였다. 그리고 교황 요
한 8세에게 편지를 보내어 대주교를 로마로 소환하여 재판해 줄 것을 요
청하였다. 고소를 들은 교황은 프랑크족 주교들의 고소를 의심하며 메쏘
디우스는 로마와 같은 신앙을 고백하는 사람이라고 변호하였다. 그리고
교황은 메쏘디우스가 슬라브어로 예배를 집례하며 기독교교육을 하는 것
을 승인하였다. 단지 메쏘디우스에게 주문하길, 예배시간에 복음서를 읽을
때에는 먼저 라틴어로 읽고, 그 다음 슬라브어로 읽을 것을 부탁하였다.
로마로 갔던 메쏘디우스는 승리를 가지고 다시 자기 양 떼에게로 돌아왔
다. 계속하여 프랑크족 성직자들의 항의와 반대가 있었지만, 그는 계속하여
그의 뜻을 따라서 그 지역 주민들을 위한 선교사역을 계속하였다. 메쏘디
우스와 그의 제자들의 선교사역이 꽃을 피우기 시작하였다. 그의 선교사역
은 모라비아 지역을 넘어서 비쓸라(Vistula)의 폴란드 지역으로 전파되었
다. 그 지역에서 이룩한 가장 큰 선교열매는 체코 공작 보리베이(Borivij)의
개종과 그의 신하와 백성들의 개종이었다.

콘스탄티노플을 방문하다

880년에서 881년 사이에 메쏘디우스는 콘스탄티노플로 돌아와서 황제와 총대주교 앞에서 그동안의 선교사역을 보고해달라는 초청장을 받았다. 20년의 선교사역 끝에 이 유명한 비잔틴정교회의 선교사가 집으로 돌아오게 되었다. 그가 콘스탄티노플로 돌아온다는 소식에 수많은 사람들이 큰 관심을 보였다. 그 이유는 무엇보다도 그가 고안한 슬라브어 문자와 번역서들 때문이었다. 황제는 메쏘디우스의 선교사역을 듣고 큰 감동을 받았다. 황제는 메쏘디우스의 제자들 중에 두 사람(한 사람은 사제, 한 사람은 부제)을 뽑아 "슬라브 선교 센터(Slavic mission center)" 책임자로 세우고 이후 다른 슬라브 선교사들을 교육하고 훈련하는 일을 하게 하였다. 비잔틴 지도자들은 이 선교 센터를 이후 세르비아와 불가리아를 복음화하고 계몽하는 데 활용하였다.

882년 메쏘디우스는 모라비아로 돌아가서 몇 년 동안 평화롭게 선교사역에 전념하며 평화로운 시간을 가졌다. 이 평화로운 시간에 그는 성경전서를 번역하는 일과 교회 교부들의 저작물들을 번역하는 일에 집중했다. 그의 전기 작가는 이렇게 기록하고 있다:

마침내 그가 모든 소용돌이로부터 벗어나서 하나님께 집중하여 기도하는 시간을 가진 다음, 그의 제자들 중에서 속기사 두 명을 뽑았다. 그들의 도움을 받아 그는 그리스어로부터 슬라브어로 성경전서를 번역하였다. 마카비서를 제외한 모든 성경을 8개월 동안 완전히 다 번역하였다. 성경을 번역하는 도중에 시편 번역을 마치고 철학자(끼릴)의 전기를 번역하였고, 그 다음 복음서와 교회절기에 따른 성무일과표를 번역하였다. 그 다음에는 노모카논(Nomocanon - 교회법 해석을 위한 지침서)을 번역하였으며, 그 다음에는 교부들의 저서를 번역하였다(Dvornik 1970:175).

885년 메쏘디우스의 건강이 악화되었다. 죽음이 눈앞에 이르렀다. 4월 6일 그가 죽기 직전에 그의 신실한 제자 고라즈(Gorazd)를 자신의 후계자로 지명하였다. 메쏘디우스의 지명은 지혜로운 선택이었다. 고라즈는 메쏘디우스의 제자들 중에서 가장 헌신적인 제자였으며, 그는 모라비아 태생의 귀족 집안 출신이었기 때문에 슬라브어와 라틴어를 모두 구사할 수 있는 유능한 사람이었다. 메쏘디우스는 고라즈가 지도력을 잘 발휘하면 그의 출신 배경으로 인하여 모라비아 귀족들로부터 많은 지원자들을 끌어모을 수 있을 것이며, 더 나아가 프랑크족 성직자들로부터도 지지를 받아낼 수 있을 것으로 생각하였다.

메쏘디우스가 떠날 때 그의 신실한 후계자 고라즈뿐만 아니라, 그가 훈련시킨 200여 명의 슬라브족 장로들(Slavic Presbyters)이 있었다(Kantor 1983:9). 그러나 불행하게도 그가 죽자마자 그의 제자들은 박해를 받았다. 모라비아 일반대중들이 메쏘디우스의 제자들을 지지하고 변호하였지만, 프랑크족 성직자들은 메쏘디우스의 추종자들을 투옥하고, 노예로 만들고, 추방시킴으로써 해산시켜버렸다. 슬라브족을 위하여 수고한 끼릴과 메쏘디우스의 가르침과 흔적이 그 당시에는 완전히 지워져버리는 듯하였다. 한 역사가는 이렇게 기록하였다.

"사실 그 당시에는 비극적인 종말을 고하는 듯하였습니다. 슬라브어로 드리는 예배와 새로운 '슬라브-비잔틴 문화'가 소멸 위기에 처하였습니다"(Obolensky 1963:8).

끼릴-메쏘디우스의 뿌리가 다음 200년 동안 중부유럽에서 마침내 사라지고 말았다. 그들의 영향력은 오직 그들의 제자들이 남긴 작품들 속에만 잔존하였다. 메쏘디우스가 죽자마자 모라비아 지역으로부터 추방당한 제자들이 남부 슬라브 지역으로 흩어져서 그들이 가는 곳마다 토착어로 된 성

경과 예배의식서들을 전파하였다. 불가리아인들, 세르비아인들 그리고 마
침내 러시아인들이 끼릴 – 메쏘디우스의 번역서들을 수용하여 꽃을 피웠다.

결 론

끼릴과 메쏘디우스의 영향은 오늘날까지 계속되고 있다. 토착 언어를
활용하여 선교해야 한다는 그들의 신념과 모든 민족의 언어는 하나님 앞
에서 동등하다는 확신과 최선을 다해 복음을 전해야 한다는 선교사적인
열정은 2000년 기독교 역사에 길이 빛날 정신적 유산이다.[6]

---

6) 끼릴과 메쏘디우스의 슬라브족 선교사역에 관한 좋은 참고서를 소개한다면,
Anthony-Emil N. Tachiaos, CYRIL AND METHODIUS of Thessalonica: The
Acculturation of the Slaves(New York: St. Vladimir's Seminary press, 2001).

제4장

페름의 스테판(1340~1396)

　　페름의 스테판(Stephen of Perm)은 러시아정교회 선교의 아버지들 중의 하나로 존경받는 인물이다.[7] 그는 러시아가 몽골 침략을 받던 어려운 시대에 선교를 하였다. 그는 슬라브족의 사도로 존경받는 끼릴과 메소디우스의 모범을 따라 선교하였다. 우랄 산맥 페름이라는 도시에 들어가서 주리안족(Zyrian)에게 자신의 모범적인 삶을 통하여 복음을 성육신적으로 전하였으며, 정교회의 가르침을 토착 언어로 번역하여 가르쳤으며, 그곳에 주리안 민족교회를 세웠다. 14세기에 몽골 침략을 물리치는 데 영웅적인 역할을 감당하였던 정교회 수도사 세르기우스 라도니쉬(Sergius Radonezh)와 동시대를 살았던 스테판은 러시아 북쪽 지역에서 러시아민족의 희망의 상징으로 여겨졌다. 1396년 죽을 때까지 페름 지역에서 18년간 선교사역을 했던 스테판은 붓서 시베리아 주리안 민족으로부터 목자, 보호자, 성인, 사도라고 불린다.

---

7) 페름의 스테판의 선교사역에 관한 이야기는 모두 현자 에피파니에게서 나온 것이다. 그는 15세기 후반에 살았던 러시아 수도사였다. Epifanii, 『Zhitie Sviatogo Stefana, episkopa Permskogo』(St. Petersburg: Tip. Imp. Akademiia Nauk, 1897), 24.

역사적 배경

스테판은 1340년경 벨리끼 우축(Veliki Ustyug)이라는 마을에서 태어났다. 그곳은 북쪽 드비나와 북서 시베리아에 있는 페코라 강 사이에 위치하고 있었다. 그 마을 주민들은 모두 모스크바 사람들이었지만, 그 마을 주변 사람들은 페름의 주리안 민족이었다. 따라서 어릴 적부터 스테판은 주리안 민족과 자주 접촉을 가지며 성장하였다. 어릴 때부터 주리안 민족과 접촉을 가진 그는 자연히 주리안 민족의 풍습과 언어를 배웠는데, 그가 궁금하게 생각했던 점은 왜 이들은 러시아인들과 다른 신앙을 가지고 있을까? 하는 점이었다. 그리고 또 궁금했던 것은 왜 이 마을 사람들은 이웃 사람들에게 자신의 신앙을 함께 나누려고 하지 않을까 하는 질문이었다. 다른 민족들과의 사귐과 접촉의 경험이 그의 마음속에 선교적 불꽃을 일으켰다.

정교회 사제의 아들이었던 그는 어릴 적부터 교회 일에 참여하였다. 영특했던 그는 공부를 잘 하였고, 교회 일도 잘 하였다. 일찍이 독경사(reader)로 봉사하였고, 그 다음 부제(deacon – 전임전도사)가 되어 교회 일을 하였다. 그는 신앙의 세계와 지식에 대하여 더 많이 알고 싶은 마음이 있어서 많은 시간 기도와 성경연구에 시간을 바쳤다. 그는 성직자로서의 소명의식을 느꼈다. 그래서 1365년경 로스토프(Rostov)에 있는 그레고리 나지안주스 수도원에 들어갔다. 아주 먼 곳이었지만, 그곳을 선택한 이유는 그곳에는 많은 책을 가진 훌륭한 도서관이 있었기 때문이었다. 이 수도원은 스테판과 같이 신앙적 지식을 사모하는 이들에게 더없이 좋은 기회를 제공하였다. 게다가 이 수도원 원장은 헬라인이었는데, 그는 수많은 헬라어 문서들을 소장하고 있는 학자였다.

그는 이 수도원장 밑에서 수도사 서원을 하였다. 하지만 계속해서 남은 여생을 이곳 수도원에서만 보내려고 해서는 안 된다는 내적인 음성을 들었다. 그는 페름으로 돌아가서 주리안인들에게 복음을 전하고 싶다는 열망을 가졌다. 하지만 그러한 선교적 열망을 실천하기 전에 먼저 신앙과 영성에 대하여 배워야 한다는 사실을 깨달았다. 그는 수도원에 머물면서 헬라어를 열심히 배웠다. 결과 그는 당시 러시아에서 헬라어 문서를 읽고 말할 수 있는 몇 안 되는 실력을 갖추었다. 헬라어 지식으로 그는 성경을 원어로 읽고 연구할 수 있었다. 그는 날마다 성경의 일정 부분과 씨름하면서 그 뜻을 이해하고 삶 가운데 적용하려고 애를 썼다. 그의 전기 작가 현자 에피파니우스(Epiphanius the wise)는 "스테판이 성경 본문을 얼마나 심도 있게 공부했는지, 그는 본문의 뜻을 확실하게 이해할 때까지 그 본문을 물고 늘어졌으며, 그래도 이해가 되지 않으면 수도원장이나 현명한 장로들에게 밤낮을 가리지 않고 질문하여 그 뜻을 완전히 이해하려고 노력하였다"(Fedotov 1975:232)라고 적고 있다.

성경이 스테판의 성품과 비전을 형성하는 데 중요한 역할을 하였다. 성경을 연구하는 가운데 스테판은 만인을 사랑하는 하나님의 사랑에 대하여 보다 분명히 깨닫게 되었으며, 선교 사명이 가장 고귀한 사명이라는 것을 깊이 깨달았다. 그의 눈앞에 펼쳐진 보물은 러시아인들만을 위한 것이 아니라, 모든 민족이 발견하기를 원하는 "값비싼 진주"임을 깨달았다. 이러한 계시의 말씀이 그로 하여금 자신의 고향 사람들과 영적인 어둠 속에 사는 이교도 주리안 민족에 대하여 다시 생각하게 만들었다. 수도원에서 십 년 이상 머물면서 공부를 더 하고 싶은 욕심이 있었고, 또 그렇게 하도록 계획되어 있었지만, 선교적 열정이 그를 가만히 두지 않았다. 그는 지금까지 공부한 것은 선교사역을 위한 준비과정이라고 생각했다. 그리하여 1378년 스테판은 모스크바 주교로부터 안수를 받아 사제가 됨과 동시에 페름 지역의 선교사로 임명을 받아 그곳으로 가서 선교사역을 시작하게 되었다.

페름에서 선교사역

수도원에 머무는 동안 스테판은 수많은 헬라어 문서들과 교회 교부들의 서적을 탐독하였다. 그중에서 특별히 끼릴과 메쏘디우스의 삶과 선교사역과 선교방법으로부터 깊은 인상을 받았다. 끼릴과 메쏘디우스로부터 스테판은 선교철학과 방법을 배워 주리안 민족 속에 들어가 선교할 일을 준비하였다. 특별히 예식서와 성경을 토착 언어로 번역할 필요성이 있다는 사실에 전적으로 공감하였다. 그러나 이 작업을 하기 위해서는 주리안 알파벳을 고안해야 했다. 스테판은 슬라브 문자나 헬라어 문자를 사용하는 대신 고대 주리안 유물로부터 아이디어를 얻어 새로운 알파벳을 고안하였다. 이렇게 새로운 문자를 만들어 번역 작업에 착수하였다(Fedotov 1975:234).

스테판은 주리안 개종자들에게 러시아문화를 그대로 적용하는 것을 강하게 반대하였다. 그는 원주민들이 복음을 친숙하게 들을 수 있게 되기를 간절히 원했다. 그러기 위해서는 복음이 원주민 언어로 전해지고 설명되어야 한다고 믿었다. 그러나 모든 사람들이 이러한 생각을 좋아하지는 않았다. 교회 고위 성직자들은 그가 러시아제국의 대사와 같은 역할을 해주기를 희망했다. 그의 선교사역으로 그의 청중들이 러시아문화를 이해하고 러시아 문화에 개방적인 태도가 이루어지기를 원했다. 그래서 교회 공위 성직자들은 스테판이 설교시간에 러시아어를 사용해 주기를 원했다. 성경이나 예식서들도 가능한 러시아어를 사용해 주기를 바랐다. 그게 아니라면 스테판이 헬라어, 히브리어, 라틴어, 혹은 슬라브어 중에서 하나를 반드시 사용해야 한다고 생각했다. 그러나 스테판은 4개 언어 중에 어느 것도 사용하지 않았다. 그것은 스테판의 중대한 실수라고 교회 고위 성직자들은 생각했다. 이러한 생각 때문에 스테판의 선교사역을 반대하는 사람들이 많았다. 하지만 모스크바 주교는 그의 선교사역을 계속 축복하였고, 결과 그의 선교는 지속될 수 있었다.

스테판은 1378년 그의 고향 우축으로 돌아가서 자신의 선교사역을 시작하였다. 고향으로 돌아가는 길에 시베리아 북동쪽에 있는 드비나 강을 따라서 주리안인들이 살고 있던 코틀라스 마을에 들렀다. 한번은 주리안인들 속에서 원주민 언어로 복음을 전하고 새 삶의 방식을 소개하였다. 그다음 그 마을에 함께 살면서 자신의 소박한 삶의 모습과 자비로운 삶의 모습을 통하여 그리스도를 그들에게 보여주었다. 그의 삶의 모습을 본 주리안인들은 수군거리기 시작하였다. 왜냐하면 그동안 그들이 보아온 러시아인들의 삶의 모습과는 너무나 달랐기 때문이었다. 주리안인들은 러시아인들을 부정적으로 보고 있었다. 주로 주리안인들의 모피와 재물에만 욕심을 가진 탐욕스러운 인간들이라고 보고 있었는데, 스테판의 삶의 모습을 본 주리안인들의 생각이 달라지기 시작했다. 그의 겸손한 삶의 모습을 본 주리안인들은 감동하기 시작하였고 마음 문이 열리기 시작하였다. 주리안인들은 본래 평화를 사랑하는 민족이었다.

하지만 그의 겸손한 삶의 모습이 그들의 종교를 바꾸지는 못하였다. 그래서 한번은 성대하게 우상 숭배를 하는 주리안인들을 꾸짖고, 우상 신들이 얼마나 허무맹랑한 것인지를 보여주기 위하여 나무로 된 신당을 다 헐어버리고 우상들을 깨어버렸다. 그리고 주리안인들이 신성시하는 자작나무를 태워버리고 제단에 놓여 있는 모피들을 다 태워버렸다. 그러나 신들로부터 아무런 해를 받지 않았다. 거기서 그치지 않고 그는 우상숭배의 중심이 되는 지성소에 불을 놓으면서 죽은 우상 신들의 능력이 어디 있느냐고 물었다. 이러한 스테판의 모습을 본 주리안인들이 막대기와 도끼를 가지고 나왔다. 스테판은 이 기회를 이용하여 담대하게 참 하나님의 능력에 대하여 설교하였다. 주리안 민족은 본래 평화를 사랑하는 사람들 이어서 선교사에게 곧 바로 폭력을 행사하지는 않았다.

페름에서 영적인 힘의 대결은 팜(Pam)이라고 하는 지도자급 마술사와 맞붙었을 때 극에 달하였다. 스테판과 마술사는 먼저 자신의 종교에 대하여 토론을 하였지만, 아무런 결실이 없었다. 화가 치민 마술사는 스테판에게 이렇게 말하였다.

> "너는 우리 신들을 모욕했다. …… 내 구역에서 이런 짓을 한 놈은 죽어 마땅하다. 너는 내 손에 죽을 것이다. 내가 반드시 기적을 행하여 너를 파멸시키고 나의 수많은 신들이 너를 죽이도록 만들겠다."

스테판은 팜에게 그렇다면 불과 물로 신의 능력을 시험해 보자고 제안하였다. 두 사람이 먼저 불구덩이를 지나간 다음 얼어붙은 비체그다(Vi-chegda) 강 속으로 들어가자고 제안하였다. 처음에는 팜이 동의하였다. 그러나 시험이 시작되자 그는 용기를 잃고 물러나면서 패배를 시인하고 말았다(Fedotov 1975:239).

주리안인들은 스테판의 승리를 인정하고 팜을 비롯한 여러 주민들이 그에게 나아와 세례를 받았다. 하지만 세례받는 것을 거부한 마술사가 발견되었을 때, 군중들은 그를 사형에 처하자고 하였다. 스테판은 사형언도를 내리는 것을 거부하고 기독교의 사랑으로 자비를 베풀었다: "그리스도는 사람을 죽이라고 나를 이곳으로 보낸 것이 아니라, 겸손과 온유함으

주리안 민족을 가르치는 스테판

로 권면하라고 보낸 것입니다"(Fedotov 1975:240)라고 하면서 그를 먼 곳으로 유배를 보내었다. 그렇게 함으로써 그의 해로운 가르침이 새 신자들에게 영향을 끼치지 못하도록 하였다.

예전과 교회당의 아름다움으로 선교하다

스테판의 복음선포가 항상 그렇게 공격적이지는 않았다. 주리안인들을 개종시키는 데 사용된 대부분의 선교방식과 능력은 예전과 교회당 건축으로부터 나왔다. 정교회 역사 전체를 통해서 보건대, 경건한 예배와 교회당 건물의 아름다움이 선교하는 데 아주 중요한 역할을 하였다. 하나님을 예배하는 가운데 정교회 신자들은 지상을 초월하여 하늘에 계신 성인들과 천사들의 세계에 참여하게 된다고 믿고 있다. 정교회의 영광스러운 예배의 성격을 이해하고 참여하는 선교사들은 가능한 토착 언어로 예배를 진행함으로 원주민들이 예배를 이해하고 적극적으로 참여할 수 있도록 유도하였다. 이와 같은 맥락에서 교회 건물과 예전을 계획할 때 하나님의 장엄한 영광을 반영하는 방식을 신중하게 고려하여 세웠다.

스테판은 우스트-빔(Ust-Vim)이라고 하는 주리안족의 핵심 도시에 첫 번째 교회당을 건축하였다. 그 당시로서는 최신식 건물이었는데 이것이 주리안인들에게 깊은 인상을 주었다. 스테판은 교회당을 아름다운 이콘과 장식물로 꾸몄다. 이런 시각적인 효과가 정교회에 부정적인 시각을 가진 사람들에게 상당한 영향을 끼친다는 사실을 그가 알고 있었기 때문이었다. 사실 역사적으로 러시아가 정교회를 받아들일 때, 블라지미르 왕이 비잔틴정교회의 예전과 교회당의 아름다움에 매력을 느껴 선택했다. 스테판이 태어나기 약 350년 전에 러시아제국의 전신이었던 키예프 공국

의 블라지미르 왕이 자신의 제국과
백성들을 위하여 종교를 선택하는 일
을 앞에 두고 많은 고민을 하였다.[8]
여러 나라 종교들을 관찰하고 돌아온
특사들이 유대교, 로마가톨릭교, 모슬
렘에 대하여 보고하였지만 별로 매력
을 느끼지 못하였다. 그런데 콘스탄
티노플에 있는 소피아 대성당에서 정
교회 예배의식을 보고 돌아온 특사들
이 이렇게 보고하는 것을 듣고서 크
게 감동을 받았다.

　　"우리는 (소피아 대성당의 예배의식에 참여하고 있을 때) 천상에 있는
것인지 지상에 있는 것인지 분간할 수 없을 정도로 황홀하였습니다. 그
어떤 곳에서도 그렇게 장엄하고 아름다운 건물과 예전은 보지 못했습니

---

8) 러시아는 블라지미르의 결단으로 서기 988년에 정교회를 받아들였다. 〈원초연
대기〉에 전해져 오는 이야기에 의하면 이러한 사건이 발생하기 2년 전인 966
년 여러 교파의 대표들이 블라지미르를 개종시키려고 그를 만났다. 먼저 하자
르인이 그에게 유대교의 장점들을 설명하며 유대교로 개종할 것을 설득했다.
그러자 블라지미르가 그 대표에게 유대인들이 예루살렘에서 추방된 이유를 묻
자 그 대표는 "그것은 하나님께서 우리 조상들에게 매우 화가 나셔서 그 죄값
으로 우리를 이방인들 사이에 분산시켜 놓으신 것입니다."라고밖에 대답하지
못했다. 이에 블라지미르는 유대교가 민족의 종교적 통일을 위한 장래성이 없
다고 판단하여 그를 돌려보냈다. 또한, 블라지미르를 이슬람교로 개종시킬 목
적으로 동쪽에서 불가르인이 왔다. 그 대표는 "이슬람교도들은 내세에서 마호
메트로부터 미녀 70명씩을 받는다"고 선전했다. 이에 여자를 좋아하는 블라지
미르가 다소 솔깃하긴 했는데, 술 마시는 것이 금지되어 있다는 말에 그는
"술은 러시아의 기쁨이다. 우리는 술 마시는 즐거움이 없다면 살아가지 못한
다"고 하면서 그 대표를 돌려보냈다. 그런데 콘스탄티노플을 방문하고 온 신
하들이 소피아 대성당의 장엄함과 예전의 아름다움에 대해서 보고를 하자, 마
음에 큰 감동을 받아 정교회를 국교로 결정하였다고 한다.

다. 우리가 본 것을 왕에게 자세히 묘사할 수 없어서 유감입니다. 단지 우리가 아는 것은 하나님이 그곳 사람들 가운데 함께 한다는 것을 느낄 수 있었으며, 그들의 예배는 그 어떤 종교 예식을 능가하는 예배였습니다. 우리는 그 아름다움을 잊을 수가 없습니다"(Ware 1963:269).

이러한 역사적 지식을 갖고 있던 스테판은 주리안 민족 가운데서 그러한 영광을 작은 규모나마 모방하기를 원했다. 사실 세례받지 않은 수많은 주리안인들이 이 새 예배당을 보기 위하여 구경을 왔고, 예배당에 관하여 질문을 하였다. 선교사 스테판은 아직 이 사람들이 기도하기 위하여 예배당에 오는 것이 아니라, 마치 예쁜 신부를 구경하는 마음으로 교회당에 온다는 것을 알았다. 하지만 구경을 한 원주민들은 "그리스도인들의 하나님은 위대하시다"(Stephens 1991:9)는 고백을 하면서 떠났다. 아름답게 건축된 예배당을 구경하기 위하여 다가온 원주민들에게 스테판은 복음을 전할 기회를 더 많이 가지게 되었고, 결과 더 많은 사람들을 구원으로 인도할 수 있었다.

스테판은 기독교를 믿겠다는 사람이 생기면 반드시 교리교육을 철저하게 시켰다. 세례받은 사람들 중에 몇 사람을 선택하여 그가 고안한 알파벳을 가르치고, 그 다음 글 읽기를 가르치고, 그의 작품들을 번역하는 일을 시키고, 복음서, 시편과 기도문들을 번역하게 하였다. 시간이 지나가면서 그의 가르침에 응답하는 사람들이 나타났다. 교회가 성장함에 따라서 새 신자들을 가르치고 교회를 위하여 계속적으로 일할 주교가 필요하게 될 것임을 알았다. 주교가 있어야 토착민 사제를 세울 수 있고, 토착민 지도자들을 세워야 원주민 교회를 계속 발전시켜 나갈 수 있을 것이라는 생각을 하였다.

스테판은 페름 지역에 주교를 세워달라고 신성종무원에 요청을 하였다.[9] 신성종무원은 그의 요청에 동의하여 스테판을 1383년에 페름 지역의 제1대 주교로 임명하였다. 주교가 된 그는 그의 제자들 가운데 많은 이들을 독경사, 찬양대원, 부제, 사제로 임명하여 주리안 선교를 더욱 강력하고 풍성하게 만들었다(Fedotov 1975:237). 그는 계속하여 학교를 열고, 교회를 세우고, 두 개의 수도원을 세웠다. 그리고 그는 주리안 민족의 핵심도시인 우스트-빔을 변혁시키는 데 많은 도움을 주어 그 도시를 기독교 문화의 센터로 만들었다.

주교가 된 그는 러시아의 주요 도시인 모스크바와 노보고르드와 규칙적인 접촉을 가졌다. 그는 특별히 어려운 재난이 덮쳤을 때 주리안 민족을 재정적으로 물질적으로 돕기 위하여 많은 노력했다. 모스크바에 있는 신성종무원과도 계속 좋은 관계를 유지하며 선교보고를 하였다. 1396년 모스크바를 여행하면서 병을 얻었는데 결국 일어나지 못하고

모스크바로 가는 스테판

세상을 떠났다. 4월 26일 별세하여 크레믈린 안에 있는 수도원에 묻혔다. 주리안인들은 그가 남긴 마지막 당부의 말씀을 기억하고 있다: "경건하게 사십시오. 성경을 읽으십시오. 교회에 순종하십시오"(Hatch 1980:24).

---

9) 러시아 신성종무원(Holy Synod): 이것은 러시아 제국주의 시대 황제가 200년 동안 러시아정교회를 관할하는 관청이다. 러시아 종교문제를 관할하는 관청이다. 이 관청은 피터 대제(Peter the Great, 재위:1682~1725)가 만든 것이다. 자신의 왕권을 강화하고, 러시아정교회를 서구식으로 개혁하기 위하여 이 관청을 만들었다. 황제는 성직자나 일반 공무원 가운데서 자기의 마음에 드는 사람을 종무원 총감(Обер Прокурор)으로 임명하였다. 이 제도로 말미암아 러시아정교회는 거세당한 남자처럼 수동적으로 200년 동안 지냈다. 그저 제사장적인 기능만 수행했지, 예언자적인 기능은 수행할 수 없었다. 이러한 침묵으로 인한 내부적인 무기력증과 부패와 무능력은 1917년 러시아에서 볼셰비키 혁명이 일어나기 직전에 극도에 달하였다.

결 론

스테판은 전통적인 정교회의 선교사역들을 진실로 빛나게 만든 인물이다. 그는 자기부정과 겸손 그리고 자기 자신을 페름의 원주민들에게 완전히 주어버리는 삶을 살았다. 그의 선교사역은 원주민 언어로 교회 예전서들과 성경을 번역한 일, 토착민 지도자들을 세운 일, 그리고 주리안 민족의 특색을 살린 교회를 세운 일 등으로 요약할 수 있을 것이다. 그가 별세했을 때 주리안인들이 부른 노랫말이 있는데, 이것이 페름 지역에 그가 끼친 영향을 단적으로 말해준다 할 것이다:

"우리는 우리의 목자와 중보자를 잃었도다. 그는 우리 영혼의 구원을 위하여 하나님께 기도하였고, 우리를 위하여 왕에게 청원하였다. 그는 우리의 유익을 위하여 일하였고, 우리를 잘 살게 하기 위하여 많은 걱정을 하였다. 그는 나쁜 행정관들 앞에서 우리를 보호하였고, 많은 경우 우리를 폭력과 억압과 뇌물의 요구와 터무니없는 세금으로부터 우리를 구해내었다. 노보고르드의 강가에 숨어 살던 해적들과 강도들도 그의 가르침을 존경하였고, 그를 존경하여 우리를 해치지 않았다"(Hatch 1980:24).

제5장

발칸인들의 선교사,
코스마스 아이톨로스(1714~1779)

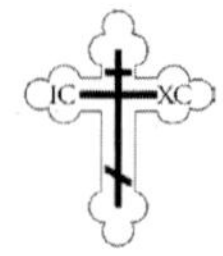

　　발칸 지역의 정교회는 가장 암울했던 17세기, 18세기에 시작되었다. 발칸
지역은 200년 이상 오토만 제국 아래서 많은 고난과 핍박을 받았다. 그런데
17세기가 되면서 이슬람의 핍박과 압력은 조금씩 완화되었고, 마침내 지역
주민들에게 약간의 종교적 자유를 허용하기 시작하였다. 이러한 자유 가운
데서 정교회 신자들은 여러 가지 유혹을 받았다. 모슬렘에게만 허용되었던

사회적 경제적 특권을 이슬람으로 개종하는 정교회 신자들에게 조금씩 넘겨주겠다는 유혹이었다. 이러한 유혹은 특별히 서부 그리스지역과 알바니아에 거주하는 가난하고 글을 모르는 농민들에게는 강력한 유혹이었다. 1769~1774년 사이에 러시아와 터키 사이에 전쟁이 일어나자, 발칸 지역 정교회 신자들에 대한 모슬렘의 미움이 극도에 달하였다. 왜냐하면 러시아인들과 그리스인들 모두가 같은 정교회 신앙을 가지고 있었기 때문이었다. 이러한 상황 가운데서 발칸 지역 정교회 신자들은 기독교 신앙을 버리고 이슬람으로 넘어갔다.

이런 비극이 발생한 이유들 중의 하나는 정교회 신앙에 대한 교육이 없었기 때문이었다. 오랫동안 정교회를 믿어왔지만, 정교회 신앙에 대한 체계적인 기독교교육이 없었기 때문에 쉽게 정교회를 버리고 모슬렘으로 넘어갔던 것이다. 아주 절망적인 상황이었다. 그런데 이러한 심각한 상황을 관찰해 온 신학자가 있었다. 그는 18세기 중엽, 발칸 지역의 정교회가 계속 이렇게 가다가는 완전히 정교회가 사라지고 말 것이라고 생각하였다.

그가 바로 코스마스 아이톨로스(Kosmas Aitolos)이다. 그는 근대 그리스의 위대한 선교사들 중의 한 사람이다. 그는 겸손한 수도사-사제였으며, 여러 지역을 여행하면서 선교 열정을 불러 일으켰다. 그리스 본토와 수많은 섬들, 알바니아, 남부 시베리아, 그리고 콘스탄티노플을 다니면서 복음을 전하고, 일반 대중들 속으로 들어가 정교회의 기본 교리를 가르쳤다. 코스마스는 발칸 지역에 밀려오는 이슬람화의 물결을 막는 유일한 길은 백성들에게 정교회 신앙을 적극적으로 교육하는 것이라고 생각하였다. 정교회 신앙교육을 위한 교과서는 복음의 능력을 증거하기 위하여 최선을 다하는 그의 삶 자체였다. 그의 삶이 백성들을 가르치는 교과서 역할을 하였다. 그는 아토스(Athos) 산에 처박혀서 묵상하는 수도사의 삶을 버리고 그의 나머지 20년을 발칸 지역 주민들 사이를 왕래하며 기독교의 정신을 새롭게 하며 신자들 사이에 선교의 열정을 불러일으키는 데 헌신하였다.

역사적 배경

코스마스는 그리스 아이톨리아 지방 메가 덴드론(Mega Dendron)이라는 마을에서 태어났다. 그의 부모는 가난한 사람이었으며, 베짜는 기술자였다. 그는 1714년 영세를 받았다. 세례명은 콘스타스(Konstas)였다. 나이 20세가 될 때까지 그는 부모를 도우면서 집에만 있었다. 학교를 다니지 못하였다. 이 때문에 그는 성경을 읽을 수 없었다. 그는 하나님과 기독교 신앙을 알고 싶은 열망으로 가득차 마침내 1734년, 학교에 들어가기 위하여 집을 떠났다. 10년 동안 시골 마을 학교 여러 군데를 다니며 공부한 끝에 학교 보조 교사가 되었다. 1743년 콘스타스는 아토스산에 있는 신학교에 입학하였다. 신학교를 마친 다음에는 필로테우(Philotheou) 수도원에 들어가서 탁발 수도사 서원을 하고 코스마스라고 하는 새로운 이름을 받았다. 이후 그는 부제가 되었고, 이어서 사제가 되었다.

선교사역으로의 부름

조용한 수도원에서 살면서 코스마스는 부지런히 성경을 연구하고 교회 교부들의 저서를 탐독하였다. 지혜와 믿음이 자라면서 발칸 지역에서 대다수의 교육받지 못한 사람들에게 복음을 전해야 할 소명을 강하게 느꼈다. 믿음을 통하여 그는 하나님의 변화시키는 사랑을 경험하였다. 하나님의 사랑은 모든 사람을 위한 것이며, 변혁시키는 능력이 있다는 것을 알았다. 그는 영적인 어둠 가운데서 살아가는 사람들에게 이 사랑을 전하고 함께 나누고 싶었다. 코스마스가 성경을 깊이 탐구하는 가운데, 그의 삶의 새로운 비전을 발견하였다. 그의 일기에 이렇게 적고 있다.

　나는 성경을 연구하면서, 성경 안에 있는 수많은 다른 종류의 보화들을 발견하였다. 그것들은 진주이며 다이아몬드이며, 보석이며, 부요함이며 기쁨이며, 영생이었다. 그러한 보화들 가운데 가장 중요한 보석은 그리스도가 우리에게 하신 말씀이었다. 그리스도인들은, 그가 남자이든 여자이든, 오직 그리스도에게만 관심을 가져야 하며, 죄로 인하여 멸망 속으로 빠져 들어가는 형제자매를 구원하는 일에 집중해야 한다는 주님의 가르침이었다. 주님의 이 고귀한 가르침은 내 마음속에 깊이 박혔다. 그 후로 나는 시간만 나면 선교를 위하여 무엇을 할까 생각하였다(Vaporis 1977:15).[10]

　이러한 고민에 대한 대답이 생각보다 빨리 주어졌다. 코스마스는 수도원을 떠나 그리스도의 메시지를 전하기 위하여 세상 속으로 들어왔다. 그가 수도사로서의 소명을 확실히 붙잡는 동시에 선교사로서의 사명도 함께 감당하리라 결심하였다. "나는 다른 사람들에게 그리스도를 전하기 위하여 하나의 희생이 필요하다면 내가 되게 해달라고 마음으로 기도하였다"(Vaporis 1977:6). 사도 바울이 자기 동족의 구원을 위해서라면 자기 자신이 그리스도에게서 끊어지는 희생이라도 감수하리라고 생각했던 것처럼 코스마스도 자신의 형제들의 구원을 위해서 희생이 필요하다면, 기꺼이 감수하리라는 다짐을 하였다.

　여러분은 내가 수도사의 거룩한 서원과 수도원의 조용한 묵상생활을 버리고 소란한 세상 속으로 들어가서 세상적인 악덕 가운데 생활한다고 비난할는지 모르겠다. 여러분들의 비난은 정당한 것이다. 수도사의 구원은 세상적인 활동을 철저하게 버리는 데 있다. 그러나 나는 나의 영적인 구원과 행복과 완성을 포기하고 세상 사람들 편에 섬으로 구원을 도와주고 내가 저주를 받아야 한다면, 그 편을 택할 것이다. 나는 수도원 창문 너머로 수많은 형제들이 상처를 입고 피를 흘리며 도움을 구하는 외침을 들었다. 나는 수많은 형제들이 무지와 이기주의와 서로 미워하는 마음속으로

---

10) Nomikos M. Vaporis, *Father Kosmas: The Apostle of the Poor*, Brookline, MA: Holy Cross orthodox Press, 1977.

침몰되어 가는 것을 보았다. 나는 나 자신의 구원의 완성을 위하여 집중
하는 일에서 벗어나서 하루 빨리 형제들 속으로 들어가야 한다는 사명감
을 느꼈다(Vallianos 1980:180).[11]

그리하여 1760년, 그의 나이 46세가 되던 해부터 그는 발칸 지역을 순회
하는 전도자가 되었다. 콘스탄티노플의 총대주교 소포르니오스 2세(Sopho-
ronios)의 축복을 받아 이후 20년 동안 그리스 본토와 여러 인근 섬들, 알
바니아와 남부 세르비아 지역을 순회하며 복음을 전하였다. 때로는 걸어서,
때로는 당나귀를 타고, 때로는 배를 타고 여행을 하였는데, 그가 마을에 도
착하면 마을 광장에 사람들을 불러 모아 커다란 나무 십자가를 만들도록
하였다. 그 다음 십자가를 땅에 박아 세우도록 하였다. 그리고 그 십자가
앞에 긴 의자를 갖다 두고, 그는 의자 위에 올라서서 하나님의 사랑과 정교
회의 가르침에 대하여 원고 없이 설교를 하였다. 그가 복음과 사랑과 진리
의 씨앗을 뿌리면 그리스도가 자라도록 복을 내려주시리라 믿었다. 설교가
끝나고 나면 그는 다른 마을로 옮겨갔다. 그러면 그가 마을 한가운데 세워
둔 십자가가 남아서 그가 가르친 진리들을 생각나게 하였다.

그는 모든 사람들에게 복음을 전하고 싶은 마음이 너무나 뜨거워서 한
마을에 오래 머물지 않았다. 신자들이 좀더 오래 머물러 있어 달라고 간
절히 애원하였지만, 그는 그때마다 이렇게 말하곤 하였다. "나의 친구여,
나도 그러고 싶소. 나도 좀더 오래 머물면서 여러 가지를 가르치면서 여
러분과 함께 있고 싶소. 하지만 하나님의 말씀을 한 번도 들어보지 못한
수많은 마을과 형제들이 있음을 생각할 때, 그리고 그들이 나를 기다리고
있음을 생각할 때 내가 무엇을 해야 하겠소?"(Vaporis 1977:51). 모든 사
람들에게 복음을 전해야 한다는 소명감이 그로 하여금 계속 다른 마을로

---

11) Pericles S. Vallianos, "St. Kosmas Aitolos: Faith as Practical Commitment,"
   Greek Orthodox Theological Review 25(4):172-186.

옮겨 가도록 강권하였던 것이다.

"나의 형제여, 만일 내가 하늘에 올라가서 커다란 목소리로 오직 우리 주 그리스도만이 하나님의 아들이시며 하나님의 말씀이시며, 모든 사람들을 위한 참하나님이시며, 모든 사람을 위한 참된 생명이시라고 커다란 목소리로 외칠 수 있다면, 나는 그 일을 했을 것이오. 나에게는 그렇게 할 만한 커다란 능력이 없기 때문에 나는 마을을 돌아다니며 이렇게 복음을 전하는 작은 일을 하고 있다오. 나는 스승으로서가 아니라, 형제로서 내 두 발로 걸어 다니며 내가 할 수 있는 작은 일에 최선을 다하고 있는 것이라오"(Vaporis 1977:15).

코스마스는 예수 그리스도와 친밀한 관계를 통하여 그의 내적인 소명의식을 강화시켜 나갔다. 그는 하나님을 우주의 창조주이시며 전능하신 신으로 이해하는 동시에, 하나님을 매우 인격적인 분으로 이해하였다. 그는 설교 시간에 예수 그리스도 자신이 그를 복음 전하는 자로 개인적으로 친히 부르셨다고 간증하였다. 그는 하나님을 개인적으로 아주 친밀하게 느꼈는데, 그가 그리스도에 대하여 언급할 때마다 "우리의 가장 좋은 주님" 혹은 "너무나 좋으신 우리 하나님"이라는 표현을 자주 사용하였다. 이러한 표현은 하나님이 그에게 부어주신 사랑에 대한 감동에서 나온 것이었다. 한번은 설교시간에 그가 이렇게 말하였다.

나는 십자가에 달려 죽으신 주 예수 그리스도의 종입니다. 나는 사실 그리스도의 종이 될 만한 자격도 가치도 없는 사람입니다. 그런데 그리스도가 자비하심으로 나를 긍휼히 여겨주셨습니다. 나의 형제 여러분, 나는 그리스도를 믿으며, 그리스도에게 영광을 돌리며 경배합니다. 나는 간절히 원합니다. 그가 나를 사랑하여 피를 뿌린 것같이 나도 주님을 위하여 피를 뿌릴 수 있기를 소원합니다(Vaporis 1977:15).

이와 같이 하나님의 사랑과 하나님을 위한 사랑이 코스마스의 가슴 속에는 차고 흘러 넘쳤다. 하나님의 사랑을 받은 모든 사람들이 그와 같은 심정을 가지기를 간절히 원하였다. 그는 이렇게 설교하였다.

가장 자비로우시고 은혜로우신 하나님은 수많은 이름들을 가지고 계십니다. 그는 빛이요, 생명이시요, 부활이십니다. 그러나 하나님의 가장 중요한 이름은 사랑입니다. 우리가 이 땅에서도 잘 살고, 죽어서 낙원에 들어가 우리 하나님을 사랑이라고, 아버지라고 부르기를 원한다면, 우리는 두 가지 사랑을 가져야 합니다. 첫째는 하나님을 사랑하는 것이고, 다른 하나는 우리의 형제를 사랑하는 것입니다. 이 두 가지 사랑은 하늘을 나는 새의 두 날개와 같은 것입니다. 이 두 가지가 없다면 우리는 구원받을 수 없습니다(Vaporis 1977:15).

코스마스의 가르침들

코스마스는 성경에 대하여 새로운 가르침이나 심오한 가르침을 베푼 적이 없다. 그의 탁월한 은사는 그리스도의 말씀을 현대 상황 가운데서 재번역하여 현대인들이 그 말씀을 쉽게 이해할 수 있도록 만드는 것이었다. 팔레스틴 군중들 사이에서 예수님이 그렇게 하셨던 것처럼, 그는 종종 그의 청중들이 이해할 수 있는 현대적인 비유들을 많이 사용하였다. 그의 설교 주안점은 독특한 복음의 단순성을 가지고 쉬운 그리스어로 유식한 사람이나 무식한 사람이나 모두 쉽게 이해할 수 있도록 말하는 것이었다.

그의 가르침은 우리가 구원을 경험할 수 있는 길을 보여주는 것이었다. 코스마스는 단순히 신학적 지식만을 전달하고 사람들의 삶을 변화시키지 못하는 설교는 의미 없다고 믿었다. 그러므로 그의 모든 말과 행동, 학교를 개교하는 일, 사회 정의를 실천하는 일, 기적을 행하는 일, 설교하는 일 등. 그 모든 실천은 근본적으로 종교적인 회심과 성화에 초점을 맞춘 것이었다. 그는 사람들에게 구원은 신앙, 사랑, 겸손, 자선, 용서, 정의, 회개, 고백, 금식, 기도, 성찬, 그리고 하나님의 계명을 지키는 것으로 얻게 된다고 가르쳤다. 이 중에서 가장 중요한 것을 말한다면 그것은 사랑과 겸손이라고 가르쳤다. 그는 늘 이렇게 말하곤 하였다. "그리스도인이 하늘을 날기 위하여 항상 두 개의 날개가 필요한데, 그것은 사랑과 겸손이다"(Cavarnos 1971:20).[12]

기도에 관하여, 그는 '예수 기도'(The Jesus Prayer)의 능력을 강조하였다. 그는 '예수 기도'를 이렇게 암송하였다. "살아계신 하나님의 아들이시며 로고스이신 주 예수 그리스도여, 성모 마리아와 성인들을 통하여 죄인이며 당신의 무익한 종인 저에게 자비를 베풀어 주소서." 이 기도를 반복하여 드리는 가운데 사람들의 가슴에 기도의 씨앗을 심어주었다.

코스마스는 항상 그의 청중들로 하여금 진리의 기본을 상기시켰다. "뜻을 다하고 목숨을 다하여 하나님을 사랑하십시오. 하나님을 의뢰하십시오. 정통 기독교 신앙을 지키십시오. 하나님의 계명을 지키십시오. 하나님의 자비를 구하는 기도를 하십시오. 성부, 성자, 성령 삼위일체 하나님을 찬미하며 예배하며 영광을 돌리십시오."(Cavarnos 1971:61).

이러한 가르침과 설교와 더불어 그의 헌신적인 삶을 통하여 코스마스는 그의 청중들의 마음을 감동시켰다. 그는 청중들과 같이 가난하고 소박한 삶을 살았다. 그는 결코 사례를 받지 않았다. 대신 그가 가진 것을 궁핍한 이웃을 위하여 사용하고 나누었다. 그는 가르친 대로 살았다.

하나님의 은혜로 나는 지갑이나 집이나 가축이나 내가 앉을 의자 하나

---

12) Constantine Cavarnos, *St. Cosmas Aitolos*. Belmont, MA: Institute for Byzantine and Mordern Greek Studies, 1971.

도 가지지 않았습니다. …… 내가 만일 돈을 위하여 그 많은 여행을 했다면, 나는 미친 사람이거나 바보일 것입니다. 그렇다면 내 수고에 대한 대가가 무엇입니까? 그것은 내 가르침을 받아서 삼삼오오 둘러앉아 진리를 토론하고 영생의 진리를 가슴에 간직하고 함께 기도하는 모습입니다. 내가 여러분에게 전하는 가르침은 내가 만든 것이 아니라, 성령의 감동하심으로 기록된 성경에서 나온 것들입니다(Vaporis 1977:33).

코스마스는 삶의 모든 영역에서 신앙을 따라 살기 위하여 노력했다. 그의 청중들도 그의 가르침을 일상생활 가운데서 실천하도록 하였다. 기독교는 정신수양을 위한 단순한 철학지식이 아니었다. 지식으로 듣기만 하고 행하지 않는 사람들에 대하여 비판하였다. 비도덕적인 생활로 인하여 영적으로 파산당한 소위 명목상 기독교인들을 비판하였다. 거짓말, 사기, 음란, 복수, 미움의 행위에 대하여 신랄하게 꾸짖었다. 부유한 자들이 고리대금업을 통하여 가난한 자들을 착취하는 일에 대하여 공개적으로 비판하였다. 그는 마을의 지도자들과 부유한 상인들에 대하여 이렇게 비판하였다:

하나님이 우리에게 부(富)를 주시지 않았습니까? 그렇다면 먹고 마시고 입을 만큼만 가지고, 나머지는 가난한 자들을 위하여 나누는 것이 우리의 의무입니다. 우리가 지나칠 정도로 많이 먹고 마시고, 비싼 옷을 구입하고 화려한 대저택을 지으라고 부를 주신 것은 아닙니다. 가난한 자들은 굶어 죽어가고 있습니다. 가난한 자들을 긍휼히 여기십시오. 그것이 우리의 의무입니다. 가난한 자들을 도와주십시오. 그리하면 구원을 받을 것입니다(Cavarnos 1971:85).

그는 하나님 사랑과 이웃 사랑은 구체적으로 실천되어야 한다고 믿었다. 코스마스는 참된 그리스도인의 사랑을 다음과 같이 말하였다.

> 내가 먹을 **빵** 한 덩어리가 있습니다. 그러나 당신에게는 없습니다. 그때 사랑이 말합니다. 너 혼자만 먹지 말고, 너의 형제에게 나누어 주어라. 그리고 남은 부분을 네가 먹어라. 나는 옷을 가지고 있습니다. 그러나 당신에게는 입을 옷이 없습니다. 그때 사랑이 말합니다. 네 옷 하나를 네 형제에게 주어라. 이전에는 내가 입을 벌려 거짓말을 하고 사기를 쳤습니다. 그러나 사랑이 내 마음에 들어온 다음 그런 입을 마비시켜버렸습니다. 이전에는 당신이 가진 것들을 **빼앗는데** 내 손을 사용하였습니다. 그러나 사랑이 이제 그러한 손을 허락지 않습니다. 사랑하는 그대여, 사랑이 무엇인지 이해가 되십니까?(Cavarnos 1971:84)

코스마스는 여성의 권리를 위해서도 강력하게 말하였다. 그는 그의 남자 청중들에게 남자나 여자나 모두 동등하게 창조되었다는 사실을 상기시켰으며, 여성이 결코 열등한 존재가 아님을 깨우쳤다. 그는 남편들에게 아내를 사랑하되, 존중하는 마음으로 사랑할 것을 가르쳤다.

나의 형제여, 그대의 아내를 친구처럼 대하고 사랑하십시오. 결코 노예처럼 다루지 마십시오. 그대의 아내도 그대와 똑같은 하나님의 피조물입니다. 하나님이 당신을 위하여 십자가에서 죽으신 것처럼 그대의 아내를 위해서도 십자가에서 죽으셨습니다. 그대가 하나님을 아버지라고 부르는 것처럼, 아내도 하나님을 그렇게 부릅니다. 남편이나 아내나 모두 같은 믿음을 가졌고, 같은 세례를 받았고, 같은 성찬에 참여하였습니다. 그리고 같은 천국에 들어가게 될 것입니다. 하나님은 아내를 남편보다 결코 열등하게 보지 아니하십니다(Cavarnos 19171:89).

그리고 코스마스는 사람들의 삶이 하나님의 가르침을 올바르게 이해할 때 놀라운 변화를 경험하게 될 것이라고 가르쳤다. 그렇게 되면 원수까지도 용서하는 놀라운 능력을 얻게 될 것이라고 가르쳤다. 코스마스가 말하기를, "어떤 사람이 나를 모욕하고, 내 아버지를 죽이고, 내 어머니를 죽이고, 내 형제를 죽이고, 내 눈을 뽑아버렸다고 해도, 나는 그리스도인으로서 그를 용서하는 것이 나의 의무입니다"(Cavarnos 1971:86). 이러한 그의 가르침은 그가 가는 곳마다 놀라운 결과를 낳았다. 예를 들면, 1777년 그가 케팔레니아(Kephallenia) 섬을 방문한 다음, 이런 일이 일어났다고 어떤 관찰자가 기록을 남겼다.

그가 가는 곳에는 빈부귀천 남녀노소 할 것 없이 수많은 군중들이 모여들었습니다. 그의 진솔한 성품과 단순 명쾌한 복음적인 설교와 가르침이 수많은 사람들의 삶을 변화시켰던 것입니다. 이전에 원수로 지내던 사람들이 이제는 형제가 되어 평화의 키스를 나누며 서로 용서를 구하였습니다. 죄를 지었던 사람들이 자신의 죄에 대하여 뉘우치며 눈물을 흘렸습니다. 깨어진 가정과 결혼생활이 다시 회복되었습니다. 매음행위와 음란행위에 대하여 부끄러움을 느끼고 회개하는 일들이 일어났습니다. 부유한 젊은 귀부인들이 자신의 패물을 팔아 가난한 사람들과 교회를 위하여 사용하였습니다. 그의 복음적 사역으로 섬 전체의 모습이 달라졌습니다(Vaporis 1972:2).

코스마스의 사역이 그렇게 큰 성공을 거둘 수 있었던 것은 그가 하나님을 무척이나 사랑하고 의지하였기 때문이며, 정교회의 전승에 깊이 뿌리를 박고 있었기 때문이다. 그는 자신의 모든 가르침과 사역을 성경과 교회 교부들의 가르침 위에 세웠다. 그는 우리의 신앙이 공부하지 않은 성인들 위에 세워져서는 안 되고, 성경을 올바르게 해석하는 교육을 받은 지혜로운 성인들의 가르침과 시대상황 속에서 종교적 진리를 적절하게 적용하고 표현할 수 있는 신학적 훈련을 받은 교사들의 가르침 위에 세워져야 한다는 사실을 강조하였다. 이런 생각 때문에 성경을 열심히 공부하지 않는 성직자들을 심하게 꾸짖었다. "신앙과 진리의 빛이요 기초인 성경을 알지 못하는 성직자는 교회와 국가에 재난을 초래할 인간들입니다."(Vaporis 1977:8). 그래서 그는 성직자들이 성경을 열심히 탐독하도록 자극하였고, 마을 지도자들을 권유하여 마을마다 어린이들이 성경과 경건서적들을 읽을 수 있는 학교를 설립하게 하였다. 그는 생각하기를, 세상의 많은 악이 글자를 읽을 수 없는 사람들이 교회의 가르침을 기록한 글을 읽을 수 없기 때문에 생겨나고 있으며, 빛을 받지 못하여 잘못된 길로 걸어간다고 믿었다.

코스마스는 마을마다 학교를 세우는 일은 하나님의 명령이라고 믿었다.

> "형제자매 여러분. 여러분의 마을에 어린이들을 위한 학교를 세우는 일은 마을의 우물을 가지는 것보다 더 좋은 일입니다. 여러분의 자녀가 교육을 받을 때 비로소 인간이 됩니다."(Vaporis 1977:7).

그러나 그가 의미한 교육은 주로 종교교육이었다. 사람들이 교육을 받아야 교회가 간직해 온 진리의 빛이 많은 사람들에게 비추일 것이라고 생각하였다. 그가 생각한 교육은 현대식 기술교육이나 개인의 출세와 명예를 위한 지식이 아니라, 하나님께 영광을 돌리는 데 필요한 지식을 의미했다. 그래서 그가 경고하기를,

"많은 교육을 받은 사람들은 법관이 되거나 고급관리가 되려고 하지
말고, 아직도 배우지 못한 가난하고 무지한 사람들에게 달려가서 가르치
는 봉사에 참여함으로 아직도 어둠과 야만적인 생활 가운데서 살아가는
사람들에게 빛을 비추는 일을 해야 합니다. 이것이 하나님을 영화롭게 하
는 길이며, 이러한 봉사를 하는 사람들에게는 시들지 않는 하늘의 영광이
주어질 것입니다."(Carvanos 1971:30).

그가 교육을 강조할 때, 그 주된 목적과 목표는 정교회 신앙을 강화하
는 것이었다.

"…… 무엇보다도 하나님이 누구인지, 삼위일체 하나님이 어떤 분인지
를 배우게 해야 합니다. 그리고 정의가 무엇이며, 인간이 갖추어야 할 덕
이 무엇인지를 기독교 시각에서 배우게 해야 합니다. 교육이 훌륭한 정교
회 신자를 만드는 데 기여할 때 비로소 교육의 진가가 나타날 것입니다.
신앙교육이 성실하게 이루어질 때 정교회와 수도원들도 견고하게 세워질
것입니다"(Vallianos 1980:175).

이러한 주장과 노력의 결과로 코스마스는 200개 이상의 마을에서 초등
학교를 세우는 일에 도움을 주었으며, 10개의 고등학교를 세우는 일에 관
여하였다. 이 외에도 수많은 기금을 모아서 학교를 세우고, 국내외에서 학
교 교사들을 모집하고 조직화하여 학교교육이 지속적으로 성실하게 이루
어지도록 만들었다. 이러한 수고와 헌신으로 인하여 코스마스는 현대 그
리스 민족교육의 아버지들 중의 한 사람으로 존경을 받고 있다.

결 론

코스마스는 일반 대중들 사이에서 이렇게 인기가 높은 사람이었지만, 그의 관심은 항상 사회 정의와 예수 그리스도의 복음을 담대히 증거하는 데 집중되어 있었다. 그의 담대한 복음선교로 인하여 코스마스의 사역에 대한 기독교, 유대교, 터키당국의 관심이 높아졌다. 이 때문에 그가 순교당하지 않았나 생각된다(Vaporis 1977:11). 1779년 8월 24일, 정부 당국자들이 코스마스를 알바니아(Albania) 베라트(Berat)시에서 체포하였다. 수많은 범죄를 그에게 뒤집어 씌어 그를 이웃 마을 칼린콘타시(Kalinkontasi)로 데리고 가서 거기서 그를 교수형에 처하였다. 그를 살해한 사람들이 그의 시신을 근처 강에다 버렸는데, 그의 추종자들이 그 시신을 발견하여 안장하였다.

그의 신실한 추종자들이 곧바로 코스마스는 무죄한 사람이며, 그의 사역은 고결한 사역이었다고 선포하였다. 비기독교 신자들도 그를 존경한다고 말하였다. 그를 기념하는 첫 번째 교회당이 알바니아의 무슬림 지도자 알리 페샤(Ali Pesha)에 의하여 건축되었다. 정교회는 그가 죽은 지 약 200년이 지난 1961년 4월 20일에 그를 성자반열에 올린다고 공식적으로 선포하였다. 코스마스는 정교회 역사에 가장 어두운 시대를 살았던 발칸반도의 무지한 기독교 대중들 사이에 들어가서 정교회 정신과 신앙을 부활시킨 위대한 영적인 지도자로, 담대한 선교사로 기억되고 있다.

제6장

알래스카의 헤르만(1756~1837)과 마카리우스 글루하렙(1792~1847)

　　17세기 18세기의 러시아정교회는 선교영역에서 퇴보하였다. 교회 내부의 갈등과 국가의 간섭으로 인하여 선교가 어려웠기 때문이다. 니콘 총대주교가 주도하는 정교회 개혁갱신운동과 그것을 반대하는 구파정교회 그룹 사이에 갈등과 분열, 그리고 피터 대제과 캐더린 2세의 강력한 통치활동과 교회간섭으로 러시아정교회는 힘을 잃고 있었다. 이 기간에 수많은 수도단과 수도원들이 문을 닫았다. 그동안 수도원과 수도단은 정교회 신앙의 등불을 밝히는 역할을 하였고, 선교의 열정을 제공하는 산실로 여겨졌다. 영적인 침체상태는 러시아변방에 거주하는 소수민족들에게도 영향을 끼쳐, 기독교를 받아들였던 대부분의 부족들이 다시 명목상 기독교인으로 전락하고 말았다. 기독교교육이 중단되고, 기독교에 대한 무관심은 이교주의의 부활을 만들어내고 있었다.

　　이 당시 선교를 시도한 사람들이 몇 명 있었으나 항상 정부에 의하여 억압을 받았으며, 종교관용정책의 이름으로 선교사역이 금지되었다. 한 예로 정부는 18세기에 키르기즈 유목민들에게 복음을 전하는 것을 금지시켰다. 또 어떤 경우에는 선교사들이 지나치게 열성적으로 선교한다 싶으면, 정부는 그들을 소환하거나 선교사들을 지원하는 교회에 대한 재정적 지원을 줄이거나 없애버렸다(Struve 1962:34).

그러나 18세기가 지나면서 선교에 대한 무관심과 냉담한 태도가 변하기 시작하였다. 러시아가 영적인 르네상스를 경험하기 시작하였기 때문이다. 그리스 아토스 산에서 수도원 갱신운동이 일어났는데, 그 영향이 러시아 정교회에 미쳤다. 그 당시 아토스산 수도원에 살고 있었던 러시아 장로 페이시 벨리쵸프스키가 헤즈키즘의 신앙적 실천 지혜를 담고 있는 필로칼리아라고 하는 책을 러시아어로 번역 소개한 것이다. 이 책의 번역과 함께 그의 제자들이 여러 곳을 다니며 헤즈키즘 운동을 확산시켰다. 19세기에 이 경건운동의 강한 영향으로 알래스카의 헤르만과 마카리우스 글루하렙이 선교사로 헌신하게 되었다.

이 두 선교사들을 올바르게 이해하기 위해서는, 그들의 삶을 변화시킨 헤즈키즘의 교리에 대하여 알 필요가 있다. 신학자 니키타 스트루브는 헤즈키즘을 다음과 같이 설명한다.

> 헤즈키즘은 기독교의 가장 완전하고도 순전한 가르침이라고 할 수 있다. 헤즈키즘의 일차적인 목표는 그리스도와 성령과의 친밀한 교제이다. 침묵과 지속적인 기도(예수기도)와 성경묵상과 규칙적인 성찬식참여를 통하여, 궁극적인 목표는 성령으로 모든 존재를 꿰뚫어 보는 것이다. 이것은 신비한 체험이다. 이러한 체험은 기독교의 본질을 알게 하는 중요한 경험이다. 헤즈키즘은 교회를 위협하는 모래톱들을 피할 수 있도록 도와준다. 모래톱들이란, 의식주의, 율법주의, 권위주의 그리고 도덕주의 같은 것들이다. 그러나 기독교의 중요한 요소들, 예배, 경전, 질서, 계명 등은 잘 보존할 수 있도록 인도한다. 이것은 신앙생활의 핵심요소에 집중하도록 하는 명상운동이지, 결코 고요함 자체를 목적으로 삼는 정적주의가 아니다. 러시아에서는 이 헤즈키즘운동으로 교회갱신운동이 두 번 일어났다. 선교 부흥운동에 큰 활력을 제공하였다(Struve 1965:309-310).

교회가 교부들의 가르침과 영적인 유산을 재발견함에 따라서, 선교의 열정도 회복해 나갔다. 헤르만과 글루하렙은 헤즈키즘의 재발견에 따른 교회의 사도적 소명의 회복, 즉 선교의 열정을 실천한 대표적인 인물들이다.

헤르만(Herman)은 1794년 알래스카 선교를 위한 러시아 해외선교단 10명의 수도사들 중의 한 사람이었다. 알래스카에서 그는 43년 동안 봉사하였다. 알래스카 원주민들을 섬기며 그의 거룩한 삶을 통하여 복음을 전파하였다. 1837년 그가 죽었을 때, 알래스카 기독교인들은 그를 성인으로 추앙하였고, 그를 아메리카 정교회의 수호 조상으로 기렸다.

또 다른 헤즈키스트인 마카리우스 글루하렙(Makarius Glouharev)은 1829년부터 1843년까지 14년 동안 시베리아 알타이 산맥 속에 들어가서 선교하였다. 그는 정교회선교신학을 형성한 최초의 러시아 선교사였다(Struve 1965:36). 그의 꿈은 모든 러시아인들 가슴속에 선교열정을 불어넣어 주고, 미래 선교사들을 양성하기 위한 '선교사 훈련 센터'를 만드는 것이었다. 이러한 계획이 구체화되지는 않았지만, 그는 그러한 꿈이 실현될 수 있는 길을 닦아 두었다. 이후 이노센트 베니아미노프와 니콜라스 카사트킨과 같은 선교사들이 나타나서 그의 꿈을 구체화시켰다. 이렇게 글루하렙은 선견자로서 개척자로서의 역할을 감당하였으며, 교회로 하여금 교회의 사도적 소명, 즉 선교에 귀를 기울이도록 만들었다. 그는 선교사역에 대한 정교회의 이론을 만든 최초의 러시아인 선교사였다.

알래스카의 헤르만

헤르만은 1756년(혹은 1760년) 모스크바 근교 세르푸홉이라는 마을에서 상인 부모의 아들로 태어났다. 가족과 세례명을 포함한 그의 어린 시절에 대하여 알려진 바가 거의 없다. 16세에 그는 피터스버그 외곽에 있는 삼위일체 세르게이 수도원에 들어갔다. 거기서 헤르만이라는 수도사 이름을 받고, 탁발수도승이 되었다. 거기서 5~6년이 지났을 때, 그는 더욱 깊숙한 수도원으로 가고 싶었다. 발람 수도원으로 옮겼다. 발람 수도원은 핀란드 국경 지대에 위치한 라도가 호수 안에 있는 발람 섬 위에 있었다. 그러한 환경이 그의 마음에 들었다. 그 수도원은 일 년 중 8개월은 얼음으로 인하여 외부세계와 완전히 고립되었다. 정말 고요해서 헤즈키즘을 실천하기 좋은 장소였다. 거기서 그는 헤즈키즘의 정신을 계속 계발하였다. 이러한 노력으로 그는 주변 수도승들의 사랑과 존경을 받았다.

알래스카 선교

1792년 러시아 신성종무원은 새롭게 발견된 땅 알래스카를 선교하기 위하여 해외선교부를 조직하였다. 모스크바의 대주교는 발람 수도원이 이 사도적 사명을 수행할 사람들을 선발해 줄 것을 부탁하였다. 헤르만은 10

명의 자원 수도사들 중의 한 사람이었다. 자원자들은 대체로 단순한 수도
사들이었다. 그들은 전문적인 신학훈련이나 정규 신학교육을 받은 사람들
이 아니었다. 단지 지도자인 장사제 요셉만이 신학교를 졸업한 사람이었
다. 나머지 9명은 그들이 수도사가 되기로 서원했을 때, 이와 같이 해외선
교사가 되리라고는 상상하지 못하였다. 그러나 그들은 교회에 순종하였고,
복음을 전하고 나누고 싶다는 소망으로 인하여 이러한 도전을 받아들였다.
1794년 1월 22일 모스크바를 떠나서 10명의 선교사들은 1794년 9월 24일
알래스카 코디악에 도착하였다(Oleksa 1984:47).

선교사역의 첫 해 그들은 열정적으로 사역하였고, 결과 많은 열매를 얻
었다. 선교기지를 건립하였고, 통역인들을 데리고 다니며 여러 시골 마을
들을 방문하여 그들의 문화와 언어를 익혔다. 수많은 마을에서 토착민 알
류트인(Akeuts)들이 선교사들의 복음 설교에 귀를 기울였다. 장사제 요셉
이 1796년 5월 19일자로 발람 수도원장에게 보내는 선교편지에서,

> 하나님을 찬양하라. 나는 7천 명 이상 아메리카인들에게 세례를 베풀었
> 으며, 2천 번의 결혼식을 주례하였다. 우리는 교회당을 건축하였으며, 시간
> 이 허락한다면, 또 다른 교회당을 세울 예정이다. 그리고 1/5사이즈로 옮겨
> 다닐 수 있는 작은 예배 처소 두 개를 만들 생각이다. 원주민들은 우리를
> 사랑하며, 우리도 그들을 사랑한다. 그들은 가난하기는 하지만, 매우 친절
> 한 사람들이다. 그들은 진심으로 세례를 받았으며, 세례받은 다음에는 샤만
> 이 그들에게 준 주문이나 형상들을 다 깨어버리고 태워버렸다. 여기에는
> 세례받기를 원하는 사람, 결혼식을 올리기 원하는 사람들이 수없이 많이
> 있다. 하나님의 법을 배우기 원한다. 우리는 이러한 그들의 소망을 외면함
> 으로써 그들의 마음에 상처 주는 일을 하고 싶지 않다(Oleksa 1987:38).

이들의 선교사역은 성공적이었다. 선교지는 추수할 곡식으로 무르익었
다. 선교사들은 이 마을 저 마을 여러 마을을 여행하면서 복음을 전하였

다. 1795년 5월 헤르만이 수도원장에게 보내는 편지에서, 두 선교사들 사이에서 일어난 우스꽝스러운 경쟁 이야기를 함으로써, 수도사들이 얼마나 선교적 열정으로 충만했는지를 알려주고 있다.

마카리 신부는 이렇게 말하기 시작했다.

"하나님이 허락하신다면, 나는 알뤼쉬안 섬으로 가서 알리아스카(Alia-ska)로 가는 길을 만들 예정이다. 그래서 알뤼쉬안에 사는 러시아인들이 알리아스카인들의 초대를 받을 때, 쉽게 여행할 수 있도록 하겠다."

그러자 유베날리 신부는 알리아스카라는 말을 듣자, 흥분하여,

"알리아스카는 내 구역이야! 너는 끼어들면 안 돼. 다음 배가 야큐탄으로 떠날 때, 나는 그 배를 타고 남쪽으로부터 선교할 계획을 가지고 있어. 남쪽에서부터 해안을 따라서 북쪽으로 올라가서 케나이만(灣)을 건너서 알리아스카로 갈 예정이야!"

마카리우스가 이 말을 듣고서 매우 슬픈 기색을 띄며 애원하듯이,

"신부님, 안돼요. 알뤼쉬안 섬에 사는 주님들이 알리아스카와 긴밀하게 연결되어 있다는 것을 신부님도 잘 알잖아요. 그러므로 알리아스카는 내 선교구역입니다. 그리고 알리아스카 해안과 연결된 북쪽 마을도 내 선교구역입니다."

하지만, 나(헤르만)는 그 말을 들은 척하지 않고 크게 웃었다. 장(長) 수도사 마카리우스와 유베날리 신부는 항상 그렇게 열정적인 선교사였다. 사방팔방으로 뛰어다니며 복음전할 기회를 찾고 있었다(Oleksa 1987:40).

이후 알래스카 선교는 5년 동안 계속되었다. 중간에 러시아 탐험가들과 사냥꾼들의 방해가 있었지만 잘 극복하였다. 선교사역이 무르익자, 피터스

버그의 신성종무원은 장사제 요셉을 본국으로 불러 주교로 승진시켰다. 1799년 주교로 임명받은 요셉이 아메리카로 돌아오던 중 배 사고로 인하여 함께 오던 두 명의 다른 선교사들, 배의 승무원들 모두가 바다에서 죽고 말았다. 3년 전에는 유베날리 신부가 순교하였고, 이번에는 요셉이 순교하였다. 알래스카 선교사역에 큰 어려움이 닥쳐왔다.

그러나 헤르만이 나서서 이 어려움을 잘 극복하였다. 헤르만이 남은 선교사들의 지도자의 역할을 감당하였다. 헤르만과 선교사들의 선교사역은 알래스카의 모든 러시아인들 활동을 감독하는 '러시아 아메리카 무역회사'의 직원들 때문에 엄청난 어려움을 겪었다. 이 회사의 책임자는 알렉산더 바라노프(Alexander Baranov)였는데, 그는 원주민들을 학대하고, 선교사들이 알뤼시안들을 옹호한다고 비난하고 모욕을 주었다. 바라노프는 선교사역이 회사 밑에 들어와야 한다고 믿고 있었다. 그는 왜 러시아 선교사들이 자기 회사의 이익을 방해하고 원주민들의 이익을 옹호하는지 도무지 이해할 수 없었다. 바라노프가 보기에는 알래스카 원주민들은 러시아인들이 모피를 모으는 데 필요한 도구에 불과하였다. 그러나 선교사들이 보기에는 그들도 하나님의 자녀였다. 러시아인들과 똑같이 구원받아야 할 사람들이었다.

장사제 요셉이 죽은 다음, 모스크바에서 선교를 도와주던 정부의 후원자들을 잃어버렸다. 이 때문에 바라노프는 더욱 공개적으로 선교사들을 위협하고 경제적으로 협박하였다. 그는 교회문을 닫아버리고, 선교사들의 사역을 중단하라고 명령하였다. 선교사들을 만나는 원주민들을 박해하였다(Afonsky 1977:36). 이러한 박해 가운데서 선교부는 점차로 쇠약해져서 마지막에는 헤르만 혼자 남았다. 그는 혼자 견디다 못해 스푸루스(Spruce) 섬으로 거처를 옮겼다. 거기에는 소수의 코디악 주민들이 살고 있었다. 그는 고립된 곳에서 헤즈키즘 수도생활 하는 것을 좋아하는 성향을 가지고 있었기 때문에 이런 기회야말로 알래스카 주민들로 하여금 기도와 거룩한 삶을 살도록 가르치기에 좋은 기회라고 여겼다. 겉으로 보기에 소극적이고 조용한 헤르만의 선교사역은 오히려 환영을 받았다. 신성종무원의 대변인이 그에게 이런 편지를 보냈다.

> 나는 그대의 선교방법을 매우 가치 있는 것으로 생각합니다. 당신의 상처와 경험 가운데서 형성된 교훈과 가르침은 러시아인들과 아메리카인들 모두의 마음속에 깊이 스며들어 하나님에 관한 진실한 가르침과 자기들의 조국에 대한 사랑과 두 국민 사이의 참된 우정을 이해할 수 있도록 만들 것입니다. 당신은 누구보다도 선교사의 제1사명이 자신의 삶으로써 경건의 모델을 보여주는 것임을 잘 알고 있습니다. 당신은 이러한 사명을 가장 아름답게 수행하여 하나님께 영광 돌릴 성직자임을 믿어 의심치 않습니다(Oleksa 1987:130).

헤르만이 고립된 섬에 들어가서 생활한다고 해서 외부세계를 다 버린 것은 아니었다. 헤르만은 알뤼시안인들의 신앙생활에 대하여 강한 책임감을 가지고 있었다. 그는 고아들을 위한 학교를 만들어서 지원하고 지도하였으며, 그의 오두막집을 찾아오는 사람들을 쉼 없이 가르쳤다. 헤르만에 관한 아름다운 소문이 알뤼시안인들 사이에 퍼져갔다. 많은 사람들이 주일, 공휴일에는 그를 보기 위하여 찾아왔다. 헤르만은 그들을 위하여 사도행전과 복음서들을 읽어주었고, 찬송을 부른 다음 설교하였다. 그는 자신의 가르침의 핵심내용을 한 러시아인 친구에게 보내는 편지에 적어 보냈다.

> 나의 가르침은 모두 성경에서 나온 것이라네. 성경의 가르침들은 하나님의 나라를 간절히 사모하는 자들을 위한 것이지. 믿음과 사랑이 진정한 그리스도인을 만든다고 믿네. …… 하나님을 사랑하는 자에게 죄란 전쟁터에서 적군이 쏜 화살과 같은 것이지. 진정한 그리스도인은 마치 전사와 같아서 하나님의 나라에 이를 때까지 보이지 않는 수많은 적군들과 싸운다네. 사도들이 증거한 대로 우리들의 시민권은 하늘에 속한 것이며, 우리

들의 싸움은 혈과 육의 싸움이 아니요, 공중의 권세 잡은 자들과의 싸움
이라네. 우리의 생애는 순례자의 길과 같음으로 다가올 시대를 준비하며
새로운 사랑과 소망으로 옷 입고 하나님의 도우심을 간구하며 의지하며
항상 깨어 있어야 할 것이라고 생각하네(Oleksa 1987:45).

원주민들의 변호

헤르만은 그의 가르침에 따라서 원주민들을 해치는 사냥꾼들과 상인들
의 불의에 대하여 항의하였다. 바라노프가 떠나고 러시아-아메리카 회사
의 새로운 지도자가 왔는데 그는 원주민들에 대한 태도를 바꾸었다. 선교
사들은 원주민 알류트인들을 위하여 목소리를 높일 수 있는 좋은 기회라
고 생각하였다. 헤르만은 회사의 새로운 지도자인 시메온 야놉스키에게
편지를 보냈다. 그 편지에 쓰길,

> 나는 이 지역 주민들을 돌보는 미천한 사람 하녀와 같은 사람으로서
> 당신 앞에 피 같은 눈물을 흘리며 간곡한 말로 부탁드립니다. 우리의 아
> 버지가 되어주시고, 우리의 보호자가 되어주십시오! 우리는 어린아이 같
> 아서 말이 어눌하고 어떻게 잘 표현해야 할지를 알지 못합니다. 힘없는
> 우리의 고아들의 눈에서 눈물을 닦아 주십시오. 가슴을 에는 아픔을 겪고
> 있는 사람들을 위로해 주십시오. 그리하여 저와 당신이 진정한 기쁨이 이
> 런 것이로구나! 함께 경험할 수 있기를 바랍니다(Oleksa 1987:310).

야놉스키는 헤르만에 관한 소문을 그의 회사 직원들을 통하여 사전에 많이
들었으므로, 그의 편지를 의심하는 마음으로 읽었다. 그가 이후에 기록하길,

> 나는 나의 임무를 시작하기 이전부터 헤르만에 관한 나쁜 소문들을 많
> 이 들었다. 그의 편지를 받고 답장을 쓰기 전에, 그리고 그를 만나보기 전

에 피터스버그에 편지를 보냈다. 답장이 왔다. 그는 알류트인들을 선동하
여 정부관리들을 대항하게 만드는 자라고 하였다. 그러나 그 다음 해
1819년 나는 배를 타고 모든 관할 지역들을 순찰하기 위하여 여러 곳을
둘러보았다. 11월 나는 코디악 섬에 도착하였다. 헤르만 신부는 즉시로 내
게 달려와서 나를 만났다. 그는 나에게 그 지방의 상황에 대해서 상세히
설명하였다. 그리고 알류트인들이 얼마나 가난한지, 그들에게 얼마나 많은
도움이 필요한지, 그리고 그들이 얼마나 많은 박해와 억압을 받고 있는지
에 대하여 말하였다. 그리고 나에게 그들을 보호해 달라고 요청하였다
(Oleksa 1987:48).

평소 기독교에 대한 그의 태도는 냉담하였다. 그도 기독교 뿌리를 가진
사람이었지만, 명목상 기독교인이어서 신앙을 자신의 삶에 적용하지는 않
고 있었다. 그는 자신을 자유사상가라고 불렀다. 이신론자(a deist)라고 부
르기도 하였다. 그는 정교회의 경건함과 거룩성을 인식하지 못한 사람이
었다. 그러나 헤르만과의 만남으로 그의 태도는 완전히 새롭게 변화하였
다. 그는 이렇게 적고 있다.

　헤르만 신부는 단번에 나의 반(反)기독교적인 성향을 눈치 채고는 나
의 태도를 고쳐보려고 하였다. 그러나 그건 쉽지 않았다. 정교회의 거룩성
을 충분히 증명해 보일 때까지는 나는 변하지 않을 것이라고 확신했다.
나에게 감동을 주려면 나를 설득할 수 있는 지식과 힘이 그에게 있어야
하고, 엄청난 노력을 기울여야 할 것이라고 믿었다. 그런데 놀랍게도 너무
단순하고 별로 배운 것도 없는 수도사 헤르만 신부가 하나님의 은혜에 사
로잡혀서 매우 조리 있으면서도 힘이 있고, 확신에 가득한 어조로 내가
요구하는 증거를 대었다. 이 세상에 학식 있는 그 어떤 사람도 그의 증거
를 반박할 수 없을 것 같았다. 사실 헤르만 신부는 천부적인 높은 지능을
가진 사람이었으며, 모든 일을 지극히 상식적으로 설명하는 능력을 지니
고 있었다. 그는 교회 교부들의 가르침을 깊이 이해하고 있었다. 무엇보다
놀라운 것은 그는 하나님의 은혜를 받은 사람이었다. …… 그와의 긴 대
화 그리고 그의 기도로 인하여 주님은 나를 완전히 바꾸어 놓았다. 나는

진정한 그리스도인이 되었다. 이렇게 된 것은 순전히 헤르만 신부 덕분이었다. 그는 나의 진정한 은인(恩人)이다(Oleksa 1987:49, 50).

헤르만은 다른 러시아인들에게도 이와 비슷한 감화를 주었다. 그는 자신을 단순히 알류트인들만을 위한 선교사라고 생각하지 않았다. 그는 '세례받은 이교도들'로 자처하는 러시아인 상인들과 관리들을 영적으로 돌보는 책임도 가지고 있다고 굳게 믿고 있었다.

한번은 25명의 장교들이 탄 프리깃함(소형 군함) 위에서 이와 비슷한 일이 발생하였다. 장교들은 훌륭한 교육을 받은 엘리트였다. 야놉스키는 이때 일어난 일을 다음과 같이 기록하고 있다.

높은 교육을 받은 엘리트들과 함께 테이블에 앉은 수도사는 작은 체구에 낡은 옷을 입고 있었다. 그런데 이 수도사가 그들에게 던진 질문에 대하여 아무도 대답을 하지 못했다. G 선장은 나에게 이렇게 말했다. "우리는 아무 대답도 할 수 없었고, 그 앞에서 우리는 마치 바보들 같았습니다." 그가 그들에게 던진 질문은 이런 것이었다.

"당신들이 가장 사랑하는 것, 가장 귀하게 여기는 것이 무엇입니까? 무엇이 당신을 가장 기쁘게 합니까?"

여러 가지 대답들이 나왔다. 어떤 이는 부자가 되는 것이라 하였고, 어떤 이는 명예, 어떤 이는 아름다운 부인을 얻는 것, 어떤 이는 화려한 여객선을 타고 여행하는 것이라 대답했다.

그때 그는 그들에게 이렇게 말했다.

"우리 주 예수 그리스도를 사랑하고 고귀하게 여기는 것보다 더 가치 있고 지혜롭고 훌륭한 일이 있을까요? 그는 궁창을 창조하신 분이고, 모든 것에 생명을 부여하시고 아름답게 만드시는 분이 아닙니까? 그런데 정말 그 무엇보다도 하나님을 사랑합니까? 그를 바라며 그를 의지합니까?"

그들 모두 대답했다.

"물론 우리는 하나님을 사랑합니다. 우리가 어찌 그를 사랑하지 않을 수 있겠습니까?"

이 말을 듣고서는 그가 한숨을 쉬었다. 그리고 눈물을 흘렸다. 그리고 다시 입을 열어 말하기를,

"가련한 죄인인 나는 지난 40년 이상을 하나님 사랑하는 법을 배우려고 노력해왔습니다. 그럼에도 불구하고 아직 나는 그를 올바르게 사랑하고 있다고 말할 수 없습니다. 우리가 누군가를 사랑한다면, 그에 대한 생각으로 충만합니다. 우리는 밤낮으로 어떻게 하면 그를 기쁘게 할까를 생각합니다. 그렇다면 신사 여러분, 우리는 정말 하나님을 사랑합니까? 정말 그를 의지하고 있습니까? 항상 그를 기억하며, 기도하며 그의 뜻을 이루어 드리기 위하여 신경을 쓰며, 성경말씀에 따라서 살려고 애쓰고 있습니까?"

그들은 그렇지 못하다고 인정했다.

"우리는 우리 자신의 행복과 유익을 위해서만 신경을 쓰고 살아왔습니다. 이제 맹세합시다. 이후로는 다른 그 어떤 것보다 하나님을 더 사랑하며 그의 가르침에 따라서 살겠다고……"(Oleksa 1987:51, 52)

헤르만의 삶과 가르침은 알류트인들에게 큰 영향을 주었을 뿐만 아니라, 러시아인들에게도 적지 않은 영향을 주었다. 사람들은 그의 거룩한 생활을 보았고, 그의 사랑을 경험하였고, 그의 가르침을 따랐다. 원주민들은 그를 그들의 스승, 그들의 보호자로 여겼고, 그를 그들의 "아바(할아버지)"처럼 존경하였다. 그러나 그를 향한 러시아인들의 감정은 뒤섞여 있었다. 야눕스키 같은 이들은 이 겸허한 노수도승이 자신의 영혼을 구하여 좁은 길을 걷게 하여 천국에 이르게 해주었다고 깊이 감사하였다. 하지만 다른 이들은 자신들의 이익에만 골몰한 나머지 그를 험담하고 그를 못살게 굴었다.

야놉스키가 러시아-아메리카 회사(Russia-America Company)를 관리하는 동안, 헤르만은 평화롭게 사역하며 살았다. 1821년 야놉스키가 러시아로 돌아간 다음에는 선교사들에 대한 새로운 박해가 일어나기 시작하였다. 회사 간부들뿐만 아니라, 타락한 성직자들까지 가세하여 헤르만이 방탕한 생활을 하고 있으며 음행을 하고 있다는 소문을 퍼뜨렸다.

어느 날 그들은 헤르만이 사는 오두막집을 급습하여 숨겨둔 보물을 찾는다고 샅샅이 뒤적였다. 물론 그의 집에는 보물이라곤 하나도 없었다. 그는 금욕생활을 하는 수도사였으며 그 생활이 지극히 단순하였다. 헤르만은 1823년 그의 선교사역에서 은퇴하고, 14년 후 임종할 때까지 스푸루스 섬에서 조용히 살았다. 거기서 그는 그의 기도생활과 거룩한 생활을 더욱 심화시켰다. 동시에 복음을 힘 있게 전파하였다. 1837년 12월 13일 헤르만은 주님의 품에 안겼다.

결 론

헤르만은 정교회 역사에 있어서 '수동적' 선교사역의 모델로서 최고의 모범이다. 그는 어떤 경우에도 권위와 권세를 주장하지 않았다. 그 자신은 수천 명의 개종자들에게 세례를 주지 않았다. 그 자신은 어떤 선교이론도 만들어내지 않았다. 그는 사제인 체도 하지 않았다. 그는 코디악 선교를 시작할 때부터 성직자의 영광은 땅에 내려놓고, 가난한 수도사의 모습으로 사역을 시작하였다. 하지만 이교도 땅에서 그는 거룩한 삶을 살았다. 그의 말과 행동과 가르침을 통하여 그리스도의 빛이 그들에게 비추이기를 소망하면서 살았다. 그러한 그의 모습을 원주민들이 보고 모방하려고 하였던 것이다.

마카리우스 글루하렙
(Michael Jakovlevich Glucharev: 1792~1847)

스티븐 닐에 따르면, 19세기는 정(正)교회(orthodox)가 경건과 자의식에 있어서 놀라울 만큼 각성한 시대였다. 특히 러시아의 정교회는 아마도 부분적으로는 서방의 정신적인 도전에 대한 응전의 태세를 취하면서 세계 속에서 자신의 특별한 새로운 사명감에 눈뜨게 된 것 같다.

정교회는 과거 200년 동안 가정상태 속에서 살았다. 이 표현은 조오지 플로르프스키(Florvsky)신부가 사용한 말이다. 로마가톨릭의 과도한 영향으로 현실적이고 주체적인 삶을 살지 못한 가정 상태(假晶狀態: Pseudo-morphosis)13)로부터 깨어나, 19세기에는 위대한 희랍 정교회 교부들의 신학과 희랍 정교회의 독특한 전례(輔)적 전통 속에서 자기 자신의 역사적

과거의 보물들을 재발견하기 시작했다. 모스크바의 필라레트(Philaret: 1772~1867. 1821년에 모스크바의 대감독이 됨)와 같은 고위 성직자들과 알렉세이 코미아코프(Alexei Khomiakov, 1804~1860)와 같은 신학적인 사상가들, 그리고 페도르 도스토예프스키(Fedor M. Dostoievsky, 1821~1881)와 같은 대문호들은 정교회 속에서 자신들의 영적 고향을 발견하고 그것을 새롭게 장엄한 높이로 쌓아 올리기 시작했다. 각 교파의 역사가 보여주듯이, 경건주의 운동(영적 각성운동)과 선교운동의 부흥 사이에는 밀접한 관계가 있는데,[14] 정교회 세계도 마찬가지이다. 정교회 영적 각성은 선교사역의 활성화와 헌신적인 선교사들의 모습 속에서 구체적으로 나타났다.[15] 그 첫 번째 예가 글루하렙이다.

그는 헤즈키스트 헤르만과 동시대 러시아인 선교사로서 알래스카에서 18년 동안 선교사역을 하였다. 그는 1792년(윌리엄 캐리가 런던선교회를 조직하던 해)에 태어났다. 그는 스몰렌스크 '비아즈마'라고 하는 마을에서 미하일이라는 세례명을 받았다. 그의 아버지가 시골교회 사제라고 하는 사실 이외에는 그의 유년시절에 관하여 알려진 바가 거의 없다. 시간이 지남에 따라 그도 아버지의 길을 걸어갔다. 스몰렌스크 신학교에 입학하여 우수한 성적으로 졸업하였다. 장학금을 받아서 피터스버그 신학대학원

---

13) R. Rouse and S. C. Neil(ed), *A History of the Ecumenical Movement. 1517~1948*(1954), pp.183-6을 보라.

14) 유럽대륙의 교회가 선교운동을 적극적으로 지원하기 시작한 것은 경건주의 운동이 일어나면서 본격적으로 시작되었다. 성령운동은 항상 신비적이다. 성령운동으로 진행되는 경건주의운동은 항상 선교운동으로 구체화된다. Stephen Neill, *A History of Christian Missions*(1979), 『기독교 선교사』, 홍치모 오만규 역,(성광문화사, 1995), 285-300. 참고. 고경선, 〈경건주의 운동의 선교전략에 대한 역사적 연구〉, 장신대 세계선교대학원 석사논문, 1998. 김성태, 〈경건주의 선교운동〉, 『미션 월드』, 1993. 1-2. 62-63.

15) Stephen Neill, *A History of Christian Missions*(1979), 『기독교 선교사』, 홍치모 오만규 역(성광문화사, 1995), p.551.

에 입학하여 유명한 필라렛 드로드도프 수하에서 공부하였다. 필라렛은 이후에 모스크바의 대주교가 되었고, 19세기 러시아 영적갱신운동의 지도자가 되었다. 글루하렙은 학교생활에서 돋보이는 학생이었다. 특별히 언어학 분야에서 두각을 나타내었다. 1817년 25살에 나이로 졸업하자마자, 그는 에카쩨리노슬로프 신학교 교회사와 독일어 교수가 되었다.

학문분야에서 미래가 촉망되는 성직자로서 미래의 감독이 될 수 있는 그가 에카쩨리나 신학교에서 어느 수도사그룹을 만난 것이 그의 삶의 흐름을 완전히 바꾸어 놓았다. 페이시 벨리초프스키(Paissy Velitchkovsky, 1722~1794)의 제자들인 그 수도사들이 이 젊은 학자에게 헤즈키즘의 세계를 소개한 것이 그의 삶의 방향을 완전히 바꾸어 놓았다. 이런 일이 있기 이전에 글루하렙은 로마가톨릭과 프로테스탄트 전승을 따르는 수많은 경건서적들을 읽는 가운데 많은 영향을 받고 있었다. 한때 그는 퀘이커 교도들과 기도하는 가운데 교회지도자들을 비판하기도 했고, 모스크바에 에큐메니칼 예배를 위한 센터를 세울 계획을 수립하기도 하였다(Struve 1965:309). 그러나 헤즈키스트 수도사들과의 만남으로 그 자신이 속한 정교회의 전승과 영적인 유산을 감사하는 마음으로 다시 더 깊이 살펴보는 계기를 얻었다.

1819년 글루하렙은 에카쩨리나에 있는 수도사 형제단에 들어갔다. 거기서 마카리우스라는 이름을 받았다. 수도사로서 그의 학문연구를 계속하는 동시에, 약관 29세의 나이에 코스트로마(Kostroma)신학교 학장이 되었다. 그러나 그리스도와 더욱 친밀한 교제를 갈망했던 그는 신학교를 사임하고 1821년 키예프에 있는 한 수도원에 들어갔다. 그러나 그 수도원은 도시 한가운데 있었기 때문에 그가 기대했던 한적한 고요함(헤즈키아)을 얻을 수 없었다. 거기서 나와 당시 러시아 헤즈키즘의 센터라고 알려진 글린스크(Glinsk)사막으로 들어갔다. 4년 동안 홀로 지내면서, 기도하면서 성경을 읽으면서 동서양 교부들의 금욕적 삶을 살다간 수도사들, 교부들의 가르침을 번역하였다. 마카리우스는 이러한 배경 가운데서 선교사로서의 소명을 받았다.

선교사로의 부름

1828년 신성종무원은 러시아제국 국경 지역들에서 사역할 선교사지망생들을 찾고 있었다. 당시 러시아제국 국경 지역에 살고 있던 러시아인들 중에 정교회를 떠나는(배교하는) 수많은 러시아인들로 인하여 러시아정교회는 신경을 쓰고 있었다. 개종자들이 다시 토속신앙으로 돌아가는 주된 이유는 17, 18세기 선교사들의 잘못된 선교방식 때문이었다. 선교사들은 정교회를 믿으면 많은 국가적인 혜택을 준다고 약속함으로써 그리스도에 대한 충성보다 국가에 대한 충성을 더 돋보이게 하였던 것이다. 신성종무원은 이런 문제들을 시정해야 할 필요성을 느끼고 있었다.

마카리우스는 그러한 중대한 사역에 준비가 부족함을 잘 알고 있었지만, 시베리아 알타이 산악 지역에서 사역하는 선교사들을 위하여 수고해 달라는 토볼스트(Tobolsk)의 대주교의 요청을 받아들였다. 토볼스크는 표트르 대제가 18세기에 시베리아 개척과 개발을 위하여 전략적으로 세운 요새 도시였으며, 여기에 새로운 주교구를 세우고, 시베리아 선교를 주도하게 하였다.

마카리가 도착한 알타이는 눈 덮인 고지대 산맥이었다. 지금의 바이칼 호수와 카자흐스탄 북쪽 국경 지역에 위치한 알타이 지역은 지형적으로 선교하기 어려운 곳이었다. 평균 8,000피트에서 1만 피트에 이르는 높이의 길 없는 능선들, 캄캄한 호수들과 평지가 거의 없는 골짜기들, 무더운 여름과 말할 수 없이 추운 겨울은 생존하기조차 어려웠다. 그가 일한 이 지역은 한없이 쓸쓸한 지방이었다. 그러나 고요함을 좋아하고 헤즈키스트로서 수도생활을 하는 데 익숙한 마카리는 거기서 평생을 보냈다. 그의 헌신으로 그는 그 지역의 칼묵크(Kalmucks)족을 위한 사도가 되었다.

마카리는 이전의 선교 역사를 너무나 잘 알고 있었기 때문에 그때까지 시행된 선교방식들을 단호히 반대하였다. 그는 기독교에 귀의한 자가 장기간의 세례 공부 기간을 거쳐 그 기간 안에 자국어(自國語)로 기독교의 교훈을 배운 다음에 세례를 주려고 하였다. 그리고 그는 동료들에게 세례는 개심의 과정의 시작에 불과할 뿐 결코 끝이 아니라는 점을 강조하였다. 개심자들로 하여금 참된 그리스도인의 생활을 하도록 도와주기 위하여 가능한 한 모든

**알타이지역 고원지대에서
주술을 행하는 여인**

방법을 이용해야 한다고 강조했다. 좀더 안정된 생활양식을 장려하며 농업과 정원 가꾸는 기술을 가르치고 시골에서 사용할 수 있는 수공업의 기술들을 보급하였다. 마카리가 어떤 형태의 대중운동도 일으키지 않았다는 것은 이러한 원칙들의 결과였다. 그가 14년 동안에 세례를 준 사람은 675명에 불과하다. 그러나 그가 과로와 그의 궁벽한 선교지에 대한 염려로 완전히 몸이 쇠약해진 나머지 50세의 나이로 자신의 직무를 포기하고 수도원으로 은퇴했을 때, 그는 그곳에 하나의 교회와 3개의 학교와 하나의 병원과 그리고 여러 개의 기독교인 촌락을 두고 떠날 수 있었다. 이보다 더 중요한 사실은 러시아 정교회 선교의 발전을 위하여 선교학적 이론을 만들었다는 사실이다.

마카리가 교회에 남긴 유산의 하나는 「러시아 제국에 거주하고 있는 이

슬람교도, 유대교도, 이교도들에게 성공적으로 신앙을 전파시키기 위하여 사용할 수 있는 방법들에 대한 고찰」(Thoughts on the Methods to be followed for a successful Dissemination of the Faith among Mohammedans, Jews, and Pagans in the Russian Empire)이라는 제목의 책이었다.[16] 마카리의 관심은 전체 러시아 국민들로 하여금 하나님이 부과한 선교적 책임에 관심을 갖도록 하는 것이었다. 그러나 국민들의 깊은 영적인 각성이 일어나지 않는 한, 이 일은 불가능한 일이었다.[17]

이를 위한 유일한 방법은 온전한 신구약 성경을 보급시키는 것이었다(마카리 자신이 러시아어로 성경을 번역하였다). 오직 성경을 통해서만이 필요한 영적 능력을 얻을 수 있는 것이다. 그리고 성경에 대한 올바른 이해는 어느 정도의 문예적 교양을 전제하고 있었기 때문에 대규모의 국민 교육이 발전되지 않으면 안 되는 것이다. 마카리가 집필하고 있을 당시의 교회 지도자들은 18세기의 경직된 보수주의에서 벗어나지를 못하여 마카리가 말하고 기록한 대부분의 이야기는 마치 소귀에 경 읽는 격이 되고 말았으며 훨씬 후대에 와서야 정교회 역사에 있어서 그의 사업이 뜻하는 바 의미심장함이 평가되었다.[18]

---

16) 이것은 윌리엄 캐리가 1792년에 출판한 소책자, "그리스도인들의 (선교적) 의무에 대한 고찰: 이교도들을 개종시키기 위하여 사용해야 할 모든 수단들과 관련하여"(An Enquiry into the Obligations of Christians to use means for the conversion of the heathen)과 비길 만한 자료이다.

17) 마카리의 이러한 염원은 이후 알래스카의 사도 이노켄티 베니아미노프에 의하여 전승 발전되었으며, 1870년 이노켄티에 의하여 마침내 '러시아정교회 선교회'가 조직됨으로 그의 꿈이 이루어졌다.

18) Stephen Neill, *A History of Christian Missions*(1979), 『기독교 선교사』, 홍치모 오만규 역(성광문화사, 1995), p.553.

제7장

아메리카의 사도,
이노센트 베니아미노프(1797~1878)

요한 베니아미노프 신부로도 알려져 있는 대주교(Metropolitan) 이노센트는 아마도 러시아정교회의 가장 위대한 선교사일 것이다. 동시에 모든 교파를 초월하여 기독교 세계의 이상적이고 모범적인 선교사들 중의 한 사람일 것이다. 19세기에 이노센트의 삶과 사역은 러시아정교회의 성장하는 선교사역에 지속적인 영향을 끼쳤다. 1823년 그가 알래스카를 향하여 출발하여 1868년 모스크바 대주교직에 오를 때까지 이노센트는 교회의 선교적 사명을 일깨우고, 선교의 적절한 방향과 방식들을 형성하는 데 지대한 영향을 끼쳤다.

역사적인 배경

19세기에는 러시아정교회가 교회 생활의 모든 측면들을 새롭게 하는 영적인 도전들을 경험하였다. 수많은 "영적인 장로들"(깊은 깨달음과 거룩한 생활습관을 지닌 수도승)로부터 영감을 받아서, 교회의 신실한 성도들

과 지도자들이 정교회 신앙과 전승의 온전한 측면들을 재발견하고, 그것
들을 다른 사람들과 나누고 싶은 거룩한 열망을 느꼈다.

선교의 첫 발걸음은 동시베리아에서 시작되었다. 이것은 러시아정교회
로서는 자연스러운 발걸음이었다. 동시베리아는 러시아 모험가들과 상인
들에 의하여 오래전에 탐험이 이루어지고 있었기 때문이다. 그들은 러시
아 제국과 복음선교의 이름으로 여행을 하였다. 처음에는 여행이 간단하
게 보였지만, 동시베리아를 지나 알래스카에까지 이르게 되자, 수많은 어
려움을 경험하게 되었다. 탐험가들과 상인들이 복음선교는 자신들이 감당
할 수 없는 일임을 깨닫고 정교회 성직자들에게 도움을 요청하였다. 정교
회는 수도승 선교사들을 새로운 땅으로 파송하였다. 선교사들의 임무는
두 가지였다. 하나는 러시아인들을 감독하는 일이었다. 당시 러시아인들은
가끔 원주민들을 비인간적으로 대하는 경우가 있었다. 두 번째 사명은 이
교도들을 개종시키고, 개화시키는 사명이었다. 1794년 10명의 수도승이 알
래스카에 도착하여 선교사역을 시작하였다. 불행하게도 그들 중 일부만
거친 땅에서 생존하였고, 나머지는 목숨을 잃었다. 30년이 지난 다음, 선
배 선교사들을 대신하여 이곳으로 오겠다는 선교사들이 거의 없었다.

그 당시 복음을 땅 끝까지 전해야 한다는 선교적인 호소는 정교회 신도
들의 관심을 끌지 못하고 있었다. 한 역사가가 기록하길, "알래스카에서의
선교사역은 자원해야 가능한 일이었기 때문에 교회가 그 어려운 일을 위
하여 자원자를 찾아내기란 여간 어려운 일이 아니었다"(Smith 1980:12).
이르쿠츠의 주교가 그의 교구 성직자들 중에서 자원자가 없느냐고 물었으
나, 아무도 응답하지 않았다. 자원자를 찾기가 거의 불가능하게 보였다.
"그러자 사도행전에 기록된 것처럼, 수많은 후보를 정해놓고 맛디아를 제
비뽑아 정한 것처럼 그렇게 파송자를 정하기로 하였다. 그러나 뽑힌 부제

는 차라리 벌금을 물든지, 군대 하사관으로 갈지언정 절대로 가지 않겠다고 하는 바람에 무산되고 말았다"(Grigorieff 1977:19).

선교사역에로의 부름

베니아미노프가 신학교를 졸업할 때, 알래스카 선교상황이 이러하였다. 그는 신학교의 수석학생이었으므로 모스크바 신학대학원에 가서 계속 공부할 수 있는 자격이 부여되었다. 그러나 그는 시골교회 사제의 딸과 결혼하여 조그만 도시 성당 사제로서 사역하는 편을 선택하였다. 젊은 남편으로서 그리고 안락한 도시의 성당 주임신부로서 요한 신부는 선교사가 되어 달라는 요청을 받아들이지 않았다. 훗날 그는 어느 잡지에 그때 일을 회고하며 이런 글을 남겼다.

> 아메리카에 관한 이야기들을 하여도, 아니면 알뤼트인들에 관한 이야기들을 하여도, 나이 많은 러시아 모험가가 나로 하여금 언알래스카에 가보라고 설득하여도, 나는 귀를 막고 듣지를 않았다. 나는 속으로 왜 내가 거기에 가야 한단 말인가? 나는 가정을 가지고 있고, 사랑하는 교우들이 있고, 교회의 존경을 받고 있으며, 꽤나 많은 사례금을 받고 있는데, 언알래스카에 가라고? 거기 가면 누가 이만한 사례금을 나에게 줄 것인가?(Garrett 19179:34)

이러한 부정적인 태도에도 불구하고, 요한 신부는 성령의 인도하심에 대해서는 항상 개방적인 자세를 취하고 있었다. 어느 날 나이 많은 러시아 모험가로부터 알뤼트(Aleut)원주민들이 하나님의 말씀을 얼마나 듣고 싶어 하는지에 관하여 말해주었다. 그때 그는 마음의 변화를 느꼈다. 이후에 그는 그때 심경을 이렇게 적고 있다.

"주님의 이름을 찬미하라! 나는 그런 사람들에게로 가고 싶은 열망으로 불타기 시작하였습니다. 나는 하루 빨리 나의 소원을 주교님에게 알려서 허락받고 싶었습니다. 그 열망이 얼마나 강했는지, 조급한 마음을 가누지 못하여 안절부절하던 때를 지금도 생생하게 기억합니다"(Garrett 1979:34).

자신의 마음이 이렇게 변할 줄은 자기 자신도 상상하지 못한 일이었다. 요한 신부는 모든 영광을 하나님께 돌리며 다음과 같은 글을 남겼다.

내 자신의 예를 통하여 주님이 사람을 인도하신다는 진리가 다시 한번 새롭게 증거되었습니다. 그리고 교회의 종들은 주님의 손 안에 있는 주님의 도구라는 사실을 증거해 주었습니다. 나의 반대에도 불구하고, 주님은 아메리카 선교 현장에 나를 불러 쓰시려고 나를 인도하고 계셨습니다 (Garrett 1979:36).

요한 신부의 이러한 태도, 즉 성령의 인도하심에 자신을 열어두고, 그 인도하심에 겸손히 순종하는 태도는 45년간의 선교사역 과정 내내 지속되었다. 마침내 1870년에는 러시아정교회 선교회(Russian Orthodox Mission Society)를 창립함으로써 그의 선교사역은 절정에 달하였다.

알뤼트인들을 위한 선교사역

1823년 5월 7일 요한 신부와 그의 가족(아내, 어린 아들, 어머니, 그리고 남동생)이 고향을 떠나 2200마일 시베리아 횡단을 시작하였다. 동쪽 끝 태평양 해안에 위치한 알뤼시안 군도에 도착하여 새로운 보금자리를 꾸몄다. 그곳에 도착하여 요한 신부가 맨 먼저 행한 일은 하나님께 감사 미사를 드린 일이었다. 이 순간은 정말 감격스럽고 역사적인 시간이었다. 그는 그의 일기장에 다음과 같이 적고 있다. "그리스도 탄생 이후, 아니

하나님이 이 세계를 창조하신 이후 처음으로 이 땅에서 성찬식이 베풀어
졌도다!"(Garrett 1979:49).

사역을 시작하면서, 그는 마음속에 다음 세 가지 목표를 정하였다. 첫
째, 인근 지역 모든 주민들을 방문한다. 둘째, 모든 주민들이 하나님의 말
씀을 들을 수 있는 선교 센터를 마련한다. 셋째, 설교할 수 있을 정도로
원주민 언어를 배운다(Garrett 1979:51).

10년이 넘게 요한 신부와 그의 가족은 새로운 땅에 정착하여 Fox-
Aleut 부족들을 섬겼다. 정교회 전승에 충실한 그는 원주민 언어를 완전
히 습득한 다음 문자 개발에 주력하였다. 그 다음 성경 중 일부를 번역하
였다. 그리고 원주민 언어로 성례전을 집례하였다. 요한 신부는 그의 주교
에게 다음과 같은 편지를 보냈다.

> 처음 3년 동안 나는 여기에 머물면서 나의 가장 중요한 일은 나에게
> 위탁된 하나님의 양떼들에게 하나님의 말씀을 가르치는 일이라고 생각했
> 습니다. 그래서 나는 이 일을 잘하기 위하여 최선을 다했습니다. 하지만
> 알뤼트인들은 서로 멀리 떨어져 흩어져 살고 있었습니다. 그래서 나는 번
> 역하는 일을 시작하였습니다. 알뤼트인들이 듣고 읽을 수 있는 방법들을
> 개발해서 그들이 무엇을 믿어야 하며 구원을 위하여 해야 할 일이 무엇인
> 가를 깨우쳐 주는 것이 나의 의무라고 생각하였습니다(Garrett 1979:74).

요한 신부는 1200개 단어로 된 '알뤼트-러시아어 사전'을 만들었다. 그
리고 폭스-알뤼트어에 관한 문법책도 만들었다. 그리고 "하나님 나라에
들어가는 길에 관한 가르침"이라는 제목의 소책자와 교리문답서도 만들었
다. 이 소책자에서 요한 신부는 정교회 신앙의 기본 줄거리에 대하여 아
주 간단하게 소개하였다. 그리고 다른 글에서는 성경을 알고 성경을 공부

하는 것이 얼마나 중요한 것인지를 강조하였다.

> 우리 정교회 신앙의 기초가 되는 성경을 열심히 공부하십시오. 예수 그
> 리스도의 이름으로 세례를 받고서도 신앙의 기초가 되는 그리스도의 말씀
> 에 귀를 기울이지 않는 사람들이 많습니다. 성경을 열심히 읽지 않는 사람
> 은 자신의 신성한 의무를 소홀히 하는 것이며, 그 사람은 마지막 날 심판
> 을 받을 것입니다. 성경의 가르침은 무조건적으로 받아들이고, 무조건적으
> 로 믿으십시오. 의심하거나 너무 깊이 생각하지 마십시오. 그리고 성령이
> 여러분 마음속에 주시는 감동을 소중히 여기고, 성령의 인도하심에 순종하
> 십시오. 만일 이러한 열심과 순종이 부족하다고 느낀다면, 지금 무릎을 꿇고
> 주님께 그러한 열심과 열정을 달라고 기도하십시오(Oleska 1987:90-91).

소책자가 아주 훌륭하게 만들어져서 신성종무원은 그것을 러시아어, 슬
라브어로 출판하여 47판에 이르기까지 출판하였다. 이 책자는 신앙적인
헌신을 불러일으키는 데 일조하였고, 신자들의 선교적인 사명을 자각시키
는 데 기여를 하였으며, 결과적으로 요한은 훌륭한 신학자로서의 명성을
얻게 되었다.

요한 신부는 알뤼트인들의 문화를 존중하였다. 그러한 존중의 태도가
여러 곳에서 분명하게 나타났다. 그는 가능한 그들의 고유문화를 그대로
보존하려고 노력했다. 단지 정교회 신앙과 도무지 병존 불가능하겠다고
판단되는 부분만 거부하였다. 이렇게 함으로써 알뤼트인들이 새로운 신앙
을 자신들의 신앙으로 만들어 나가도록 유도하였다. 예를 들면, 정교회 신
앙과 그들 자신의 전통적인 풍습과 모순이 생길 때, 요한 신부는 그들의
전통을 곧바로 비판하지 않았다. 대신, 교육을 통하여 점진적으로 스스로
깨우치도록 유도하였다. 이런 방법으로 원주민들 사이에서 변화가 일어났
다. 외국인 선생님이 강제로 변화시키는 것이 아니라, 그들 스스로 자각하
여 변화하는 모습을 보여주었다.

알뤼트인들을 위하여 10년 동난 사역한 이후, 요한 신부는 선교부를 밴쿠버 군도에서 가장 큰 섬 Sitka로 옮겼다. 그의 선교사역은 분명히 성공적이었다. 그의 광대한 교구에 거주하는 모든 주민들이 기독교인이 되었다는 사실이 이것을 증명한다(Grigorieff 1977:22).

틀링기트인들을 위한 선교사역

1834년 식타섬으로 선교지를 옮긴 다음, 요한 신부는 호전적인 틀링기트(Thlingit) 인디언들 사이에서 선교사역을 새롭게 시작하였다. 그의 새로운 선교사역의 주요 목표들 중의 첫 번째는 원주민 언어를 배워서 문자를 만들고, 그 문자로 성경을 번역하고 성례전을 집행하는 것이었다. 이러한 선교방식은 그의 일평생 선교사역 방식이었다. 그가 나중에 주교가 된 다음, 그의 후배 선교사들을 가르칠 때에도 가능한 그 현지 언어를 빨리 배우라고 권면하였다. 원주민 언어를 배워서 성경의 일부분이라도 빨리 번역해 보고, 그 다음 그 언어를 읽을 수 있는 50명을 만들어서 그들을 가르쳐서 복음을 전파하게 하라고 가르쳤다(Grigorieff 1977:30).

요한 신부가 원주민들과 함께 놀라운 선교적 진보를 이루었을 때, 그는 자신의 한계성도 느꼈다. 그리하여 하나님의 도우심과 인도하심을 더욱 의지하게 되었다. 이러한 마음가짐은 틀링기트 부족민들 사이에서 사역할 때, 더욱 강해졌다.

알래스카 인디언 샤만 주술행위 모습
(1907년 촬영)

아주 거칠고 호전적이고 독립적인 이 부족민들 사이에서 수년 동안 함께 생활한 끝에 요한 신부는 그들의 언어를 배웠고, 그들의 신앙과 풍습과 전통을 이해하였다. 그는 그들의 깊은 영적인 갈증을 보았다. 그리고 그들의 대부분의 삶이 샤만, 즉 여자 무당과 주술사들 밑에 있다는 사실을 발견하고 안타까웠다. 사실 틀링기트인들은 복음에 대하여 무관심하였다. 러시아 상인들과 탐험가들의 무정한 행동들이 이들의 마음을 더욱 폐쇄적으로 만들었다. 그들은 스스로 러시아인들로부터 배울 것이나 받아들일 것은 아무것도 없다고 생각하였다. 요한 신부는 이렇게 기록하고 있다.

> "이러한 상황과 다른 상황들이 복합적으로 작용하여 틀링기트인들의 마음을 더욱 닫아버리게 하였습니다. …… 복음전파를 방해하는 장애물들은 수없이 많았고, 인간의 힘으로 그것들을 제거하기란 불가능하였습니다. 그런데 하나님의 섭리로 천연두가 복음전파의 새로운 길을 열어주었습니다"(Oleska 1987:350)

전염병 천연두가 퍼져나감에 따라서 불과 두 달 만에 부족민의 절반이 죽었다. 원주민들이 의지하는 유일한 치료 방법은 샤만을 찾아가는 것이었다. 그러나 샤만이 도와줄 수 있는 방법이 없었다. 이런 상황 가운데서 틀링기트인들은 천연두가 러시아인들에게는 아무런 해를 주지 않는다는 사실을 발견했다. 마침내 러시아 의사가 원하는 사람들에게 백신 주사를 놓아줄 것을 허락하였다.

> "마침내 여러 마을에서 인디언들이 백신 주사를 맞기 위하여 러시아인에게로 왔습니다. 3개월 전만 해도 어느 누구도 러시아인에게 다가오지 않았습니다. 백신 주사를 맞으라고 하여도 귀를 기울이지 않았습니다"(Oleska 1987:351).

라고 요한 신부는 기록하였다.[19)

이러한 상황 전개로 인하여, 복음선교의 문이 열리기 시작하였다. 요한 신부는 이렇게 적고 있다.

> 틀링기트 역사에 있어서 얼마나 감격스럽고 중요한 사건인지 모릅니다. 제가 호전적인 그들을 위하여 예배를 집례한 일이. 아무리 뛰어난 웅변술과 강력한 방법으로 복음을 전하여도 그들은 듣지 않았습니다. 그런데 지금 그들이 나를 영접하며 복음을 듣고 있습니다. 그들을 해하는 적이 아니라, 뛰어난 지식을 지닌 스승으로서 나를 받아들이며 나의 설교를 듣고 있습니다. 존경하는 마음으로 이해가 되지 않는 부분이 있더라도 인내심을 가지고 나의 말을 듣고, 그 다음 자신들의 전통과 관습 그리고 신앙에 대하여 설명해 줍니다(Oleska 1987:352).

요한 신부의 타이밍은 완벽했다. 전염병이 퍼져나가기 며칠 전, 틀링기트 마을들을 순회하며 복음을 전할 계획을 세워놓았다. 그러나 하나님의 섭리로 순회 방문하는 일이 지연되었다. 그는 이렇게 기록하고 있다.

> 내가 만일 천연두가 퍼져나가기 전에 나의 일을 시작하였다면, 원주민들이 전부 나를 비난했을 것입니다. 외국인이 우리 마을에 들어왔기 때문에 이런 병이 생겼다고 말했을 것입니다. 특별히 샤만이 앞장서서 러시아인들을 죽이거나 쫓아버려야 한다고 선동하기 좋은 구실을 만들었을 것입니다(Oleska 1987:352).

그러나 하나님의 강한 손이 우리를 지켜주시고, 인도해 주셨다. 요한이 그들을 방문했을 때 환영하였고, 요한이 전하는 메시지를 경청하였다. 복음이 그들의 마음속 깊숙이 들어가서 그들의 생각과 습관을 바꾸어 놓기

---

19) 이에 회당장인 야이로라 하는 사람이 와서 예수의 발 아래에 엎드려 자기 집에 오시기를 간구하니(눅 8:41). 회당장의 어린 딸이 죽음에 처하는 일이 없었다면, 이렇게 예수님을 찾아왔을까? 이것을 생각하고 보면, 선교와 목회는 하나님이 하신다는 것을 느낀다.

까지는 몇 년이 더 걸렸지만, 천연두 사건은 요한과 그의 동료 선교사들에게 새로운 전환점을 마련해 주었다.

러시아로 돌아옴

1839년, 북아메리카에서 16년 동안 사역한 후, 요한 신부는 러시아로 돌아가야 하겠다는 생각을 가졌다. 돌아가서 모스크바에 있는 교회 고위 성직자들에게 그의 선교사역의 열매와 중요성에 대하여 설명해 주어야 하겠다는 생각이 강하게 들었다. 뻬쩨르부르그에 도착하자마자 그는 대환영을 받았다. 그 광대한 시베리아 광야에서 성공적인 모험을 영웅적으로 마치고 돌아온 그를 보고 싶어 하는 사람들이 많았다. 제국의 수도에서 이러한 환영과 갈채를 받고 있을 때, 그의 부인이 이르쿠츠에서 죽었다는 슬픈 소식이 들려왔다. 며칠 동안 슬픔 가운데서 보낸 그는 고아가 되어버린 자녀들을 염려하며 즉시 자녀들에게로 돌아가야 할 것인지를 고민하였다. 힘겨운 기도와 묵상 끝에 먼저 여기서 교회 고위 성직자들과 몇 가지 문제를 의논하여 일을 마저 끝마치고 돌아갈 계획을 세웠다. 이 당시 모스크바 대주교는 필라렛(Filaret, 1772~1867)이었는데, 그가 아는 왕실 사람들과 정부 고위 관리들을 설득하여 요한 신부의 자녀들의 후견인이 되도록 하였다. 덕분에 요한의 자녀들이 뻬쩨르부르그에 있는 기숙사 학교에 들어갈 수가 있었다.

이렇게 자녀문제가 해결되자, 대주교 필라렛은 요한 신부를 설득하여 수도사 서원을 하도록 설득하여 감독직위에 오를 수 있는 길을 마련해 주었다. 감독이 된 요한은 이노센트(Innocent)라는 새로운 이름을 얻었으며, 캄차카 반도, 쿠릴 열도와 알류산 열도 지역에 교구를 새롭게 설립하여 관리하는 일을 맡았다. 그는 러시아 동부 시베리아와 알래스카 지역의 첫 선교사 주교가 되었다. 이제 이노센트는 선교사역의 제2기를 맞이하였다.

주교 선교사

1841년 그는 그의 새로운 교구로 돌아가서 원주민들 사이에서 열정적으로 사역을 하였다. 주교로서 그가 마음에 품은 첫 번째 목표는 그의 교구 전 지역을 다 둘러보는 일이었다. 그는 14개월에 걸쳐서 쉬지 않고 14,850마일을 여행하였다. 때로는 배를 타고, 카약을 타고, 개썰매를 타고, 그리고 도보로 그의 교구를 돌아보았다. 이 여행은 엄청나게 힘든 일이었으며, 위험스러운 일이었다. 곳곳에 늑대들이 있었고, 날씨는 변덕스러웠다. 늑대들의 장난으로 여러 번 죽을 고비를 넘기기도 하였다. 그러나 이러한 여행을 통하여 그는 선교사로서 처음 가졌던 열정을 회복할 수 있었다. 어떤 때는 바다를 건너 교구민들을 찾아가기 위하여 15시간 동안 혼자서 카약을 타고 노를 저었다.

이노센트는 그 자신과 그의 동료 선교사들을 위하여 감독 직무를 시작할 때부터 다음과 같은 목표를 세웠다. 그는 다음과 같은 우선순위를 세웠다:

1) 새로 개종한 양 떼들의 믿음이 견고하지 못하다는 사실을 자각하고 양 떼의 믿음을 견고하게 만들어 줄 것.
2) 믿음의 길에서 벗어나 있는 양 떼들을 찾아가 돌이킬 것(예컨대 샤

만에게로 다시 돌아간 자들, 하나님을 두려워하지 않고 자기 마음대
로 사는 자들).
3) 아직 이교도 신앙이라는 어둠 속에 살고 있는 길 잃은 사람들에게
복음의 빛을 전할 것(Garrett 1979:189).

이러한 목표들을 달성하기 위하여, 이노센트는 사제들과 평신도들 모두
에게 목회서신을 보냈다. 그는 평신도들의 역할을 중요하게 생각하여 사
제가 없는 경우 세례식을 대신 거행할 수 있는 훈련을 시켰다(나중에 사
제가 그런 마을을 찾아갈 일이 생기면, 세례식 축복 기도를 해주고 입교
식을 거행하도록 하였다). 그리고 사제들과 함께 있을 경우에는 그러한
남자 여자 평신도들이 매 주일 미사 시간에 성경을 낭독하는 역할을 수행
하도록 훈련하였다. 사제에게는 사제의 교육적인 사명과 설교의 사명을
강조하였다.

> 하나님의 말씀을 가르치라고 안수받은 성직자가 말씀을 전하지 않는다
> 면, 저주를 받을 것입니다. …… 우리는 목회자이며, 교사입니다. 옛날 사
> 도들처럼 우리는 이 거룩한 임무를 위하여 부름을 받았습니다. 만일 이
> 일을 힘써 하지 않는다면, 우리는 주술을 행하고 제만 드리는 이교도 제
> 사장과 다를 바가 없습니다(Grigorieff 1977:29-30).

또한 그는 사람들의 수준에 맞추어서 교육해야 할 필요성을 강조했고,
단순하고 명료하게 설교하고 가르쳐야 함을 강조하였다.

> 종교적인 진리들을 설명할 때에는 알아듣기 쉽게 분명하게 그리고 논
> 리적으로 이해할 수 있도록 말해야 합니다. 그렇게 하지 않으면, 아무런
> 효과가 없습니다. 예수 그리스도의 모든 가르침은 회개하라, 주님을 신뢰
> 하라, 이타적인 사랑을 하라, 순결한 마음으로 하나님을 사랑하라, 모든
> 사람을 사랑하라는 것이었습니다(Grigorieff 1977:30).

주교로서의 첫 번째 10년이 끝났을 때, 이노센트는 뻬쩨르부르그에 있는 신성종무원으로 돌아와서 선교보고를 하였다. 60개 이상의 교회와 예배 처소를 세웠으며, 캄차카 반도, 쿠릴 열도와 알류산 열도에는 23,100명 이상의 기독교인이 있다고 보고하였다. 이런 보고와 함께 가장 놀라운 보고는 원주민 사제들을 훈련하기 위하여 지역 신학교를 세웠다는 보고였다 (Grigorieff 1977:33, 34).

다음 17년 동안, 이노센트는 동부 시베리아 지역에 새로운 교구 3개를 더 세웠다. 그의 관할 감독 교구는 더 넓어졌다. 1867년 알래스카가 미국에 팔리자, 이노센트는 아메리카에서의 정교회 선교가 앞으로 어떻게 될 것인지 예언자적인 관점에서 이런 말을 남겼다.

동시베리아 설원에 세워진 작은 예배당

나는 이 사건으로 인하여 하나님의 섭리를 봅니다. 우리의 정교회 신앙이 미국 안에서 어떻게 전파될 것인지를 생각합니다. 이런 일을 예측하며, 할 수만 있다면, 영어를 아는 주교를 아메리카에 따로 세울 것을 제안합니다. 그리고 그 주교를 돕는 참모진들도 영어를 할 수 있는 사람들로 세워야 합니다. 그게 어렵다면, 정교회 신앙을 가지게 된 미국 시민을 훈련시켜 사제로 세워야 합니다. 그래서 영어를 아는 주교와 사제들이 영어로 정교회 미사를 드리고, 성인들의 축일을 축하할 수 있도록 해야 합니다. 이런 일을 앞두고 성경과 예식서들과 기도서들을 빨리 영어로 번역해야 합니다(Grigorieff 1977:35).

이렇게 이노센트는 항상 타 문화권의 원주민들에게 선교적인 관심과 존경심을 가지고 있었다. 그는 항상 새로운 환경을 적극적으로 고려하여 정교회 신앙을 전파하려는 마음을 지니고 있었다.

러시아정교회 선교회
(The Missionary Society of the Russian Orthodox Church)

1868년, 주교 선교사로서 27년, 선교 현지에서 45년을 보낸 이노센트는 모스크바 대주교로 승품되기 위하여 본국으로 돌아왔다. 모스크바 대주교는 성직자세계에서는 가장 명예롭고 높은 직위였다. 교회의 수장이 된 그는 평소 꿈꾸던 "러시아정교회 선교회"를 창립하였다.[20] 이 선교회를 통하여 모든 선교사역을 지원하고 지도하는 것이 그의 생각이었다. 그는 선교회 초대의장 취임연설에서 이런 말을 하였다.

> 아직 복음을 듣지 못한 사람들의 수를 생각한다면, 선교회의 규모가 너무 작습니다. 선교사역을 제대로 감당하려면 더 많은 사람과 기금을 필요로 합니다. 선교사역은 너무나 고귀하고 중요합니다. 우리 정교회 신도들 모두가 이 일에 동참하도록 해야 합니다. 선교회는 부자나 가난한 자에게나 모두에게 열려 있습니다. 힘닿는 대로 누구든지 도울 수 있으며, 참여할 수 있습니다(Garret 1979:306).

기금을 모으기 위해서 해야 할 중요한 일이 기도하는 일임을 그가 알았다.

> 무엇보다 먼저 우리는 기도해야 합니다. …… 회심하게 하기 위하여 기도하는 일 이외에는 다른 방법이 없습니다. 기도보다 더 효과적인 방법이 없습니다. 선교사 혼자 기도하도록 내버려 두어서는 안 됩니다. 함께 기도함으로써 그 선교 현장에 함께 있어야 합니다. 그럼, 무엇을 위하여 기도할 것입니까? 첫째, 추수할 일꾼들을 보내주소서! 둘째 복음을 듣는 사람들의 마음 문을 열어주소서! 셋째 우리 선교회에 참여하는 수가 더 많아

---

20) 참고. Aaron Neil Michaelson, The Russian Orthodox Missionary Society, 1870~1917: A Study of Religious and Educational Enterprise(미네소타대학교 미간행 박사학위논문, 1999)

지게 하소서! 마지막으로 우리 안에 있는 선교의 열정을 더욱 뜨겁게 해 주시옵소서!(Garrett 1979:309).

이노센트의 이러한 열정과 지도 덕분에 선교회는 볼셰비키 혁명이 일어 날 때까지 러시아정교회 선교사역을 후원하고 지도하는 가장 영향력 있는 단체가 되었다. 선교회를 통하여 수백 명의 선교사들이 광대한 시베리아, 러시아제국의 극동 지역 그리고 알래스카, 일본, 중국 한국 등지로 파송되 었다.

결 론

1878년 3월 31일 이노센트는 82세의 나이로 죽었다. 정교회는 그를 "아 메리카의 사도"라는 이름으로 성자반열에 올렸다. 사실, 그는 교회 역사에 있어서 매우 위대한 선교사들 중의 한 사람이었다. 페스터라는 사람은 이 런 글을 남겼다.

> 아마 근세기에 이노센트의 선교적 위업에 비길 만한 사람을 찾아보기 는 어려울 것이다. 어떤 사람들은 그를 "르네상스 지도자"라고 불렀다. 그 는 숙련된 목수였으며, 발명가였으며, 언어학자였으며, 저명한 민족학 학 자였으며, 사회학자였으며, 교사였으며, 예언가였다. 그러나 이러한 그의 재능과 은사가 만일 선교사역에 헌신하지 않았더라면, 제대로 드러나지 않았을 것이다(Fester 1992:31).

그의 일생을 통하여 정교회의 선교적 사명과 전통을 온 세계가 다시금 볼 수 있도록 만들어 주었다. 그의 삶과 사역은 정교회 선배들의 길을 좇았 으며, 교회의 위대한 사명, 곧 선교적 책임을 다할 수 있도록 고무하였다.

제8장

일본의 사도,
니콜라이 카사트킨(1836~1912)

니콜라이 초상화

국가-정치적인 선교의 성격을 가능한 배제하고 순수한 복음화/토착화를 위하여 헌신한 또 다른 러시아정교회 선교사로서 니콜라이 카사트킨(N. Kassatkin)을 언급할 수 있다. 그는 '일본의 사도(Apostle to Japan, 1836~1912)'라 불린다.[21] 카사트킨은 학문적으로 인격적으로 훌륭한 사람이었다. 정교회 신자가 아닌 사람도 카사트킨을 19세기 탁월한 선교사들 중의 한 사람으로 존경한다.

일본 선교는 1853년 러시아 부함장 피차텐(Pichaten)과 미국 함장 페리(Perry)가 나가사키항을 방문하여 일본과의 외교 관계를 맺고 러시아가 하코다테 항(港)에 러시아 영사관을 세우고, 외교적인 필요에 따라서 정교회 사제들을 불러들임으로 시작되었다.[22] 1860년 러시아 대사는 신성종

---

21) Luke Alexander Veronis, *Missionaries, monks and martyrs: making disciples of all nations*, p.107.

22) Otis Cary, *A History of Christianity in Japan*(Fleming H. Revell Company, 1909), p.376. 모두 425페이지로 된 책. 1부 374페이지는 일본에서의 로마가톨릭 선교의 역사를 기록, 2부 375페이지부터 마지막까지는 일본에서 러시아정교회의 선교 역사를 기록하고 있다. 저자는 미국 프로테스탄트 선교사(ABCFM)로서 일본에서 30년 동안 사역하면서, 그가 관찰한 가톨릭 선교사들과 러시아

무원에 높은 학식을 지닌 사제를 파송해달라고 요청하였다. 신성종무원은 뻬쩨르부르그 신학대학원 학장에게 일본 선교사로서 적합한 학생들을 뽑아달라고 하였다. 이반 카사트킨이 뽑혔다.[23] 당시 그는 24세였고, 성 뻬쩨르부르그 신학대학원 졸업반에 있었다. 그는 열심히 기도하는 학생이었고, 경건과 학문에 있어서도 탁월한 학생이었다. 그의 꿈은 복음을 세상 끝까지 전하는 선교사가 되는 것이었다. 고등학교를 다닐 때 그는 중국으로 파송되기를 원했다. 그러나 일본에 관한 책들을 읽으면서 일본 선교사가 되고 싶다는 생각을 하였다. 그는 일본에 들어가기 위하여 준비하는 동안 베니아미노프 선교사와 서신 교환을 하면서 뜨거운 선교적인 열정을 배웠다.[24] 1861년 일본 러시아 영사관에서 그의 선교사역을 시작하였다. 우선 그는 일본 역사와 문화 풍습과 언어를 적극적으로 배웠다. 카사트킨의 초기 선교사역 중에 세 사람의 일본인을 회심시켰다. 사무라이 사와베(Sawabe), 내과의사 사카이(Sakai) 그리고 우라노(Urano)였다.

특별히 주목할 사람은 사무라이 사와베의 회심이다. 사와베는 카사트킨을 살해하려 하다가 논쟁이 벌어졌는데, 카사트킨의 침착함과 평온한 얼굴 표정과 논쟁에 눌린 사와베는 깊은 감동을 받고 정교회 신자가 되었다.[25] 이후 사와베는 카사트킨의 적극적인 후원자가 되었다. 이후 일본에서 러시아정교회가 일본인에 의한 일본인의 전도로 많은 신도수를 얻었다. 1873년 카사트킨은 동경에 땅을 구입하여 대성당을 건축할 계획을 세웠다.[26] 동경 시내 가장 높은 언덕 위에 비잔틴 건축양식을 따라서 가능한 아름답고 웅

정교회 선교사들의 모습을 기록한 것이다. 이 책의 내용은 저자가 1908년 12월 Andover Theological Seminary에서 Hyde Lectures on Forign Missions에서 행한 강의원고를 기초해서 만든 것이다.

23) 위의 책, p.377.
24) 위의 책.
25) 위의 책, p.378.
26) 위의 책, p.402.

장하게 건축하였다. 아름다운 성당이
선교의 중요한 역할을 한다고 믿었기
때문이다. 대성당은 1891년 봉헌되었
다.[27] 이름을 "니콜라이 대성당"이라
하였다. 100명 이상으로 구성된 성가
대가 찬양을 불렀다. 어린이들로 구
성된 특별 찬양대도 조직되었다. 큰
교구에서는 여전도회를 조직하였다.
교회의 작은 그룹들이 매달 성경 연
구 그룹을 만들었다. 그들은 동시에
가난한 자들을 돕고 버려진 아이들을
보살피는 프로그램을 만들었다. 교회

동경 니콜라이 대성당

는 급속도로 성장하여 1888년에는 6,099명이 되었고, 1891년 성당이 219개,
22명의 사제, 신도수는 20,048명이 되었다.[28] 1903년에는 38명의 일본인 사
제, 8명의 부제, 144명의 전도사, 1063명이 세례를 받았다.[29]

그러나 러-일 전쟁(1904~1905)의 기운이 무르익어 감에 따라 카사트
킨의 선교사역은 큰 위기에 봉착하였다. 카스트킨의 정치적 입장이 시험
대에 올랐다. 그는 일본정교회에 다음과 같이 선포하였다.

우리 그리스도인들은 다른 조국을 가지고 있습니다. …… 그것은 교회입
니다. 교회 안에서 우리 모두는 하늘에 계신 아버지의 자녀이며, 한 가족을
이루고 있습니다. 제가 여러분을 떠나지 않는 이유가 바로 여기에 있습니
다. 여러분은 나의 형제자매입니다. 저 또한 여러분의 가족입니다.[30]

---

27) Luke Alexander Veronis, *Missionaries, monks and martyrs: making disciples of all nations*, p.118.
28) 위의 책, pp.116-117.
29) 위의 책.

그리고 카사트킨의 조수들 중의 한 사람의 도움을 받아서 작성한 1903
년 성명서에서 그는 러시아에 대하여 편견을 가지고 있는 사람들을 의식
하여 다음과 같이 선언하였다.

현재 러시아-일본의 정치적인 상황으로 인하여, 그리고 일본정교회가
러시아 선교회로부터 지원을 받고 있다는 사실로 인하여 어떤 이들은 일본
교회가 어쩔 수 없이 러시아화되는 것은 아닌가? 결국 러시아 스타일을 모
방하는 교회가 되는 것이 아닌가 의심하고 있다. 그것은 오해이다. 그러한
오해가 여러 계층에서 일어나고 있고, 그러한 오해 때문에 우리의 사역을
색 안경을 쓰고 바라보는 현실에 대하여 가슴 아프게 생각한다. 러시아정
교회와 일본정교회를 관찰해 온 사람들은 비록 러시아의 지원을 받아오고
있지만, 일본정교회는 러시아화(russianization)된 교회가 아니며, 러시아
선교사들도 또 러시아화를 추구하려는 의도가 없었다는 것을 분명히 알 것
이다. 카사트킨 주교는 일본에서 선교하면서 전적으로 러시아적인 것을 일
본인들에게 소개하거나 강요한 일이 없다. 그가 전해 준 것은 동방정교회
의 보편적인 교리와 구원의 진리이다. 1893년 그리스 서부 해안에서 멀리
떨어진 섬 잔테(Zante)의 데오니쉬(Deonishi)대주교가 우리 일본정교회를
방문했다. 대주교는 그리스 사람이었고, 그리스 정교회에 속한 성직자였다.
하지만 그가 쓰루가다이(Surugadai)에 위치한 대성당을 방문하여 일본인
사제들과 함께 미사를 드릴 때, 무슨 새로운 변화나 당황함이 없이 자연스
럽게 함께 미사를 드렸다. 이것은 러시아선교사들이 세운 일본정교회가 그
리스 정교회와 다른 이웃나라 정교회의 미사와 교리와 다르지 않다는 사실
을 증명한 것이다. 1895년 예루살렘 대주교 게라쉼(Gerashim)이 우리 일본
정교회에 성화상들(icons)을 보내주었다. 이것은 일본정교회가 고대 정통
정교회들과 형제자매된 것을 의미한다. 일본에 세워진 정교회는 예루살렘
에 있는 정교회와 유럽의 다른 정교회들과 같은 보편적인 교회이다.[31]

---

30) Otis Cary, *A History of Christianity in Japan*(Fleming H. Revell Company,
    1909), p.414.
31) 위의 책, 415.

러-일 전쟁이 터지자, 카사트킨 주교의 위치는 바늘방석같이 불안하였다. 그를 도와주던 두 명의 러시아인 사제가 러시아공사관을 찾아가서 간절히 부탁하여 본국 러시아로 돌아가 버렸다. 러시아 외무부장관도 카사트킨에게 일본에 계속 머물 것인지, 떠날 것인지를 결정하라고 재촉하였다. 그는 함께 사역하던 교회 지도자들의 모임을 열어서 자신의 거취문제에 대하여 공개적으로 토론하고 그들의 의견을 들었다. 그들이 토론하고 의논하여 만장일치로 결의하였다. "우리가 희망하기는 어떤 상황이 생기더라도 당신은 당신의 나라로 돌아가지 않기를 간절히 바랍니다. 일본정교회를 위하여 당신은 여기 남아 있어야 합니다." 이와 같은 결정사항이 카사트킨에게 알려지자, 그는 다음과 같은 답신을 보냈다.

나는 어제까지만 해도 내가 일본에 머물러야 할지, 아니면 떠나야 할지 결심하지를 못했습니다. 러시아에 돌아가면, 거기서도 감당해야 할 선교사역들이 많이 있을 것입니다. 그러나 나는 일본에 머물기로 결심하였습니다. 귀 모임의 구성원들이 내가 러시아로 돌아가지 않아도 좋다고 만장일치로 결정해 준 사실을 듣고서 얼마나 기뻤는지 모릅니다. 나는 그것이 하나님의 뜻이라고 믿습니다. 미사를 드리는 동안 이런 확신이 더욱 강하게 다가왔습니다. 어제까지 결심하지 못했던 것은 공적인 일에 무슨 문제가 있어서가 아니라, 개인적인 양심의 문제로 괴로운 부분이 있었기 때문이었습니다. 솔직히 고백하자면, 내가 고향을 떠나온 지 23년이 지나면서 따사로운 내 고향으로 돌아가고 싶다는 본능 때문이었습니다. 그러나 생각하면 생각할수록 이것은 내 개인의 문제이고, 주님의 뜻은 아직 유아기 상태에 있는 일본교회를 위하여 뭔가 더 해야 한다는 생각이 강하게 들었습니다. 그런데 여러분들이 내 문제와 관련하여 귀한 결정을 해주어서 나는 하나님께 감사드립니다. 그리고 유사시 나의 목숨과 안전을 지켜주겠다고 약속해 준 여러분의 사랑과 친절에 대해서도 거듭 감사드립니다. 여러분은 내가 외국 공사관에 갈 필요 없을 정도로 여러분이 나를 보호해 주겠다고 하였습니다. 그러나 내 생각에는 그러한 약속이 필요하지 않은 것 같습니다. 우리 러시아 대사가 철수한다 하더라도 일본에 있는 러시아 국민들이 프랑스나 독일 대사관에 의하여 보호받을 수 있도록 조취를 취하였으며, 게다가 일본 정부도 전쟁과 아무런 관련성이 없는 러시아 사람들을 보호하겠다는 약속을 하였기 때문입니다. 그러나 일본에 있는 대성당과 교회 관련 건물들을 보호해주겠다는 약속은 반드시 필요합니다. 이 건물들은 일본정교회에 속한 재산이며, 만일 파괴된다면(나는 그런 일이 절대로 발생하지 않을 것이라고 믿습니다), 일본인 친구들이 많이 상심할 것입니다.

전쟁으로 인하여 우리 교회에 어떤 변화도 생기지 않기를 바랍니다. 전도자들은 주님의 복음을 전하며, 학생들은 평소처럼 주일학교에 가서 배우며, 나는 나카에씨의 도움을 받아 기도서를 번역하는 일에 계속 집중할 수 있기를 바랍니다. 만일 러시아 황제가 전쟁을 선포한다면, 여러분들은 일본을 위하여 기도해야 할 것입니다. 그리하여 일본이 승전한다면, 하나님께 감사제물을 드려야 할 것입니다. 이것은 일본정교회 신도들이 마땅히 행해야 할 의무입니다. 우리 주 예수 그리스도는 우리에게 애국심과 충성을 가르칩니다. 그리스도 자신도 예루살렘을 향하여 우신 적이 있습니다. 그것은 주님이 자신의 조국을 사랑하셨기 때문입니다. 여러분은 주님의 그러한 모습을 본받아야 합니다.
나는 평소처럼 대성당에서 계속 기도할 것입니다마는 공적인 기도모임에는 참석하지 않겠습니다. 그 이유는 일본인들이 두려워서가 아니라, 지금까지는 일본 천왕을 위하여 기도해왔지만, 전쟁이 터진 이후에는 나의 조국 러시아가 정복당하지 않도록 기도하지 않을 수 없기 때문입니다. 나에게 조국이 있다는 사실을 부인할 수 없습니다. 내 조국을 위하여 기도하지 않을 수 없습니다. 마찬가지로 여러분은 여러분의 조국을 위하여 기도해야 할 의무를 지니고 있습니다. 당분간 나는 일본교회의 공적인 모임에 나가서 기도하는 일을 하지 않겠습니다.[32)]

이러한 결심과 호소는 일본인들과 외국인 거주자들 모두에게 찬사를 받았다. 일본 정부의 입장에서도 기뻐하였다. 일본 정부는 이번 기회에 일본은 전쟁과 관계없는 기독교에 대하여 매우 호의적이라는 사실을 전 세계

---

32) 위의 책, pp.417-18.

에 보여줄 수 있는 좋은 기회로 여겼다.

그는 모든 공직에서 물러났다. 왜냐하면 러시아의 국민으로서 자기의 조국이 패배하게 해달라고 기도하는 모임에 참석할 수 없었기 때문이었다. 그는 일본 정부의 호의를 얻어서 일본인 사제들과 함께 7만 명의 전쟁포로들을 봉사하는 일에 참여하였다.[33] 비록 전쟁 중이었지만, 수많은 사람들이 회심하였다. 일본에서 다른 교파들과는 달리 정교회는 대중적인 호감을 얻었던 것이다.

전쟁 때문에 우리 전도자들은 더 이상 전도할 수가 없었습니다. 그러자 하나님은 우리를 러시아인 포로 73,000명에게로 인도해 주셨습니다. 일본에 있는 우리 교회는 너무 작았기 때문에 우리 힘이 미약하여 포로들을 다 위로할 수가 없었습니다. 17명의 사제들과 러시아어를 이해하는 16명의 보조 사제들이 포로들을 위하여 헌신하였습니다. 러시아말을 못하는 나이 많은 사제들은 통역인들과 함께 현장에 나와서 기도하며, 성찬식을 집례하며 외국에서 포로된 군인들을 위로해 주었습니다. 군인들은 감사의 표시로 카사트킨 주교에게 많은 감사의 편지를 보냈고, 일본인 사제들에게 충심으로 감사의 마음을 전달하고자 했습니다. 그들은 편지뿐만이 아니라 값비싼 선물이나 옷을 주기도 하였습니다. 일본인 사제들과 사역자들은 러시아 군인들을 위로하면서 신앙적으로 많이 성숙해졌고, 보람과 긍지를 느꼈습니다. 러시아 군인들은 11,700엔을 모아서 카사트킨 주교에게 주었습니다. 군인들은 대대 단위로 작은 예배처소를 마련하고 예배처소에 소용되는 모든 비용을 모아서 드렸습니다. 카사트킨 주교는 포로들에게 68,000권의 기도서나 종교서적 단행본들을 나누어 주었습니다. 환자들에게는 겨울용 옷을 제공해 주었습니다. 이 모든 비용은 외국 기독교인들이 보내준 기부금으로 이루어졌습니다.[34]

---

33) 위의 책, p. 420.
34) 위의 책, p. 420.

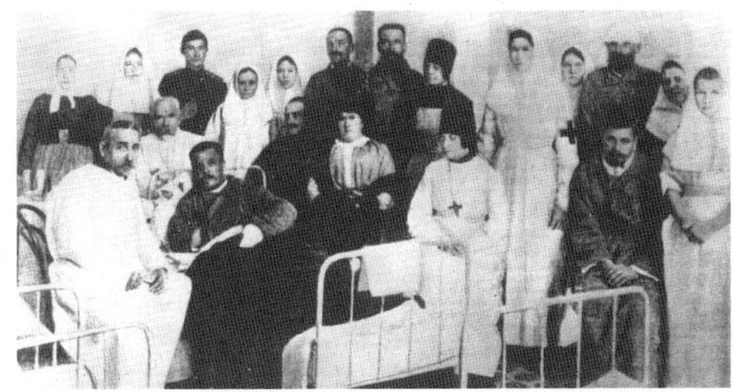

　카사트킨은 1912년 죽을 때까지 검소한 삶을 살았으며, 선교사역에 많은 열매를 거두었다. 그가 죽었을 때 일본정교회신도 수는 33,000명에 달하였으며, 266개의 교구가 조직되었고, 35명의 일본인 사제, 22명의 일본인 부제, 116명의 교리교사, 그리고 82명의 신학생들이 있었다.35) 그는 동경 대성당 안에 있는 사제관에서 살았는데, 그 사제관은 방 2개로 이루어진 검소한 집이었으며, 그는 죽는 날까지 금욕적인 수도사의 삶을 살았다.

　러-일 전쟁이 끝난 다음, 재정적으로 더욱 어려워진 러시아정교회 선교부는 일본선교 지원금을 대폭 삭감하였다. 그러나 일본정교회는 이미 자립하여 외국교회의 지원금 여부에 영향을 별로 받지 않고 계속 성장 발전하였다. 그 이유는 그의 선교사역이 비(非)국가-정치적 노선을 채택하였고,36) 복음화 토착화에 주력한 선교였으며, 그동안 선교 현지에 뿌리를 박았기 때문이었다.

---

35) Luke Alexander Veronis, *Missionaries, monks and martyrs: making disciples of all nations*, p.105.
36) 선교의 국가-정치적 성격에 대한 선교학적인 분석은 남정우의 박사논문 "러시아정교회 선교의 국가-정치적 성격에 대한 역사적 연구"(장로회신학대학교 대학원 미간행 박사논문, 2005)에 잘 나왔다.

제9장

오늘날의 사도,
아나스타시오스 얀눌라토스

출생과 성장

    얀눌라토스는 1929년 11월 4일 그리스에서 태어났다.[37] 과학자가 되려고 했으나 2차 세계대전을 경험하면서 신앙세계에 깊은 관심을 가지고 1947년 아덴 신학교에 입학하였다. 졸업 이후 그리스도 교회 및 영적인 삶의 갱신운동 단체인 "조에(Zoe)"에 가입하였다. '조에'는 희랍어로 생명이라는 뜻이다. 그는 이 단체에서 선교운동에 관심을 가지게 되고, 정교회 청년운동단체인 순데스모스(Syndesmos)에 참여한다. 이 단체에서 총무, 부회장직을 역임하였다.[38]

---

37) 이 글은 Luke Veronis, "Anastasios Yannoulatos: Modern‒Day Apostle"(*IBMR* Jul, 1195, pp.122‒128)와 Father Luke Veronis' book, "*Missionaries, Monks, and Martyrs: Making Disciples of All Nations*"(Light & Life Publishing Company, 1994), pp.125‒139를 번역하여 남정우가 종합한 것이다. 베로니스는 알바니아 자치정교회 신부이다. 1987년부터 6년간 동부아프리카 선교사로 사역하였다. 미국 부르클린 그리스정교회신학교를 졸업하였으며, 캘리포니아 풀러신학교 세계선교 센터에서 연구하였다.

38) 얀눌라토스에 관한 풍부한 자료를 제공하는 인터넷 사이트 주소: http://www.orthodoxalbania.org/English/Archbishop/Archbishop%20Page%203.htm

순데스모스 모임

그는 교회의 본질은 선교라고 굳게 믿었다. 복음을 모르는 사람들에게 복음을 전하는 것은 사도적 소명이며, 교회의 본질적 사명이라고 확신하였다. 따라서 선교에 무관심한 교회는 교회이기를 포기하는 것이라고 생각하였다.

1960년대: 하나님의 부르심을 따라서

이러한 확신과 생각은 얀눌라토스의 가슴을 뜨겁게 하였으며, 이후 그의 전 생애를 지배하였다. 1960년 부제(전임전도사와 같음)로 안수를 받은 다음, 정교회의 여러 선교회들을 연합한 선교 센터 포레프센테스(Porefthentes)를 설립하였다. 이 센터의 목적은 선교사들을 파송하고, 전 세계 선교지 교회들을 지원하고 교육하는 일이었다.

얀눌라토스는 자기 자신이 먼저 선교사가 되기로 결심하고, 1964년 사제 서품을 받자마자 동부 아프리카 우간다에 들어가서 첫 번째 성찬식을 집례하였다. 그러나 들어간 지 얼마 되지 않아서 말라리아에 걸려 잠시 본국으로 돌아와 휴양을 하였지만, 의사의 만류로 아프리카로 돌아가지 못하였다. 그러나 그는 선교를 포기하지 않았다. 대신에 그는 선교적인 지식을 쌓아가며 그리스도의 지상명령에 모든 교회가 귀를 기울일 수 있는 새로운 길들을 모색하였다. 그의 지도교수 중의 한 분이 그에게 선교학을 더 깊이 연구해 볼 것을 권유하였다. 신학교를 졸업할 때 수석을 졸업한 그는 지도교수의 권유를 받아들여 선교학을 깊이 공부하였다. 그가 선교지에 직접 나갈 수 없다면, 다른 사람들이 선교지에 나갈 수 있도록 길을 예비하는 작업을 해야 하겠다고 생각하였다. 1965년부터 4년 동안 독일 함부르크 대학교, 마르부르크 대학교에 가서 종교들의 역사를 공부하였다. 거기서 그는 특별히 아프리카 종교들, 선교학, 민족학을 공부하는 데 깊은 관심을 가졌다. 그는 우간다 캄팔라에 있는 마케레레 대학교(Makerere University in Kampala, Uganda)에 가서 현장연구를 하면서 박사논문 자료를 수집하였다. 논문내용은 아프리카 전통종교의 종교의식을 분석한 것이었는데, 제목은 "The Spirit of Mbandwa and the Framework of Their Cults: A Research of Aspects of African Religion"이었다. 더 나아가 그는 정교회 안에 심도 깊은 선교 연구소를 설립하고 싶었다. 그는 일평생 선교에 관심을 가지지 않고서는 진정한 정교회의 신자가 될 수 없다는 논조의 글을 썼다. 선교연구와 동시에 그는 세계적인 에큐메니칼운동에 적극적으로 참여하였다. WCC 선교와 전도 분과위원회(CWME)에 참여하는 가운데, 이 젊은 그리스 정교회 선교학자는 '기독교의 타 교파의 전통들로부터 배워야 할 것들이 많구나' 동시에 '정교회의 선교적 전통과 특징들을 WCC 회원들에게 소개해주어야 하겠다'는 사실을 느꼈다. 1963년 멕시코 시에서 열린 선교와 전도분과위원회에서 얀눌라토스는 가장 젊은 회원이 되었다. 이후에 그는 이 모임에서 핵심적인 역할을 수행하였다. 마침내 1984년 이 모임의 의장이 되어 7년 동안 봉사하였다. 세계 여러 교회들 안에서 정교회의 지도력을 발휘한 선교학자가 되었던 것이다.

1970년대: 정교회 안에 선교단체들을 조직하다

1970년대에는 그리스정교회가 그동안 얀눌라토스가 외쳐온 메시지에 본격적으로 귀를 기울이기 시작하였다. 1968년 얀눌라토스와 그가 설립한 선교 센터 포레프센테스 연구진들이 연합하여 그리스정교회 본부의 허락을 받아 지부형식으로 "해외선교 개척부"를 설립하였다. 이것은 그리스정교회 역사에 기념비적인 사건이었다. 그리스정교회는 얀눌라토스의 수고를 인정하여 1972년 안드루사의 주교(Bishop of Androussa)로 승진시켜 그리스정교회 해외선교부 책임자로 임명하였다. 이후 얀눌라토스 주교의 지도력으로 그리스정교회는 그리스 국내와 해외에서 적극적인 선교사역을 전개하였다. 바쁜 일정 가운데서도 그는 선교연구를 계속하여 1972년 아덴 대학교 종교사(the History of Religions) 교수가 되었다. 교수가 된 그는 아덴대학교 안에 선교연구 센터를 설립하여 5년 동안 책임자로 수고하였다. 그의 수고 결과 아덴대학교 안에 1976년 선교학과가 신설되었다. 그는 선교학과 수업을 통하여 정교회 신자들의 선교적 소명의식을 일깨웠다. 잠들어 있던 교회를 깨워서 해외선교에 헌신하도록 자극하였다. 정교회의 가르침에 기초하여 선교의 사명은 곧 사도적 소명이며, 선교에 무관심한 신자나 교회는 사실상 정교회 교인이 아닌 이교주의를 따르는 것이라고 날카롭게 도전하였다. 특별히 그리스정교회는 사도 바울이 세운 교회로서 만일 선교에 냉담한 채로 남아 있겠다고 한다면, 그것은 스스로 사도 바울의 사도적 전승을 단절하겠다는 것이라고 하였다.

그는 니케야-콘스탄티노플 신조 안에 있는 "하나의 거룩한 보편적 그리고 사도적 교회(one, holy, catholic and apostolic church)"의 의미를 지속적으로 가르쳤다. 이 신조를 고백하는 한, 선교에 무관심해서는 안 된다고 강조하였다. 입으로 고백하는 신조와는 다르게 행동한다면, 그는 사실상 무신론

자이며, 이교도라고 비판하였다. 그리고 그동안 선교에 무관심했던 교회생활 모습을 회개해야 한다고 가르쳤다. 그리고 더 나아가 선교는 교회의 여러 기능들 중의 하나가 아니라, 교회를 교회 되게 하는 핵심요소라고 말하였다. 그는 신앙고백문에서 말하는 '사도성'을 역사적이고 물리적인 '사도적 계승(apostolic succession)'만을 말하는 것이 아니고, 사도들이 행한 일, 즉 선교사역을 가장 중요하게 여기고 그 일을 계속하는 것을 의미한다고 해석하였다. 예루살렘과 유대와 사마리아와 땅 끝까지 그리스도의 부활의 증인이 되는 삶이 사도성이라고 가르쳤다.

선교의 사명을 가르쳐온 얀눌라토스는 1972년 로메오스 신부(Fr. Anthony Romeos)와 연합하여 해외선교를 지원할 수녀원을 세웠다. 이 수녀원이 발전하여 그리스 요한 수도단(the Convent of St. John the Forerunner in Kareas, Greece)이 되었다. 얀눌라토스는 수녀들이 해외 나가서 선교활동에 참여하는 것을 지도하고 후원하였다. 수녀들은 국내외에 나가 선교하는 동시에 수도생활의 방식을 가르쳤다.

1980년대: 이론을 실천하다

1960년대 아프리카에서 말라리아에 걸려 본국으로 돌아온 그에게 의사는 절대로 해외선교사로 나가지 말라고 권고하였다. 그러나 그는 1980년대 커다란 어려움에 직면한 동부아프리카 정교회의 소식을 듣고서 고심한 끝에 다시 선교 현장으로 나갔다. 당시 우간다, 케냐 등지의 정교회는 내부 문제로 심각한 분열의 위험 속에 있었으며, 그 내부분열이 얼마나 심각하였던지 알렉산드리아 총대주교청은 케냐인 주교의 성직을 박탈하는 결정에 이르렀다. 동부아프리카정교회는 붕괴 직전에 있었다. 그러나 얀눌라토스의 헌신으로 이후 20년 동안 동부아프리카에서 정교회 선교가 왕성하게 이루어졌다. 아프리카 정교회의 수장인 니콜라스 총대주교가 얀눌라토스 주교를 동부아프리카(the Archdiocese of East Africa)의 주교로 초청하였던 것이다. 그는 흔쾌히 동의하였다. 그러나 아덴대학교에서의 책임과 그리스정교회 해외선교부 책임은 계속 동시에 수행하였다. 아프리카에서 그는 교회를 재조직해야 할 필요성을 느꼈다. 재조직의 방식은 현지인 지도자들을 중심으로 강력한 현지 정교회를 만드는 것이었다. 그는 정교회의 전통을 고수하면서도 동시에 토착민 지도자들의 지도력을 개발하는 데 초점을 맞추었다. 하나님 말씀을 토착민 언어와 습관 속에서 성육 신화시키는 작업이 선교의 주요 관제로 설정되었다. 토착민들의 성품, 민족의 특성에 맞춘 3자 원칙의 교회를 형성하고, 하나님께 영광을 돌리는 교회성장을 도모하였다.

1972년 시푸러스의 대주교 마카리오스 3세(Archbishop Makarios III of Cyprus)가 케냐 나이로비에 정교회 신학교를 세웠다. 그러나 시푸러스의 정치적 불안정으로 주교는 이 계획을 완수하지 못했다. 10년 동안 신학교는 텅 비어 있었다. 1970년대 아프리카정교회의 내부분열 사태로 수많은 신자들이 낙심하고 교회를 떠났다. 얀눌라토스의 사명은 이 신학교를 가득 채우는 일이었다.

그는 이 일을 성공적으로 수행하려면 우선적으로 토착민 교회지도자들과 사제들을 훈련해야 한다고 생각했다. 토착민 지도자들이어야 효과적인 전도활동이 가능하고, 새로운 신자들이 많이 생겨야 신학생들도 생겨날 것이라고 믿었다. 얀눌라토스는 1982년 공식적으로 신학교 문을 다시 열었다. 매년 평균 40~50명의 신학생이 모집되었다. 교수는 동부 아프리카, 유럽, 미국 등지에서 온 12명이 봉사하였다. 마침내 그는 62명에게 부제와 사제로서 안수를 주었고, 42명에게 성무일과표 낭독자로서, 교리문답사로서의 자격을 부여하였다. 이 토착민 교회지도자들은 케냐, 우간다, 탄자니아에서 온 8개 부족 출신들이었다. 졸업생들은 자기 부족민들의 선교를 위하여 헌신하였다.

얀눌라토스는 이러한 신학생 교육 사역과 더불어 성경과 정교회서적들을 번역하는 사역을 추진하였다. 그가 믿기에 오순절 사건으로 복음은 세계 여러 방언으로 번역되어 왔다. 그는 출판부를 만들어 7개의 언어로 성경과 교리서들을 번역 출판하였다. 동시에 교회 건축 사업도 벌여 나갔다. 결과 67개의 새로운 교회당을 건축하였는데, 그중에 23개는 석조건물이었으며, 44개는 목조 및 진흙으로 지은 건물이었다. 건물을 개축하거나 개조하는 일도 도왔는데, 25개의 교회 수리를 도와주었다. 교회성장에 따라서 7개의 선교부가 추가로 조직되었다. 이와 더불어 7개의 체육관, 5개의 초등학교, 12개의 간호학교가 설립되었다.

아프리카에서 행한 얀눌라토스의 선교사역은 세계의 주목을 받았다. 미국에 있는 그리스정교회가 동부아프리카에 선교사들을 파송해 주었다. 동부아프리카에서 전개되는 정교회의 선교사역은 미국전역에 있는 정교회 신자들에게 신선한 충격을 주었다. 수많은 단기 선교사들이 동부 아프리카를 다녀왔다. 돌아와서 동부아프리카 선교를 돕기 위한 여러 가지 지원 활동을 조직하였다. 그리스정교회와 핀란드정교회도 선교사역에 참여하여 케냐에 선교사를 파송하기 시작하였다. 얀눌라토스가 동부아프리카에서 행한 선교사역들 중에 가장 중요한 일은 정교회 세계에 선교적 관심과 열정을 고무시켰다는 데 있다. 두 번째는 토착민들과 자신을 동일시하며, 토착민 지도자들에게 용기를 주며 격려를 주며 정교회 신앙을 토착민 자신

들의 신앙으로 만들어 갈 수 있도록 지도해 주었다는 사실이다. 이러한
지도 덕분에 1991년 그가 아프리카를 떠난 뒤에도 아프리카 정교회는 계
속해서 성장하였다.

아나스타시오스 얀눌 
라토스 주교가 아프리카
에서 행한 선교사역 이
외에도 그는 수많은 열
매들을 남겼다. 1981년
그는 그리스정교회 해외
선교부 책임자가 된 이
후 정교회 선교 잡지 "모

에디오피아 정교회 성당건축 미사

든 민족에게 복음을(Panta ta Ethne)"라는 잡지 편집장으로 일하였다. 이
잡지는 선교 정보와 열정의 씨앗들을 심는 매체가 되었고, 지상명령에 응답
하라는 주님의 명령을 전하는 도구가 되었다.

1984년부터 WCC 전도와 선교분과위원회 의장으로서 활동하는 가운데
그는 정교회 세계뿐만 아니라, 전 세계 선교지도자들에게 알려지게 되었
으며, 정교회의 전통과 선교적 열정을 소개하는 지도자가 되었다. 유명한
개신교 선교학자 보쉬는 얀눌라토스의 선교적 지도력과 영향력을 높이 평
가하였다.

1990년대: 그의 사역의 최고조

1990년대는 얀눌라토스의 활동이 최고조에 이른 시기이다. 1990년대 그
의 선교적 활동은 1991년 콘스탄티노플의 총대주교가 그를 알바니아에 파
송함으로 새롭게 시작되었다. 당시 알바니아는 인종문제로 골머리를 썩고

있었다. 여기에는 종교적 갈등도 깊이 개입되어 있었다. 알바니아에서 그의 임무는 '자립적인 알바니아 정교회(Orthodox Autocephalous Church of Albania)'를 세우는 일이었다. 지난 40년 동안 알바니아정교회는 극심한 핍박을 받아 아사(餓死) 상태에 있었다. 1940년대 알바니아정교회의 성직자 수가 440명이었는데, 1991년 알바니아 공산주의가 끝장났을 때 22명으로 줄었다. 그러나 얀눌라토스 주교가 알바니아에 파송됨으로 파멸 직전에 있던 알바니아 정교회는 다시 생기를 얻었다.

알바니아정교회의 현실에 직면하여 얀눌라토스는 자신의 삶 전체를 새롭게 할 기회로 삼았다. 공산주의가 시작되기 이전에 알바니아 국민의 69%가 모슬렘이었다. 그는 모슬렘을 연구하여 이슬람에 관한 책 한 권을 출판하였고, 수많은 소논문들을 발표하였다. 불안한 정국은 그에게 그리 큰 문제가 되지 않았다. 동부 아프리카에서 정치 불안으로 인한 교회의 어려움을 이미 경험하였기 때문이다. 무신론적 사회 분위기 속에서 교회를 일으켜 세운다는 것은 기적에 가까운 일이었다. 그러나 없는 데서 새로운 일을 조직하는 것은 그의 이력이 되어 있었다. 자신의 과거의 삶을 기억하는 그는 기적을 믿었다.

알바니아에 도착한 그가 첫 2년 동안 우선적으로 관심을 가진 사역은 알바니아의 토착 지도자들을 양성하고, 알바니아 국민의 21%에 해당하는 정교회 신자들을 책임 있게 목회하도록 훈련하는 일이었다. 동시에 타 종교인들과 대화하며 협력하는 일을 추진하였다. 그의 지도력에 힘입어, 알바니아정교회는 재빨리 정교회신학교를 조직하여 80명이 넘는 신학생을 모집하였다. 첫 2년 만에 성직자의 수가 11명에서 56명으로 증가하였다. 머지않아 청년 무신론자들과 모슬렘 사이에서 개종자들이 속출하게 될 것이라는 사실은 예견할 수 있었다.

결 론

지난 30여 년 동안 아나스타시오스 얀눌라토스 주교가 정교회와 선교에 끼친 영향력은 이루 다 말할 수 없다. 1950년대 젊은 신학자로서 정교회의 선교정신에 불을 지핀 그는 40년 동안 계속 선교의 불을 확산시켜 정교회 세계에 선교의 불이 활활 타오르도록 하였다. 그동안 선교하지 않는 교회로 알려져 있던 정교회를 적극적으로 선교하는 교회로 그 이미지를 바꾸어 놓았다. 그러나 그의 삶의 여정은 결코 순탄치 않았다. 그는 자신의 선교적 비전을 달성하는 과정에 네 개의 큰 열매를 생산하였다.

첫째는 정교회로 하여금 오랫동안 간직해 온 선교적 유산과 열정을 재발견하도록 만든 일이었다.

둘째는 선교학자로서 선교적 정보와 지식을 증가시킨 일이었다. 얀눌라토스는 9권의 선교학 서적을 출판하였다. 5권의 교리서를 출판하였고, 60편이 넘는 소논문(그중에 50편은 외국어로)과 80편이 넘는 에세이를 발표하였다. 2개의 선교잡지, "포레프센테스－Porefthentes(1960~1970)", 그리고 "모든 민족에게－Panta ta Ethne(1981~1992)"를 발행하였으며, 1981년 이래로 "국제 선교연구지(The International Bulletin of Missionary Research)" 편집자로서 활약하였다. 이 밖에도 그는 텔레비전에 수없이 많이 나와서 선교 강연을 하였으며, 수많은 교회와 단체에 선교 강사로 초청을 받아 강연하였다. 1989년 미국 브루클린 그리스정교회 신학교(the Holy Cross Greek Orthodox School of Theology in Brookline)에서 명예박사학위를 받았다. 1993년에는 만장일치로 그리스 최고의 학자들의 연합회인 아덴 아카데미(Academy of Athens) 회원이 되었다.

셋째는 동부아프리카와 알바니아에서의 선교사역이었다. 그는 평소 가능한 교구에서 멀리 떨어진 곳에 가서 선교사역을 하다가 생을 마치고 싶은 소망을 가지고 있었다.

마지막 네 번째는 에큐메니칼 세계에서의 활동이었다. WCC를 통하여 비정교회 세계의 사람들에게 정교회의 영성과 신학과 선교를 증거하는 일을 하였다. 그는 타 교파 선교학자들과 더불어 20세기 세계선교를 위하여 현대 기독교인들의 함께 해야 할 일들을 연구하였다. 그는 69세의 나이로 세상을 떠났다. 69년 동안의 그의 일생을 요약한다면, "하나이며 거룩하며 보편적이며 사도적인 교회의 신비를 선포하고 증거하기 위하여 애쓴 삶"이었다고 할 것이다.

결 론

  이 책에서 소개된 정교회 선교사들은 정교회의 풍성한 선교역사의 일부
분에 불과한 것이다. 바울로부터 아나스타시오스 얀눌라토스에 이르기까
지 정교회 선교역사 중에 대표적인 인물 몇 사람만을 소개한 것이다. 여
기에 소개된 선교사들은 정교회가 신실하게 그리스도의 지상명령에 순종
해 왔으며 모든 민족에게 복음을 전해 왔다는 사실을 보여준다. 영적으로
부흥할 때에 교회 지도자들은 교회의 본질과 선교는 불가불리의 관계성이
있다는 것을 이해하고 많은 지역에 적극적으로 선교사들을 파송하였다.
그러나 영적으로 쇠약해졌을 때나 역사적으로 어려운 상황에 처했을 때에
는 그만큼 선교적 열정이 줄어들었다.

  소개된 선교사들을 살펴볼 때 발견되는 공통점들이 있다.
  첫째는 거룩한 삶을 통하여 예수 그리스도의 은혜와 영광을 반사했다는
사실이다. 그들은 모두 입으로 복음을 전하기 전에 그들 스스로가 내적으
로 하나님의 나라를 경험해야 한다는 사실을 깨달았다. 복음으로 그들 자
신의 삶이 변화된 다음 다른 사람들과 복음을 나눌 수 있었다. 그들 모두
사도 바울의 고백을 공유했다. "내가 그리스도와 함께 십자가에 못 박혔
나니 그런즉 이제는 내가 사는 것이 아니요 오직 내 안에 그리스도께서
사시는 것이라. 이제 내가 육체 가운데 사는 것은 나를 사랑하사 나를 위

하여 자기 자신을 버리신 하나님의 아들을 믿는 믿음 안에서 사는 것이라"(갈 2:20). 이 때문에 그들 대부분은 고적한 사막 속으로 들어가거나 수도원에 들어가서 기도와 영적인 독서를 통하여 먼저 하나님의 친밀한 교제의 시간을 집중적으로 가지려고 했던 것이다. 그들은 그리스도와 합일을 경험하기를 간절히 소망했다. 하나님과 일치를 경험한 이후에야 비로소 다른 사람들에게 나아갈 준비가 되었다.

둘째는 성경이 그들의 인격과 사상과 삶을 형성하는 데 중요한 역할을 했다는 사실이다. 끼릴과 메쏘디우스의 전기 작가는 그들이 선교사교육을 받을 때 밤낮으로 하나님께 기도하며 성경을 가지고 씨름하였다고 적고 있다(Kantor 1983:41). 페름의 스테판도 주리안 민족에 들어가기 전 그레고리 나지안주스 수도원에서 밤낮으로 성경과 씨름하였다. 코스마스 아이톨로스도 아토스 산에서 복음서와 심도 있게 연구하였다. 이렇게 성경을 연구하고 깊이 묵상하는 가운데 지상명령의 중요성을 깨닫고 하나님의 소명의식을 받았고 모든 백성에게 나아가 복음을 전해야 한다는 열정을 배웠다.

그래서 선교사들은 대부분 성경의 일부분이나 전부를 번역하는 일을 선교사역의 우선순위로 삼았다. 그들은 토착민들이 자신의 언어로 성경을 읽는 것이 영적 성장에 얼마나 중요한지를 알고 있었다. 이노센트는 성경공부가 선교사와 제자들 모두에 필수적인 것임을 강조하였다. 그는 이렇게 말했다. "모든 사람은 정교회 신앙의 뿌리와 기초가 되는 성경을 부지런히 공부해야 합니다. 우리의 신앙은 그 위에 건축되어야 합니다"(Oleksa 1987:90). 심지어 이렇게 말한 적도 있었다:

> 얼마나 많은 그리스도인들이(달리 표현한다면, 예수 그리스도의 이름으로 세례를 받은 사람들이) 우리 정교회 신앙의 기초가 되는 성경을 읽지 않아서 멸망하고 있는지 모릅니다. 성경읽기를 소홀히 한 사람들은 최후의 심판대 앞에서 변명의 여지를 찾지 못할 것입니다(Oleksa 1987:90).

세 번째는 원주민들에 대한 존중이었다. 그들은 모두 사람을 존중하고 문화를 존중하였다. 그들은 모두 원주민들도 하나님의 형상을 따라 창조된 사람임으로 하나님의 자녀로서 존중받고 사랑받아야 한다고 믿었다. 현지인들과 문화를 존중하는 모습은 아레오바고에서 설교한 바울의 모습부터 슬라브족을 선교한 끼릴과 메쏘디우스 그리고 탐욕스러운 러시아 상인들로부터 알래스카인들을 변호한 헤르만에 이르기까지 수없이 발견된다. 선교사들은 청빈하고 겸손한 삶을 통하여 그들 자신을 원주민들과 동일시하였다. 이렇게 함으로써 그들 자신이 그리스도의 가르침을 따르고 있음을 보여주었다. 그들은 영적인 자녀들을 지배하려고 하지 않았다. 대신에 부모같이 형제같이 곁에서 돕는 자로서 섬기는 자로서 함께 하였다.

네 번째는 많은 고난과 도전을 참고 이겨내었다는 사실이다. 선교지에 수많은 장애물과 애로 사항과 갈등들이 있었다. 원주민들이 복음에 저항하여 선교사를 핍박하는 경우가 적지 않았다. 그러한 예는 바울, 페름의 스테판, 코스마스 아이톨로스 그리고 니콜라이 카사트킨의 사역에서 찾아볼 수 있었다. 어떤 경우에는 다른 교회로부터 핍박을 받는 경우도 있었다. 끼릴과 메쏘디우스가 그 예인데, 그들은 새로운 방식으로 선교한다고 해서 로마가톨릭교회로부터 핍박을 받았다.

핍박 이외에 다른 어려움들도 많았다. 육체적인 질병, 원주민들의 무반응은 글루하렙으로 하여금 한때 선교사역을 포기하고 싶은 심정을 가지게 하였다. 이노센트는 틀링기트 민족의 복음전도에 대한 무반응에 직면하여 고전을 하였다. 알래스카와 시베리아의 광대한 동토를 여행하느라 육신은 혹사를 당하였다. 니콜라스는 수년 동안 일본어를 배우느라 고전을 하였고, 일본에서 종교의 자유가 주어질 때를 기다리느라 고전하였다. 하지만 이 모든 선교사들은 잘 참고 기다렸다. 결과 하나님의 역사가 임하였고, 정교회 선교역사뿐만 아니라, 세계선교역사에 훌륭한 발자취를 남기게 되었다.

참고문헌

Aofnsky, Gregory
1977   A History of the Orthodox Church in Alaska(1794~1917). Kodiak,
          AI: St. Hermans' Theological Seminary.
Allen, Roland
1962   Missionary Methods, St. Paul's or Ours? Grand Rapids: Eerdmans.
Bartholomew, John
1987   "The Missionary Activity of St. Nicholas of Japan." Master of
          Divinity Thesis, St. Vladimir's Orthodox Seminary.
Bolshakoff, Serge
1943   The Foreign Missions of the Russian Orthodox Church. New
          York: Macmillan Company.
Bosch, David J.
1989   "Your Will Be Done? Critical Reflections on San Antonio." Missionalia
          17(2):120-135.
Bria, Jon
1980   Martyria / Mission: The Witness of the Orthodox Churches Today,
          Geneva: WCC.
Caverons, Constantine
1971   St. Cosmas Aitolos. Belmont, MA: Institute for Byzantine and
          Modern Greek Studies.
Dvornik, Francis
1963   "Sts. Cyril and Methodius in Rome." St. Vladimir's Theological
          Quarterly 7(1)20-30.
1970   Byzantine Missions Among the Slavs: SS. Constanuine-Cyril and
          Methodius. New Brunswick, NJ: Rutgers University Press.

Fedotov, G. P.

1975   The Russian Religious Mind Vol.2. Belmont, MA: Nordland Pub.co.

Fester, Joseph

1992   "Saint Innocent of Alaska." Again 15(4)28-31.

Garrett, Paul D.

1979   St. Innocent, Apostle to America. Grestwood, NY: St. Vladimir's seminary Press.

Gilliland, Dean S.

1983   Pauline Theology and Mission Practice. Lagos, Nigeria: Albishir Bookshops Ltd.

Golder, F. A.

1968   Father Herman: Alaska's Saint. San Francisco: St. Herman's Brotherhood.

Gorodetzky, Nadejda

1942   "The Missionary Expansion of the Russian Orthodox Church." International Review of Mission 31(4):400-411.

Grassi, Josepy A.

1978   The Secret of Paul the Apostle. Maryknoll, NY: Orbis.

Gregg, Robert C.

1980   Athanasius: The Life of Antony and The Letter to Marcellinus. New York: Paulist Press.

Grigorieff, Dmitry

1977   "Metropolitan Innocent: The Prophetic Missionary(1797-1879)." St.Viadimir's Theological Quarterly 21(1):18-36.

Hahn, Ferdinand

1965   Mission in the New Testament. London:SCM press Ltd. Hatch, Janene Pinchot

1980   New Apostles of Christ. Syosset, NY:OCA Dept. of Rel. Ed.

Ishido, Anthony

1974   "The Achievement of St. Nicholas: Nisholas: Equal to the

Apostles and Evangelizer of Japan." Masters of Theology Thesis, St. Vladimir's Orthodox Seminary.

Kantor, Marvin

1983　Medieval Slavic Lives of Saints and Princes. Ann Arbor, MI: Slavic Publications.

Knox, John

1950　Chapters in a Life of Paul. New York: Abingodn.

Kondrashov, Ioann

1972　"Archbishop Nicholas Kasatkin – Apostle to Japan." Theologican Journal of the Moscow Patriarchate, 11(1, 2)69 – 73, 72 – 76.

Latourette, Kenneth

1938　A History of the Expansion of Christianity: A Thousand Years of Uncertainty, Vol.2. New York: Harper and Brothers.

Neill, Stephen

1964　A History of Christian Missions. London: Penguin Books.

New Valaam Monastery

1989　St. Herman: Little Russian Philokalia Vol.3 Alaska: St. Herman's Press.

Obolensky, Dimitri

1963　"Sts. Cyril and Methodius, Apostles of the Slavs." St. Vladimir's Theological Review 7(1)3 – 13.

1986　"The Cyrillo – Methodian Mission: The Scriptural Foundations." St. Vladimir's Theological Review 30(3)101 – 116.

Oleksa, Michael

1987　Alaskan Missionary Spirituality. New York: Paulist Press.

1993　Orthodox Alaska. Crestwood, NY: St. Vladimir's Seminary Press.

Smith, Barbara S.

1980　Orthodoxy and Native Americans: The Alaskan Mission. Crestwood, NY: St. Vladimir's Seminary Press.

Stamoolis, James J.

1986   Eastern Orthodox Mission Theology Today. Maryknoll, NY: Orbis.
Stephens, George
1991   "Saint Stephen of Perm." Again 14(4)8-10.
Struve, Nikita
1962   "Orthodox Missions: Past and Present." St. Vladimir's Theological
            Quarterly 6(1)31-44.
1965   "Macaire Gloukharev: A Prophet of Orthodo Mission." International
            Review of Mission 54(4):308-314.
Thais, Sister
1974   "Archimandrite Macarios: Founder of the Altai Mission in
            siberia." Orthodox Alaska. 4(1)4-7.
Vallianos, Pericles S.
1980   "St. Kosmas Aitolos: Faith as Practical Commitment." Greek
            Orthodox Theological Review 25(4)172-186.
Vaporis, Nomikos M.
1977   Father Kosmas: The Apostle of the Poor. Brookiline, MA: Holy
            Cross Orthodox Press.
Veronis, Alexander
1983   "Orthodox Concepts of Evangelism and Mission." Greek Orthodox
            Theological Review 27(2)44-57.
Ware, timothy(Kallistos)
1963   The Orthodox Church. New York: Penguin Books.
Yannoulatos, Anastasios
1959   "The Forgotten Commandment." Poreuthentes 1(1)1-5.
1962   "Orthodox Spirituality and External Mission." Poreuthentes 4(13)5-6.
1964   "Orthodoxy and Mission." St. Vladimir's Theological Quarterly
            8(3)139-148.
1965   "The Purpose and Motive of Mission." International Review of
            Mission 54(4)281-297.
1968   "Initial Thoughts Toward an. Orthodox Foreign Mission." Poreuthentes

10(38 – 39) : 19 – 23, 50 – 52.

1969   "Monks and Mission in the Eastern Church During the 4th Century." International Review of Mission 58(4)208 – 226.

1977   "Theology – Mission and Pastoral Care." Greek Orthodox Theological Review 22(4)157 – 180.

1989   "Orthodox Mission – Past, Present,, Future." In Your Will Be Done. Orthodoxy in Mission. George Lemopoulos ed. Geneva: WCC.

1993   Personal Interview with author. Tirana, Albania, May 25.

부 록

부록 1 ---------------------------------

개신교 신자들의 물음에 대한 정교회 신부의 응답[1]

전승이냐 성경이냐?

1. 정교회는 성경에 없는 수많은 전승을 따르고 있다는데……

그렇습니다. 정교회는 성경에 분명하게 나와 있지 않은 전승들을 지키고 있습니다. 그렇다고 무조건 비성경적이라고 말하는 것은 타당하지 않습니다. 사도 바울이 쓴 편지 데살로니가 후서 2장 15절을 보십시오. "이러므로 형제들아, 굳게 서서 말로나, 우리 편지로 가르침을 받은 유전을 지켜라". 여기서 말하는 유전은 곧 전승을 의미하는 것입니다. 정교회가 더 성경적이지 않습니까? 사도 바울은 분명히 "성경에 기록되어 있지 않은 유전은 절대로 지키지 마십시오" 그렇게 말씀하지 않았습니다.

---

[1] 이 글은 다음의 소책자를 번역한 것이다. *An Eastern Orthodox Response to Evangelical Claims* by Fr. Paul O'Callaghan of the Antiochian Archdiocese (Minneasota: Light and Life Pub. 1984). 정교회에 대한 개신교 신자들의 오해를 바로 잡아주기 위하여 정교회 신부가 쓴 글이다. 그러나 여기서 질문하는 내용이 개신교를 대변하는 질문이라고 보기 어렵다. 질문자가 아마 침례교 성직자인 것으로 추측된다(역자 주, 참고 28번 질문). 그러나 상당부분에 있어서는 정교회와 개신교회의 교리적 차이점들을 실제적으로 이해하는 데 있어서 귀중한 자료가 된다.

사람의 전승인가, 하나님의 말씀인가

2. 예수님은 바리새인들이 하나님의 말씀 대신에 인간의 전승을 따른다고 비판하신 적이 있다(막 7:13). 정교회가 같은 행동을 반복하고 있는 것이 아닌가?

예수님은 바리새인들이 단순히 전승을 지킨다고 비판하신 것은 아닙니다. 주님은 바리새인들이 지키고 있는 잘못된 전승들을 비판하신 것이고(막 7:9-13), 그들이 하나님의 말씀을 지키는 것보다 인간의 어떤 전승을 합법화하여 지키는 일에 더 강조점을 두는 태도를 비판하신 것입니다.(마 23:23). 당시 바리새인들은 하나님의 계명 자체는 무시하면서, 외적이고 형식적인 규율을 지키는 데에는 지나칠 정도로 아주 세밀하였습니다.
예수님은 제자들에게 합법적인 전승들은 지키되, 바리새인들처럼 외식하는 자는 되지 말라고 가르치셨습니다(참고. 마 23:1-3). 예수님의 이러한 가르침과 태도가 정교회가 전승들에 대하여 가지는 태도입니다. 정교회는 성경과 다른 전승을 수용합니다. 그러나 기독교 신앙의 표현으로 적합하다고 여겨지는 가르침들만 행하고 있습니다. 정교회는 교회 신자들이 바리새인들과 같은 동일한 우(遇)를 범하지 않도록 항상 경고하고 있습니다.

마리아를 "하나님의 어머니"라고 숭배한다는데……

3. 정교회 전승들 중에 마리아를 하나님의 어머니라고 숭배하는 것은 이교적인 요소가 아닌가?

먼저 분명히 밝혀 둘 것은 정교회 신자들은 마리아를 숭배하지 않는다는 사실입니다. 예배하지도 않습니다. 예배는 오직 하나님에게만 드려집니다. 하지만 마리아는 특별한 존경을 받습니다. 왜냐하면 그녀는 하나님이 자신의 독생자를 이 땅에 보내시는 데 특별히 선택받은 분이기 때문입니다. 이 때문에 그녀는 모든 피조물들 가운데서 가장 존귀하고 영화로운 존재로 추앙을 받습니다. 마리아는 자기 자신에 대하여 이미 이렇게 예언한 바가 있습니다. "보라, 이제 후로는 만세에 나를 복이 있다 일컬으리로다"(눅 1:48). 쉬운 말로 다시 말해보자면, "오고 오는 수많은 세대의 사람들이 나를(마리아를) 복 있는 자라고 말할 것이다"라는 것입니다.

예수 그리스도는 영원하신 하나님이십니다. 그는 마리아를 통하여 완전한 인간성을 취하셨습니다(참고. 요 1:1, 14). 그는 성경 여러 곳에서 분명히 하나님으로 증거되고 있습니다(참고. 요 20:28). 그리고 마리아는 그를 낳아서 양육하였습니다. 그러므로 그녀를 "하나님의 어머니"라고 부르는 것은 합당한 것입니다. 그러나 조심할 것은, 이 말의 의미가 "하나님 아버지의 어머니"라는 뜻은 결코 아니라는 사실입니다. 마리아를 하나님의 어머니라고 부르는 것을 문제 시 삼는 사람들은 사실 예수 그리스도의 신성을 의문시하는 사람입니다. 교회가 마리아를 우리 구주의 어머니라고 존숭하는 것을 이교적이라고 말하는 것은 잘못입니다.

마리아와 성인들에게 기도 드리는 문제

4. 정교회는 마리아와 성인들에게 기도를 드리는데, 이거 예배 아닌가?

정교회 신자들은 마리아와 성인들에게 하나님 앞에서 기도드리는 자신들을 위하여 중보해 달라고 요청합니다. 그것은 정교회가 교회를 이해하는 방식이 개신교와 좀 다르기 때문입니다. 정교회는 교회의 실체가 그리스도와 함께 있는 산 자와 죽은 자 모두를 포함한다고 믿습니다(빌 1:23). 그리스도 안에서 죽은 신앙 선배들은 영원한 생명의 나라로 들어간 이후에는 더 이상 우리를 직접 돕지는 못하지만, 우리를 위하여 쉬지 않고 기도한다는 것을 믿습니다. 우리가 기도 가운데 그들을 지극히 존경하는 마음으로 그들이 우리를 위하여 함께 간구해 줄 것을 요청합니다. 이런 종류의 요청을 삼위일체 하나님께 드리는 예배와 어찌 비교할 수 있겠습니까? 결코 비교할 수 없을 것입니다.

성인들이 우리의 기도를 들을 수 있는가

5. 성인들이 어떻게 당신의 기도를 들으신다는 것을 알 수 있는가?

우리 정교회의 경험으로는 성인들이 우리의 기도를 듣는다고 확실히 말할 수 있습니다. 하나님은 성인들의 중재를 받아들이셔서 수많은 기적들과 축복을 내리시기를 기뻐하셨습니다. 의인의 기도는 살아 있을 때처럼, 죽은 이후에도 능력을 발휘합니다. 하나님은 성인들을 성령 가운데서 영화롭게 하십니다(참고. 요 17:22). 러시아의 수도사 실루안(Silouan)은 다음과 같이 설명하였습니다. "한때 나는 하늘에 거하는 성인들이 우리가 사는 모습을 볼 수 있다는 말을 이해할 수 없었다. 그러나 성령 안에서 그들이 우리를 볼 수 있으며, 땅에서 이루어지는 우리의 모든 삶을 다 알고 있다는 사실을 깨달았다. …… 하나님 나라에서 성인들은 우리 주 예수 그리스도의 영광을 바라보며, 성령을 통하여 땅에서 사는 사람들의 고통도 보신다." 그들은 하나님과 연합되어 있기 때문에 우리의 모습을 보며, 우리가 하는 말을 들으며 우리를 다 알고 계십니다. 예수님도 이미 세상을 떠난 자들도 이 땅에서 이루어지고 있는 일들을 알 수 있다는 사실을 암시하셨습니다. "너희 조상 아브라함은 나의 때 볼 것을 즐거워하다가 보고 기뻐하였느니라"(요 8:56).

성경과 성인들에게 드리는 기도

6. 여하튼, 성인들에게 기도드리는 그런 이야기는 성경에도 초대교회 문헌에도 없는 이야기가 아닌가?

성경에도 어떤 사람의 중보기도는 특별한 능력을 발휘한다고 분명히 말씀하고 있습니다(약 5:16-18, 욥 42:8). 그런데 그러한 중보기도의 능력이 이 땅에서의 삶에만 국한되지 않습니다. 개신교가 인정하지 않는 외경 마카베오 하서(Maccabees 2)에 보면, 예언자 예레미야는 이스라엘 민족을 위하여 하나님 앞에서 쉬지 않고 기도하는 분으로 나옵니다(Ⅱ Macc. 15:14). 이와 같은 가르침은 초대교회에서도 알려져 있었고 수용되었습니다. 초대교회 시대 기독교인들의 무덤 비문에는 죽은 자들에게 기도를 요청하는 비문들이 적혀 있습니다. 대표적인 예로 순교자 폴리캅의 무덤 비문에도 이런 글귀가 적혀 있습니다. 그리고 개신교신자들도 존경하는 교회 교부들 어거스틴, 아타나시우스, 요한 크리소스톰 등도 이러한 가르침을 받아들였습니다.

예수 - 유일한 중보자

7. 예수의 피로 우리가 구원을 받는다면, 왜 성인들의 기도가 필요한가? 예수님이 하나님과 우리 인간들 사이의 유일한 중보자 아닌가?

예수님이 인류의 유일한 구세주이시며, 하나님과 인간 사이에 유일한 중보자이십니다. 그러나 그리스도가 우리를 구원해 주셨기 때문에, 다른 분들의 기도는 이제 더 이상 필요 없다고 말할 수 있겠습니까? 성경과 기독교 전승은 그리스도를 따르는 자들을 위하여 기도가 반드시 필요하다는 것을 분명히 말하고 있습니다(참고, 고후 1:11). 고인이 된 성인들은 우리를 위하여 중보기도를 드려주는 분들이지(intercessors), 중보자들은 아닙니다(not mediators). 그들의 기도는 하나님의 보좌를 움직이는 능력 있는 기도입니다.

성인을 결정하는 문제에 대하여……

8. 성경은 모든 기독교인들이 성도/성인(saints)이라고 하지 않는가? 그런데 일부 사람들을 성인으로 정하는 것은 잘못이 아닌가?

신약성경 서신들은 모든 신실한 기독교인들을 "성인/성도"라고 부릅니다. 성경의 그러한 증거를 충분히 인정합니다. 동시에 정교회는 "성인"이라는 칭호를 성도들 중에서도 기독교의 덕스러운 삶을 여러 사람들 앞에서 탁월하게 드러낸 일부사람들에게 사용합니다. 성인들을 정한다고 해서, 성인으로 정해지지 않은 사람들은 성경적인 의미에서 성인이 아니라고 말하지 않습니다. 교회가 몇몇 사람을 성인으로 정하는 이유는, 성령의 사역을 보여주며, 그리스도 안에서 이루어지는 온전한 삶의 모범을 보여주기 위함입니다. 신약성경적인 의미에서 모든 기독교인들이 성인이라 할지라도, 모든 성인들이 말씀에 참고가 되는 것은 아닙니다. 교회는 교회가 성인으로 정한 분들의 덕스러운 삶을 우리가 배우고 닮아가기를 요청합니다.

오직 성경으로만

9. 참된 기독교 신앙은 오직 성경에 기초한 것이 아닌가?

"오직 성경으로만"이라는 표현은 적합하지도 않고, 적합할 수도 없습니다. 어떤 책이 성경에 속할 것인가? 어떤 책은 성경에 속해서는 안 되는가를 최종적으로 결정한 것은 정통 가톨릭교회였습니다. 사도들이 죽은 이후에 사도적인 성경책들이라고 주장한 책들이 많이 있었습니다. 그러한 책들 중에서 진정으로 사도성을 지닌 책들이 무엇이며, 사도성이 없는 책들은 어떤 것인지, 사도들로부터 전해져 온 구두전승과 일치하는 책은 어떤 것인지 등을 결정한 것이 교회였습니다. 교회가 없었다면, 성경도 없었을 것입니다. 이단종파들은 성경을 교회와 분리하고, 교회의 정통적인 전승을 떠나서 사사로이 해석할 때 생겨나는 것입니다(참고. 벧후 3:16). 성경을 기록할 적에 감동하신 바로 그 성령이 교회가 모든 진리에 이르도록 인도하시고, 모든 오류들로부터 교회를 지켜주십니다(참고. 요 16:13). "오직 성경으로"라는 표현은 적합하지 않습니다. 성경은 교회에 속한 것이기 때문입니다.

보이지 않는 교회와 다양한 교파들

10. 그리스도의 진정한 교회는 보이지 않는다. 나는 정교회도 믿지 않고, 다른 어떤 교파 교회도 믿지 않는다.

정교회(Orthodox Church)는 하나의 교파가 아닙니다. 정교회는 사도들에 의하여 세워졌고, 영지주의, 아리우스주의와 같은 이단을 제거한 교회이며, 성경을 결정하고, 삼위일체 교리, 그리스도의 神性과 人性 교리를 확립한 정통 교회입니다. 정교회의 뿌리는 그리스도에게까지 거슬러 올라가며, 단절됨이 없이 오늘날까지 이어지고 있는 교회입니다. "참된 교회는 불가시적인 것이다"라는 주장은 가능한 것이 아닙니다. 사도들이 세운 지교회들(local churches)이 불가시적인 것이었습니까? 성경 형성이 역사 밖에서 이루어진 일입니까? 대단히 위협적인 이단들을 제거한 일이 역사적인 교회가 역사 안에서 행한 일이 아닙니까? 그렇다면, 교회는 가시적인 것이며, 오늘날 존재하고 있는 정교회가 바로 참교회인 것입니다.

성경과 전승

11. 그러나 정교회는 성경은 별로 강조하지 않고, 전승을 더 강조하지 않는가?

정교회는 성경을 결코 무시하지 않습니다. 정교회는 성경을 하나님의 영감으로 기록된 것으로 믿으며, 무모한 하나님의 말씀으로 믿습니다. 성경은 신앙과 행위에 관한 한 교회 안에서 그 어떤 권위와도 비길 수 없는 탁월한 지위를 지닙니다. 그러나 정교회가 주장하는 바는, 성경이 교회의 정통적인 전승에 따라서 해석되어야 한다는 사실입니다. 이 "정통적인 전승"이란 교회 안에서 전해 내려온 것으로(참고. 살후 2:15), 사도들의 구두전승에 기초한 것이며, 성령이 교회 안에서 역사한 결과인 것입니다(참고. 요 14:26). 이 전승은 고대 에큐메니칼 공의회와 성인들과 교회 교부들의 교훈들 가운데서도 확증되고 있는 진리입니다. 성령 충만한 가운데서 살아가는 분들이 성경을 바르게 해석해 주는 최고의 안내자들일 것입니다. 성경과 교회 안에서 이어져 내려온 거룩한 전승이 사실상 하나의 띠로 엮어져 있다는 사실을 가장 잘 증거해 주는 자료가 바로 이것들입니다.

교회 안에 있는 형상들

12. 성경은 형상(images) 만드는 것을 금하고 있다. 그런데도 정교회는 형상을 만들고 있다.

구약성경의 법에 따르면, 형상을 만드는 것이 엄격하게 금지되어 있습니다. 그러나 이 금지 조항은 절대적인 것이 아닙니다. 왜냐? 하나님 자신이 두 개의 체루빔(Cherubim-천사의 형상)을 만들어 언약궤 좌우편에 두도록 지시하셨기 때문이다(참고. 출 25:18). 성경이 비판하는 것은 거짓 신의 형상을 만들어서 그것을 섬기며 예배하는 것입니다. 하나님이 금하신 것은 우상숭배이지, 형상 만드는 것 자체를 금하신 것은 아닙니다.

얼핏 보면 성경은 형상 만드는 것 모두를 금하는 것처럼 보입니다. "너를 위하여 새긴 우상을 만들지 말고, 또 위로 하늘에 있는 것이나, 땅 아래 물 속에 있는 것이나, 땅 아래 물속에 있는 것의 아무 형상이든지 만들지 말며, 그것들에게 절하지 말며, 그것들을 섬기지 말라(출 20:4)". 그런데 다음 구절을 계속 읽어 보면, 하나님이 정말 문제시하는 부분은 우상숭배임이 분명해집니다(참고. 출 20:5). 그렇지 않았다면, 하나님이 체루빔 형상을 만들라고 지시하실 리가 없지 않겠습니까?

요기에 적용되는 중요한 원리가 있습니다. 우리는 "이제 더 이상 율법 아래 있지 아니하고, 은혜의 법 아래 있다"는 사실입니다(롬 6:14). "만일 율법으로 여러분이 의로워지려고 한다면, 은혜에서 떨어져 나간 것입니다(갈 5:4)" 하나님이 예수 그리스도 안에서 인간이 되셨다는 사실은 하나님과 인간 사이의 관계성에 혁명적인 변화가 일어났음을 의미합니다. 구약의 율법으로는 이러한 변화를 설명하지 못합니다. 위대한 교회 교부들 중의 한 사람인 요한 다마스커스는 이렇게 말하였습니다. "보이지 않으며, 지각할 수 없으며, 다함이 없으신 하나님을 우리 인간이 표현하는 것은 불가능하다. 그러나 하나님은 예수 그리스도 안에서 인간의 형상을 취하셨고, 하나님이요 인간이신 예수 그리스도는 합법적으로 하나님의 형상으로 나타나신 것이다." 바로 이러한 가르침은 787년 제7차 고대 에큐메니칼 교회공의회에서 모든 기독교회가 공식적으로 채택되었습니다.

만약 출애굽기 20장 4절의 말씀을 전체 문맥과 관련짓지 아니하고 문자적으로만 해석한다면, 어떤 종류의 그림을 그려서도 안 될 것이며, 사진 찍는 것도 안 될 일일 것입니다. 이것은 하나님이 금하신 것이 아닙니다. 하나님이 경고하신 것은 우상숭배이며, 거짓 신들을 섬기는 일입니다. 그리스도의 형상과 성인들의 형상을 "우상(idols)"이라고 부르는 것은 신성모독이 될 것입니다.

이콘 앞에서 기도하는 것

13. 언젠가 나는 정교회 신자가 이콘에게 기도드리고 있는 모습을 보았다. 그러한 행위는 성경의 가르침에 위배되는 것이 아닌가?

정교회 신자는 이콘에게 기도하지 않습니다. 당신이 본 것은 정교회 신자가 이콘 앞에서 기도드리는 모습일 것입니다. 결코 정교회 이콘에게 기도드리는 것이 아니었을 것입니다. 기도는 성인들의 중보적인 기도의 도움을 요청하며 그리스도에게 드려지는 것입니다. 이콘에게 기도를 드리는 것은 미신의 죄에 빠지는 중대한 죄입니다. 그러한 행위는 정교회도 엄격하게 금하는 것입니다.

이콘 숭배

14. 정교회 신자들은 이콘 앞에 무릎을 꿇기도 하고 입맞추기도 한다. 이것은 노골적인 우상숭배이며 하나님이 미워하시는 행위가 아닌가?

만일 어떤 사람이 그의 어머니의 사진에 입을 맞추었다고 해서, 그것이 우상숭배가 되는 것일까요? 우상숭배 행위는 물체 자체를 하나님처럼 숭배할 때 일어납니다. 옛날에는 고대인들, 원시인들이 우상숭배를 하였으며, 오늘날에는 일부 힌두교도들이 우상숭배를 하고 있습니다.

그러나 그리스도인들은 이콘 앞에서, 그 이콘이 나타내고 있는 사람의 신앙적 인격을 존경하는 몸짓을 하는 것은 다른 것입니다. 이콘 앞에서 사랑과 존경의 표현을 하는 것은 그리스도나 성인들에게 하는 것이지, 나무나 종이나 그림 자체에 하는 것이 아닙니다. 요한 다마커스는 이렇게 기록하였습니다. "나는 육체를 경배하는 것이 아니다. 우리의 구원을 위하여 육체를 취하신 그분을 경배하는 것이다." 그러므로 이콘에게 드려지는 존경은 이콘 안에 그려져 있는 그분에게로 돌려지는 것으로 정교회는 이해합니다.

이콘의 적절한 사용 자체를 개신교가 거부하기 시작한 것은 8세기가 훨씬 지난 이후부터 시작된 일입니다. 787년 기독교회는 성상승배자들(Iconoclasts)의 이교적인 행위에 반대하여 교회 안에서 이콘을 적합하게 사용하도록 하기 위한 법을 제정하였습니다. 신약성경을 경전으로 결정한 교회, 삼위일체 교리를 결정한 교회, 그리스도의 神性과 人性교리를 결정한 교회가 이콘을 적합하게 사용하는 규정도 정하였던 것입니다. 이 규정은 동방교회 서방교회 모두가 받아들였습니다. 그런데 이 규정을 거부하는 것은, 개신교회가 기독교 진리로부터 이탈되어 나가는 행위가 됩니다.

성경과 교회

15. 성경에 기초하여, 나는 교회가 내린 결정이라 할지라도 어떤 부분은 받아들일 수 없다.

만약 당신 교회의 권위와 무오성을 받아들이지 않는다면, 어떻게 성경의 권위와 무오성은 받아들일 수 있단 말입니까? 어떤 책이 성경책이어야 한다는 것을 결정한 것이 바로 정교회입니다. 초대교회 시대에 수많은 복음서들이 있었고, 사도적 권위를 주장하는 문서들이 여럿 있었습니다. 교회가 그러한 책들 중에서 어떤 것은 가짜이며, 어떤 것은 의심스러우며, 어떤 것은 진정한 사도성을 지닌 것으로 결정하였습니다. 만약 이콘(Icon)에 관한 규정을 정하는 데 교회가 실수가 있었다고 한다면, 교회가 성경을 정하는 데에도 실수가 있었다는 말이 됩니다. 그렇게 되면, 교회뿐만 아니라, 성경의 권위도 인정할 수 없다는 결론에 도달하여, 당신은 홀로 남게 될 것입니다.

그리스도가 교회를 모든 진리에로 인도해 주시며, 지옥의 권세가 교회를 이기지 못하도록 하시겠다는 약속의 말씀을 우리는 믿습니다(참고. 요 16:13, 마 16:18). 모든 기독교회 대표들이 모여 기도하며 의논하고 정한 에큐메니칼 공의회 결정사항들을 전 세계 기독교회들은 받아들이고 따라야 할 것입니다. 교회가 없이는 성경도 없습니다.

십자가 숭배

16. 나는 정교회 신자들이 십자가에 입맞추는 행위를 자주 보았다.
왜 그런 행동을 하는가?

정교회 신자들은 모두 십자가를 존숭합니다(to venerate). 십자가 위에
서 우리의 구원이 이루어졌기 때문입니다. 사도 바울은, "내게는 십자가
밖에는 자랑할 것이 없습니다……(갈 6:14)"라고 하였습니다.

성직자를 신부님이라고 부르는 것에 대하여

17. 정교회 신자들은 그들의 성직자들을 "아버지(Father, 러시아어로
는 "아쩨-츠")"라고 부르는데, 그것은 예수님이 금하신 바가 아닌가?
(마 23:9)

그리스도는 기독교인들이 겸손할 것을 가르치시며, 우리의 진정한 아버
지는 하늘에 계신 아버지뿐이시라는 사실을 알게 하셨습니다. 하지만, 극단
적인 복음주의자들조차도 땅에 있는 그들의 육신의 아버지들을 "아버지"라
고 부르는 것을 주저하지 않습니다. 마태복음 23장 9절에 기록된 말씀은 로
마가톨릭교회나 정교회에서 신부를 "아버지"라고 부르는 것을 두고 하신
말씀이 아닙니다. 예수님 당시에는 그런 성직자 호칭이 없었습니다.

복음을 전하라고 개별적으로 예수님이 불러 세우신 사도 바울도 "아비"라
는 칭호를 듣는 것을 부끄러워하지 않았습니다. 기록하기는, "그리스도 안에
일 만 스승이 있으되, 아비는 많지 아니하니, 그리스도 예수 안에서 복음으로
써 내가 너희를 낳았음이라(고전 4:15)"라고 하였습니다. 정교회는 이런 맥
락에서 사도 바울이 고린도 교회 교인들로부터 "영적인 아버지"라고 불렸듯

이, 정교회 신자들로부터 성직자들이 "아버지"라는 칭호를 듣는 것입니다.

사도 바울은 에베소에 있는 남자 부모들을 "아비들아"(엡 6:4)라고 불렀습니다. 성경과 교회전승을 종합해 보면, 예수님의 말씀이 종종 문자적인 의미를 넘어선 것임을 쉽게 알 수 있습니다. 만일 예수님의 말씀이 모두 다 문자적인 뜻 그대로라면, "목사님" "목자" 등과 같은 칭호도 사용해서는 안 될 것입니다. 왜냐하면 우리의 진정한 목자는 오직 한 분뿐이시기 때문입니다. 그러나 예수님이 말씀 내용을 전체 맥락 속에서 해석해 보면, 예수님의 교훈의 요점은 우리가 거드름을 피우려는 유혹을 피하고 겸손해야 함을 가르치려는 것입니다(참고. 마 23:5-7, 11-12).

모든 기독교인이 사제가 아닌가

18. 성경은 모든 기독교인들이 곧 사제/제사장이라고 말한다. 왜 정교회는 특별한 성직자들만을 사제라고 하는가?

모든 기독교인들이 사제/제사장(priest)이라면, 모든 기독교인들을 목사님이라고 불러야 할 것입니다. 정교회의 사제는 그리스어 "장로(presbyter)"를 번역한 말입니다. 일반적으로 "장로"보다는 "사제"라는 말이 보편적으로 사용되고 있습니다. 정교회는 모든 신자들이 "왕 같은 제사장"이라고 가르칩니다(참고. 벧전 2:9). 그러나 이 말씀의 뜻이, 모든 신자들이 안수받은 사제와 똑같은 일을 한다고 보지는 않습니다. 예수님도 다른 일반 제자들에게는 주시지 않은 특별한 권위와 기능을 열두 사도에게 부여해 주셨습니다(참고. 마 16:19, 18:18, 요 20:22). 이 사도적 교역권위가 교회 안에서 안수를 통하여 전승되어 왔으며(참고. 행 14:23, 딤전 4:13), 오늘날 정교회 사제직을 통하여 계속되고 있습니다.

희생제사로서 예배의식

19. 예수님은 죄를 대속하기 위하여 단번에 자기 자신을 드리신 유일한 대제사장이시다. 그런데 정교회는 예배 중에 어떻게 사제가 희생제사를 드린다고 믿는가?

죄를 대속하기 위하여 예수 그리스도가 자기 몸을 단번에 드린 제사는 완전한 것임으로 그 어떤 것도 거기에 첨가할 필요가 없다고 정교회는 믿고 가르칩니다. 정교회는 로마가톨릭교회가 가르치는 것처럼, "미사의 희생제사"교리를 받아들인 적이 한 번도 없습니다.

그러나 교회 예배의식은 초대교회 시대부터 희생제사 형식으로 드려진 그 형식을 따라서 항상 드려져 왔습니다. 예를 들면, "디다케(50-100 주후)"와 같은 문서에 보면, 말라기 선지자가 예언한 말씀이 언급되어 있습니다(참고. 말 1:11). 거기에 보면, 마지막 날에 세계 각처 이방민족들 사이에서 여호와의 이름이 크게 되며, 하나님의 이름을 위하여 분향하며 깨끗한 제물을 드리는 일이 일어날 것이라고 기록하고 있습니다. 이러한 가르침은 교회 교부들을 통하여 계속 전승되었습니다. 사도 바울은 고린도전서 10장에서 성찬의 의미를 희생제사적인 것으로 해석하였습니다. 예배의식 가운데 드려지는 희생제물은 우리의 감사와 찬양입니다(히 13:15). 우리는 예배드리는 가운데 하나님께 물질로 제물을 드리며(참고, 빌 4:18), 우리 자신과 우리의 삶 전부를 제물로 드립니다(참고, 롬 12:1). 그러나 더욱 심오하게 말하자면, 예배의식은 희생제사입니다. 왜냐하면 갈보리의 희생제사가 예배의식 가운데서 우리의 구원을 위한 제단으로 현존하기 때문입니다. 그리스도의 희생제사는 반복되지 않지만, 기도와 중보기도의 도움으로 갈보리에서 드려진 그리스도의 희생제사를 우리가 하나님께 드리게 되는 것입니다. 복음주의 개신교 신자들이 "예수 그리스도의 보혈"을 의지하여 하나님께로 나아와 예배하는 마음과 같은 것입니다. 이런 의미에서 그리스도의 몸인 교회는 자기의 몸을 희생제물로 아버지 하나님께 드린 우리의 영원한 대제사장 예수 그리스도를 통하여 하나님께 나아오는 자들을 온전히 구원할 수 있는데, 그것은 그리스도가 항상 살아서 우리를 위하여 간구하시기 때문입니다(히 7:24-25, 8:1-3).

정교회 의식주의(Ritualism)

20. 정교회 예배의식은 왜 그리 화려하며, 의식적인가? 신약성경 교회의 예배의식은 간소하지 않았는가?

하나님은 의식이나 예식을 반대하지 않으십니다. 구약시대에는 오히려 하나님이 정교하게 짜여진 예배의식을 직접 제정하여 주셨습니다. 신약의 요한 계시록에도 하늘나라에서 이루어지는 장엄한 예배의식에 대하여 증거하고 있습니다(계 5:6-14, 8:1-4 등). 교회는 왕이신 하나님이 이 땅에 임재하신 집으로 정교회는 믿습니다. 그러므로 그를 예배하는 의식은 그의 왕국의 영광을 재현하는 것입니다.

하지만, 정교회 예배의식은 초대교회에서 드려지던 방식과 본질적으로 같은 것으로 알고 있습니다. 순교자 유스틴이 남긴 글 가운데서(Apology 1:67), 예배의 근본요소는 여전히 똑같다고 말한 것을 읽어 볼 수 있습니다. 그러나 수백 년에 걸쳐서 보다 정교하게 발전해 온 것이 사실인데, 그것은 교회역사의 발전과정으로 일어난 자연스러운 결과입니다.

그러나 유감스럽게도 개신교의 예배의식은 초대교회의 예배의식에서 많이 벗어난 것입니다. 초대교회 신자들은 주일 첫날 선포되는 하나님의 말씀을 듣고, 주님의 성찬에 참여하기 위하여 매주일 모였습니다. 그들은 빵과 포도주가 기도 가운데서 변화하여 주님의 살과 피가 된다고 믿었습니다. 그런데 이러한 가르침을 이론적으로 실제적으로 거부함으로써 개신교 신자들은 신약성경 교회 전통으로부터 많이 이탈되었습니다.

의식주의냐, 복음주의냐(Ritualism or Evangelism)

21. 정교회는 예수님을 위하여 영혼을 구원하는 일보다는 의식을 더 강조한다.

정교회 예배는 기독교인 공동체의 예배입니다. 그러므로 예배의 기본 방향이 그리스도를 알고 그리스도를 믿는 사람들의 의식이 됩니다. 초대교회 시대에는 불신자들이 예배에 참여하는 것을 허락하지 않았습니다. 그러나 현대 개신교회의 주일예배는 전도를 지향하고 있고, 그리스도를 알지 못하는 이들이 예배 참여하는 것을 허락함으로써 오랫동안 지속되어 온 올바른 기독교 행위를 흐려놓고 있습니다.

그렇다고 정교회가 전도/선교의 필요성을 부인하거나 무시하는 것은 결코 아닙니다. 한동안 정교회의 선교활동이 저조하게 보였던 것은 모슬렘과 공산주의 때문이지, 정교회 자체가 선교에 무관심한 것은 결코 아니었습니다. 최근(19세기, 20세기 초엽) 비정교회 지역에서 정교회 선교사들이 매우 적극적으로 활동하였는데, 알래스카, 아프리카 여러 나라, 한국, 일본, 중국 등지에서 선교활동을 하였습니다. 참된 정교회 신앙은 모든 정교회 신자들이 그리스도를 위한 선교사, 전도자가 되어야 한다고 믿습니다.

정교회 신자들은 중생체험을 가지고 있는가

22. 예수는 "거듭나야 한다"고 말씀하셨다. 그러나 정교회 신자들은 거듭나지 못한 신자들이 아닌가?

신약성경은 예수 그리스도를 믿고, 세례를 받는 자는 누구에게나 성령이 새 생명을 주신다고 가르칩니다. "물과 성령으로 거듭나지 아니한 사람은 하나님 나라에 들어갈 수 없느니라(요 3:5)"라고 사도 바울도 세례의 의미를 말하면서, 같은 교훈을 전하고 있습니다. "우리를 구원하시되 우리의 행한바 의로운 행위로 말미암지 아니하고, 오직 그의 긍휼하심을 좇아 중생의 씻음과 성령의 새롭게 하심으로 하셨나니"(딛 3:5). 그러므로 영적으로 죽었던 사람들이 믿음과 세례를 통하여 하나님의 영원한 생명을 받는 은총을 받게 된 것입니다. 이러한 영적인 탄생은 구원을 받는 데 필수적인 요소입니다. 이것은 또한 정교회의 가르침이기에 정교회 신자들은 진실로 거듭난 자들입니다.

"중생한 기독교인"이라는 표현이 오늘날에는 어떤 특별한 감정적인 경험을 체험한 사람에게 사용되는 경향이 있는데, 이것은 성경의 가르침이 아닙니다. 새롭게 거듭나는 중생의 경험은 영적인 것이어서, 감정적으로 느낄 수도 있고, 그렇지 못할 수도 있습니다.

모든 신자들은 다 구원받는다

23. 참된 신자들만이 구원받는다는 사실을 정교회는 왜 부인하는가?

정교회는 믿는 사람은 구원받는다는 사실을 부인하지 않습니다. 그러나 어떤 사람이 "나는 하나님 나라에 분명히 들어갈 것임을 틀림없이 알 수 있다"고 주장하는 말은 인정하지 않습니다. 신약성경에 따르면, 어떤 사람이 세례를 받을 때, 그는 죄와 사망의 권세에게 건짐을 받아, 어둠의 권세에서 그리스도의 나라로 옮겨졌다고 합니다(참고. 골 1:13). 그러나 죄로 인하여 다시 그리스도로부터 떨어져 나갈 가능성도 있다는 것을 알아야 할 것입니다(참고. 히 6:4-6). 그리스도인들은 하늘에 있는 하나님 나라에 들어갈 때까지는, 아직 완전한 구원을 받은 것이 아닙니다(참고, 벧전 1:5).

구원의 확신

24. 나는 구원의 확신 교리로 인하여 하나님께 감사한다. 나는 분명히 구원받았으며, 하늘나라에 들어갈 줄로 확신한다.

글쎄, 그러한 교리로 인하여 하나님께 감사할 수도 있겠지요. 그러나 그러한 교리는 분명히 비성경적입니다. 성경은 분명히 신자라 할지라도 죄로 인하여 타락할 가능성이 있으며, 불신앙에 빠져서 구원을 잃어버릴 가능성이 있음을 가르치고 있습니다. 사도 바울은 경고하고 있습니다. "그런즉 선 줄로 생각하는 자는 넘어질까 조심하라(고전 10:12)". 바울은 모세와 함께 홍해바다를 건너가던 이스라엘 백성들을 그 예로 들고 있습니다. 그들은 애굽에서 구원받았지만, 중간에 불순종과 불신앙으로 떨어져나가고 말았습니다. 히브리서에도 같은 경고의 말씀이 기록되어 있습니다. "형제들아 너희가 삼가 혹 너희 중에 누가 믿지 아니하는 악심을 품고 살아 계신 하나님에게서 떨어질까 염려할 것이요(히 3:12)". 그러므로 우리의 영원한 구원은 그리스도 안에 견고히 서는 것에 달려 있습니다. "우리가 시작할 때에 확실한 것을 끝까지 견고히 잡으면 그리스도와 함께 참여한 자가 되리라(히 3:14)".

　　사도 바울조차도 "내가 그리스도와 그 부활의 권능과 그 고난에 참여함을 알려 하여 그의 죽으심을 본받아, 어찌하든지 죽은 자 가운데서 부활에 이르려 하노니, 내가 이미 얻었다 함도 아니요 온전히 이루었다 함도 아니라 오직 내가 그리스도 예수께 잡힌 바 된 그것을 잡으려고 쫓아가노라. 형제들아 나는 아직 내가 잡은 줄로 여기지 아니하고 오직 한 일 즉 뒤에 있는 것은 잊어버리고 앞에 있는 것을 잡으려고, 푯대를 향하여 그리스도 예수 안에서 하나님이 위에서 부르신 부름의 상을 위하여 쫓아가노라(빌 3:9-14)"고 하였습니다. 다른 곳에서 사도 바울은 또 말하기를, "내가 내 몸을 쳐 복종하게 함은 내가 남에게 전파한 후에, 자기가 도리어 버림이 될까 두려워함이로라(고전 9:27)"라고 하였습니다. 그리스도인의 구원은 믿음의 한 순간으로 다 끝나지 않습니다. 완전한 구원을 받기 위해서는 매일 매일 회개하며 그리스도에 대한 신뢰를 계속해서 가져야 합니다. 지속적인 믿음생활의 수고가 없으면, 어떤 비극이 생기는지, 사도 베드로는 이렇게 경고합니다. "만일 저희가 우리 주 되신 구주 예수 그리스도를 앎으로 세상의 더러움을 피한 후에, 다시 그중에 얽매이고 지면 그 나중 형편이 처음보다 더 심하리니, 의의 도를 안 후에 받은 거룩한 명령을 저버리는 것보다 알지 못하는 것이 도리어 저희에게 나으니라(벧후 2:20-21)". 그러므로 어느 누구도 "나는 완전한 구원을 받았다. 이것은 확실하다"라고 말할 수 있는 사람은 없습니다. 확실한 구원의 증거는 오직 매일 매일 그리스도를 의지하고, 죄와 싸우는 수고를 아끼지 않는 것입니다. 주님의 말씀을 직접 들어보십시오. "나더러 주여 주여 하는 자마다 천국에 다 들어갈 것이 아니요, 다만 하늘에 계신 내 아버지의 뜻대로 행하는 자라야 들어가리라(마 7:21)". 그러므로 사도 베드로가 가르친 대로, 더욱 힘써 우리의 부르심과 택하심을 굳게 하는 일에 최선을 다해야 할 것입니다(벧후 1:10).

오직 믿음으로만 구원받음

25. 그러나 성경은 오직 믿음으로만 구원받지, 행위로 구원받는 것이 아니라고 가르친다(엡 2:8 - 9).

우리는 믿음으로 구원을 받고, 믿음생활을 계속함으로써 그 구원을 지켜나갑니다. 신약성경은 참된 구원의 신앙은 자연히 선한 행동이 뒤따르게 된다고 분명히 가르치고 있습니다(엡 2:10, 약 2:17 - 26, 요일 2:4).

예수를 개인적으로 주님으로 구세주로 고백하는 일에 대하여

26. 정교회는 왜 예수님을 주님으로 구세주로 고백하는 개인적인 신앙고백이 약한가?

정교회는 신약성경에서도 사용하지 않는 그런 표현을 사용하지 않습니다. 하지만 정교회는 예수 그리스도를 개인적으로 고백할 것을 가르칩니다. 세례식이 거행될 때, 세례 후보자들에게 다음과 같은 질문을 합니다. "당신은 그리스도와 연합되어 있습니까?" 이 질문에 대하여 피세례자는 "예"라고 대답해야 하며, 그리스도를 "왕이요, 하나님이시라"고 고백해야 합니다. 성찬식이 베풀어질 때에도 사제는 다음과 같은 말씀을 되풀이하여 낭독합니다. "우리의 삶과 우리의 모든 것을 우리의 하나님 그리스도에게 올려드립시다". 정교회는 그리스도를 믿는 신앙이 우리 신앙의 근본임을 믿습니다.

성례전과 구원

27. 세례를 받고, 성찬에 참여한다고 해서 다 구원을 받는 것이 아니다.

교회의 가르침에 따라서 성례전에 참여한다면, 성례전을 통하여 그리스도의 구원하시는 능력이 중재될 것입니다. 단순히 형식주의적으로, 입술로만 참여한다면, 그는 구원의 능력을 입을 수 없습니다. 사실 "합당치 않게 성찬식에 참여한다면, 그는 구원을 받는 것이 아니라, 저주를 받을 것입니다"(고전. 11:29). 그러나 그리스도에 대한 살아 있는 믿음을 가지고 성례전에 임하는 자들에게는 하나님의 은총을 입게 될 것입니다.

유아 세례

28. 정교회는 왜 유아세례식을 하는가? 유아는 그리스도에 대한 믿음을 가질 수 없지 않은가?

정교회만 유아세례식을 행하는 것이 아닙니다. 로마가톨릭, 성공회, 루터교, 감리교, 장로교 등 세계의 여러 기독교회들이 유아세례식을 행하고 있습니다. 그러나 침례교와 몇몇 복음주의 노선을 고집하는 교파에서는 유아세례에 대하여 다른 의견을 가지고 있습니다.

정교회의 어린이들은 신앙을 고백한 이후에 세례를 받는 것이 아니라, 장차 신앙고백을 기대하는 마음으로 세례를 받습니다. 어린 아이가 진실한 기독교 가정에서 계속 자라난다면, 그는 분명히 예수 그리스도를 구주로 고백하는 믿음에 이르게 될 것입니다. 어느 누가 두 살 난 어린이는 구원받을 수 없다고 선언할 수 있겠습니까? 그리스도는 어린 아이들의 신앙이 어른들의 모범이 된다고 말씀하신 적이 있습니다(참고. 막 10:15). 물론 유아시절에 세례를 받았지만, 성장과정에서 떨어져나가는 경우도 있을 것입니다. 그런 경우라면, 어른이 되어 세례를 받은 이후에도 마찬가지가 아니겠습니까? 유아세례를 받는 부모와 후견인들은 "이 아이가 기독교 가정과 교회 안에서 자라나서, 그리스도와 온전히 연합하도록 돕겠다"고 서약을 합니다.

고해성사를 하는 일

29. 왜 정교회 신자들은 죄를 신부에게 고백하는가? 죄는 오직 하나님만이 용서하실 수 있는 것이 아닌가?

정교회도 사실은 우리의 죄를 용서하실 수 있는 분은 하나님뿐이시라고 가르칩니다. 하지만 예수님이 지상에 계실 때에는 직접 용서해 주셨지만, 동시에 신약성경은 주님이 사도들에게 죄를 용서하든지, 아니면 그대로 남겨두든지 할 수 있는 권세를 주셨음을 분명히 보여주고 있습니다(참고. 요 20:23). 이와 같은 권세를 교회가 그대로 간직하고 있습니다.

초대교회 시대, 매우 중대한 죄를 범했을 경우에는 전 회중들 앞에서 그 죄를 고백할 것을 요구했습니다. 그러다가 나중에 사제에게 개인적으로 죄를 고백하는 것으로 발전한 것입니다. 그러나 여전히 중대한 죄, 예를 들면 자신과 하나님과의 관계만을 파괴하는 죄가 아니라, 그리스도의 몸인 교회에 죄를 범한 경우에는 공식적인 사죄선언이 반드시 요청되었습니다. 그럴 경우 사죄의 선언은 사도들의 직접적인 계승자들인 교회공동체의 목회자들이 행하였습니다. 고해성사를 교회의 공식적인 성례전으로 분류하지 않습니다. 대신 죄를 회개하는 행위는 그리스도인의 매일매일 신앙생활에 있어서 매우 중요한 측면이라고 정교회는 가르칩니다. 기독교인들은 죄를 지었으면 가능한 즉시로 회개해야 합니다. 중대한 죄를 범했을 경우에는 공동체의 성례전으로부터 제외되며(참고. 고전 5:1-5), 죄를 회개한 후 사제가 용서의 선언을 할 경우, 그 개인은 다시 공동체로 복귀합니다.

성찬식: 단순히 상징이 아닌가

30. 성찬식에서 사용되는 빵과 포도주가 예수님의 실제 살과 피가 될 수는 없는 일이다. 그것들은 단순히 상징일 뿐이다.

이 부분에 관한 개신교의 입장은 유감스럽게도 하나님의 말씀에 제대로 기초해 있지를 못한 것 같습니다. 오히려 사람의 의견과 가르침에 기초해 있습니다. 성찬에 관한 개신교의 입장은 완전히 비성경적입니다. 성경은 말합니다. 주님이 마지막 만찬에서 떡을 들어서 축사하시고, 말씀하시기를, "이것은 내 몸이다"(참고. 마 26:26)라고 말씀하셨습니다. 이어서 잔을 들어 말씀하시기를, "이것은 내 피다……"(마 26:27)라고 말씀하셨습니다. 이상한 것은 스스로 성경의 말씀을 그대로 지킨다고 하는 근본주의자들조차도 이 평이한 주님의 말씀을 말씀하신 그대로 받아들이지를 않고 있습니다. 예수님의 가르침은 분명합니다.: "내 살을 먹고, 내 피를 마시는 자는 내 안에 거하고, 나 또한 그 사람 안에 거한다"(요 6:56). "인자의 살을 먹지 않고, 인자의 피를 마시지 아니하면, 너희 속에 생명이 없느니라"(요 6:53). 그런데 유감스럽게도 오늘날 이러한 주님의 말씀을 듣고서도 받아들일 수 없는 사람들이 많이 있습니다. 성경은 분명히 말합니다. 그러한 사람들은 주님의 가르침을 받아들이지 않는 사람들이며, 주님과 함께 다니기를 중단한 사람들입니다(요 6:60-66). 주님과 함께 다니기를 거절한 사람들 중에서 첫 번째 그룹의 사람들이 개신교 신자들입니다.

성찬에 관한 주님의 가르침은 정교회 안에서 한 번도 논란의 주제가 된 적이 없습니다. 성찬에 관한 교회의 가르침은 사도시대로부터 교부시대를 거쳐 오늘날에 이르기까지 일관된 것입니다. 교회의 위대한 교부들은 예수님의 말씀을 문자 그대로 이해하였음을 여러 곳에서 증거하고 있습니다.

빵과 포도주이냐, 아니면 몸과 피냐

31. 그러나 빵과 포도주가 어떻게 문자 그대로 살이 되고 피가 될 수 있는가?

정교회는 서구교회 일부 신자들처럼 "어떻게"라는 물음에 대하여 그렇게 집착하지 않습니다. 교회는 무엇이 주님의 가르침인가를 생각할 뿐이고, 그것이 주님의 가르침이라면 그저 겸손과 신앙으로 받아들일 뿐입니다. 사실 그것은 "신비"입니다. 정직하게 말하여 교회도 그것이 어떻게 가능한지에 대해서는 모릅니다. 단지 그리스도께서 성령을 통하여 이루시고, 성령이 빵과 포도주를 통하여 그리스도를 우리에게 매개하신다고 굳게 믿을 뿐입니다.

그리스도와 사육제

32. 그렇다면 그리스도는 왜 자신의 살과 피를 우리에게 먹이시려고 하는가? 마치 인육을 먹이는 것 같지 않은가?(It sounds cannibalistic)

당신 생각에 그것이 야만적으로 보인다면, 그 불평을 그리스도에게 직접 하십시오. 왜냐하면 우리가 그의 살과 피를 먹어야 한다고 가르치신 분이 바로 그분이시기 때문입니다. 우리는 십자가에서 희생제물로 내어주신 주님의 살에 참여하고, 우리의 구원을 위하여 쏟아부어주신 그의 피에 참예함으로써, 우리는 우리 구원의 실재에 온전히 참여하게 됩니다. 그리스도는 그의 부활의 생명으로 우리를 신앙적으로 양육하시고, 우리를 다른 형제자매들과 함께 그리스도와 연합하도록 인도하십니다.

죽은 자들을 위한 기도

33. 정교회 신자들은 왜 죽은 자들을 위하여 기도하는가?

일단 죽은 다음에 기도하는 것은 헛일이 아닌가?

정교회는 모든 사람의 운명은 살아 있으나, 죽었으나 모두 하나님의 자비하심에 달려 있다고 가르칩니다. 불신자뿐 아니라 기독교인들도 모두 "그리스도의 두려운 심판보좌 앞에" 서게 될 것입니다. 사도 바울에 따르면, 각 사람의 공력은 불로 밝혀질 것이라고 하였습니다(고전 3:13). 그리고 그날에는 우리가 한 무슨 무익한 말이든지, 모든 말들에 대하여 심문을 받게 될 것입니다(마 12:36). 그러한 준엄한 심판을 생각하며, 감히 선언합니다. 이 세상을 떠난 분들을 위하여 하나님께 드리는 기도가 하나님께 상달된다고 말입니다.

그리스도의 피에 의한 용서

34. 그러나 그리스도인들은 그리스도의 피로 깨끗해지는 것이 아닌가?

그렇습니다. 그래서 우리가 기도하는 내용은 사람이 무슨 죄를 지었든지, 그 죄가 그리스도가 흘리신 그 피로 용서함 받기를 간구하는 것입니다. 사람이 하나님의 나라에 들어가기까지는 어느 누구도 최종적으로 완전히 구원받았다고 할 수 없습니다.

정교회와 다른 교파들

35. 왜 정교회는 다른 교파의 신앙교리들을 공격하는가?

정교회는 다른 기독교인들을 공격하는 데 관심이 없습니다. 단지 정교회 고유의 확신이 있을 뿐입니다. 그것은 우리 정교회가 기독교 신앙과 생활에 관한 온전한 진리를 보존해 왔다고 확신하는 것입니다. 이 온전한 전승에서 이탈되어 나간 다른 기독교인들에게 우리는 온전한 진리가 무엇인가를 보여주어서 돌아올 수 있는 길을 가르쳐 주기를 희망하고 있습니다. 그래서 정교회는 다른 기독교 교파들과 적극적으로 협력 연합사업을 벌이고 있으며, 에큐메니칼 운동에도 적극적으로 참여하고 있습니다.

정교회와 삶의 목적

36. 정교회에 따르면, 삶의 목적이 무엇인가?

"삶의 목적은 남녀 형제자매들이 지금과 영원히 하나님과 재연합되는 것이다"라고 정교회는 믿습니다. 이것은 영적으로 "새롭게 태어나서" 성령의 인도하심으로 하나님을 닮아가는 삶을 통하여 이루어집니다. 성령은 인도하심은 사람이 세례를 받음으로 하나님의 계시인 예수 그리스도와 연합될 때, 개인적으로 인격적으로 이루어집니다. 정교회의 모든 교리와 가르침은 하나님의 계시인 예수 그리스도 위에 기초해 있습니다.

부록 2 --

정교회의 국가 – 정치적 선교 개념

다양한 선교사역과 선교의 목표 그리고 선교방법과 양태는 선교를 무엇이라고 정의하느냐? 즉, 선교의 개념정의와 긴밀한 관계가 있다. 정교회는 선교를 다음과 같이 정의한다.

정교회가 말하는 선교란 정교회가 정통으로 여기는 전승을 전하는 것이다. 즉, 역사적이며 나누어지지 않은 거룩한 가톨릭/보편적 정교회의 순전하고도 거룩한 가르침을 전하는 것이며, 성경과 거룩한 전승에 기초한 기독교 신앙을 선포하는 것이다. 그리고 7개 고대 에큐메니컬 공의회의 결정이 무오함을 확증하는 것이며, 그리스도 공동체의 7개 성례전의 신비들을 실천하는 것이며, 정교회의 풍요로운 영성과 헤즈키즘의 경험과 정교회 신학과 신비와 치유와 신성화(神聖化)를 전하는 것이다.[1]

신성화(theosis)란 '하나님을 닮아감(Deification)'을 의미하는데, 정교회

---

1) The mission of the Evangelical Orthodox Community is to promote the authentic and sacred teaching of the historical and undivided Holy Catholic and Orthodox Church. To proclaim the Christian faith based upon the Holy Bible and Holy Tradition. To affirm the belief in the infallibility of the seven Ecumenical Councils and practise of the seven Sacramental Mysteries of the Community of Christ. To spread the rich spirituality and experience of hesychasm and Eastern Orthodox Theology, Mysticism, healing, and theosis. http://www.geocities.com/evangelical_orthodox/mission.html(2003년 11월 5일 검색).

의 구원론을 대변하는 표현이다.[2] 정교회의 구원론은 정교회 특유의 선교적 함의(implication)를 내포하고 있다. 정교회는 믿음으로 의롭다 함을 얻고 하나님의 자녀가 되는 것은 구원의 긴 과정에서 시작 단계에 불과한 것으로 생각한다. 정교회가 생각하기에 구원의 완성은 예수 그리스도와 사도들과 성자들의 모범을 따라서 삶으로 하나님의 성품을 닮아가는 것이다. 정교회의 독특한 미사(예배) 모습과 수도원생활 그리고 개인적인 신앙생활은 모두 이 '신성화' 개념과 깊이 연관되어 있으며 선교사들이 선교사역에 헌신하고 오지에 가서 이민족들에게 선교하는 동기와 선교방식에도 정교회의 독특한 구원론이 관련되어 있다.[3]

정교회의 '선교' 정의를 자세히 살펴보면, "역사적이며 나누어지지 않은 거룩한 전승", "7개 고대 에큐메니컬 공의회", 그리고 "교회의 풍요로운 영성과 헤즈키즘의 경험" 등과 같은 용어들이 말해주듯이, 복음의 능력과

---

2) 남정우, 『동방정교회 이야기』(서울: 쿰란출판사, 2003), 66–77쪽. 그러나 개혁주의 전통에서는 인간의 신성화의 현실적 가능성을 부인한다. 칼뱅은 그의 『기독교강요』 1권 12장 3절과 2권 8장 26절에서 피조물과 인간의 deification을 비판한다. 그리고 세르베투스가 "인간이 반(semi) 신적인 존재이며 공기를 마실수록 더 하나님을 닮아간다"는 주장을 했을 때, 칼뱅은 세르베투스 반박문에서 "허황된 소식을 그토록 탐하여 무질서한 욕망으로 그것에 빠지는 자들은 바람으로 포식하기에 합당할 뿐만 아니라, 사탄이 내뿜는 많은 치명적 전염들을 들어 마시기에 합당하다"고 논박하였다. 박건택 편역, 『종교개혁사상선집』, (서울: 개혁주의신행협회, 2000), 253쪽. 또 오시안더가 신성화에 대해 언급할 때 칼뱅이 그것에 대해 반박하였다. 타락 이전에도 타락 이후에도 인간과 하나님의 질적인 차이를 강조하며, 인간은 하나님이 아니며, 절대로 그렇게 될 수 없다고 본다. 인간이 하나님이 되려고(혹은 하나님을 닮아가려고) 노력하면 인간은 결국 사탄과 같이 된다. 왜냐하면 사탄 역시 하나님이 되기 위해 노력했기 때문이다. 인간이 할 수 있고 또 해야 하는 가장 선하고 가치 있는 노력은 예수 그리스도 안에서 풍성하게 나타난 하나님의 사랑과 자비를 알고, 감사하고 찬양하는 것이다. Carl Mosser, "The greatest possible blessing: Calvin and deification", *Scottish Journal of Theology*. Vol.55, 2002, pp.36–57.
3) Panayiotis Nellas, *Deification in Christ*(New York: St. Vladimir's Seminary Press, 1987).

복음의 탁월성보다는 정교회 전승의 우수성과 탁월성에 대한 확신이 정교회 선교 활동에 근간을 이루고 있음을 알 수 있다. 아직 복음을 듣지 못한 이방인들에게 찾아가서 예수의 복음을 전하여 교회를 세우며, 하나님 나라의 확장을 위한 활동을 의미하는 기독교의 일반적인 선교개념과 비교해 볼 때,4) 정교회의 선교 개념은 기본적으로 예수의 복음뿐만 아니라 정교회의 전승을 전하는 일을 중요시한다. 그리고 그 전승 속에는 이콘숭배(iconophile)5) 결정을 담고 있는 제7차 고대 에큐메니컬 공의회를 비롯한 7개의 고대 에큐메니컬 공의회 결정문의 무오함에 대한 확신과 동방정교회의 독특한 경건을 담지하고 있는 헤즈키즘(Hesychasm)이 포함되어 있다.6)

선교에 대한 정교회의 이러한 이해는 역사 속에서 비잔틴제국과 러시아 제국의 역사 속에서 교회와 국가의 특별한 관계성으로 인하여 국가 - 정치적 선교로 발전하였다.7) 국가 - 정치적인 선교는 국가교회의 선교이다. 국

---

4) 참고. D. McGavran and A. Glassur, *Contemporary of theologies of mission* (Baker book house company, 1983), p.26. "선교란 예수 그리스도를 알지 못하는 자들과 예수 그리스도에게 전혀 충성을 바치지 않고 있는 자들에게 지리적 문화적 종교적 경계선을 넘어 가까이 다가가서(적절한 상황화를 통하여) 복음을 전하는 것이며, 그들을 일깨워 그리스도를 그들의 주와 구주로(as their Lord and their Saviour) 받아들이게 하며, 선교 현지 교회의 신실하고 믿음직하며 책임 있는 구성원이 되게 하는 것이다. 그리고 성령의 인도하심에 따라 복음 전도와 정의실현을 위해 일하며, 하나님의 뜻이 하늘에서 이룬 것처럼 선교 현장에서도 이루어지도록 협력하는 것이다."

5) "이콘 숭배 교리" 결정에 관한 역사적 논쟁과정에 대한 논의는 야로슬로프 펠리칸 교수 책에 탁월하게 기술되어 있다. Jaroslav Pelikan, *The Spirit of eastern Christendom(600 - 1700)*(Uni. of Chicago Press, 1974), pp.117 - 126.

6) 헤즈키즘이란 말은 '고요함'을 뜻하는 그리스어 ήσυχία에서 나왔다. 이것은 동방정교회 세계에서 무엇보다도 아토스 산 수도사들을 통하여 전해져 온 내면적이고 신비적인 '예수 기도' 전통과 깊이 관련되어 있다. 항목, "Hesychasm", *The Oxford Dictionary of the Christian Church*, 2nd ed., by F. L. Cross and E. A. Livingstone(New York: Oxford Uni. Press, 1977).

7) Aristeides papadakis, "The Historical Tradition of Church - State relations under Orthodoxy", in *Eastern Christianity and Politics in the twentieth century*,

가교회란 교회의 지배적인 위치가 국가법에 의해 보장되고, 재정적인 국고지원을 받으며 정치 종교적인 경쟁자들로부터 보호받으며, 정부 관료들은 교회의 이익을 지켜주어야 하는 등, 국가가 교회에게 도움과 특권을 부여하는 반면 교회에 대한 강력한 통제력을 보유하는 것을 말한다.[8] 따라서 국가-정치적인 선교는 국가교회가 주체가 되어 국가-정치적인 목표들을 봉사하는 선교이다. 실제로 역사적으로 드러난 예들을 볼 때, 동방정교회 세계에서의 교회-국가의 관계는 국가주도적인 협력 관계였음을 부인하기 어렵다. 4세기 콘스탄틴, 6세기 유스티니아누스, 10세기 블라지미르, 17세기 표트르 대제의 영향 아래서 비잔틴과 러시아제국은 교회정치에 깊이 관여하였으며,[9] 선교사역에도 관여하였다.

그러나 여기서 선교 동기와 선교 목표를 혼동해서는 안 될 것이다. 모든 교회 성직자들이 스스로를 세속적인 군주의 욕망에 봉사하는 자들로 여겼다고 생각해서는 안 된다. 많은 경우에 있어서 선교사들에게 정치적인 목표들은 부차적인 의미를 지닌 것들이었다. 국가와 교회 사이에 긴밀한 관계성이 있다고 해서 선교 현장에서 이교도들을 개종시키고 영세(침례)를 베풀고, 지교회(local church)를 설립하는 등의 선교의 고유한 목표들이 배제된 것은 아니었다. 그러므로 선교의 정치적인 동기들(motivations)이라는 표현보다는 목표들(aims)이라는 표현을 사용하는 편이 더 적절할 것이라고 생각한다.[10] 동기라는 표현은 선교활동 배후에서 선교의 열정을 일으키고 자극하는 추진력의 의미를 담고 있기 때문이다. 국가 정부는 선교의 고유

Pedro Ramet(ed.) (Duke University Press, 1988), pp.37-58.

8) 김은실, "러시아 정교이념의 정치적 수용성. 루시, 제3로마 사상, 메시아니즘을 중심으로", 『정치사상연구』 제5집(2001년 가을), 218쪽.

9) 기연수, "러시아 전제정치의 기원", 한국외국어대 정치학박사학위논문, 1983, 217-218쪽.

10) Stamoolis, *Eastern Orthodox Mission Theology*, s. v. "Political Aims in Mission", pp.48-60.

한 목표들보다는 국가의 목표를 더 우선순위에 두려고 했지만 그렇게 되지 않은 경우도 종종 있었다. 교회 지도자들은 선교의 고유한 목표들을 배제하려는 정부 관리들과 단호하게 싸웠다.

그러나 동시에 군주의 욕망을 단호하게 잘라버리지 못한 성직자들의 예들도 수없이 찾아볼 수 있다. 교회와 국가가 긴밀하게 연관된 상태에서는 국가의 목표들은 교회의 목표들이 되었다.[11] 이러한 패턴이 특별히 러시아 교회 안에서 오랫동안 계속되었다. 국가정치적 선교 모습은 역사적으로 로마가톨릭교회의 선교, 영국 성공회의 선교, 루터교회의 선교 등에서도 발견되지만, 러시아정교회의 선교 속에서 가장 뚜렷하게 가장 오랫동안 발견된다. 그것은 황제교황주의(黃帝敎皇主義)적 신학과 전통이 오랫동안 러시아 사회를 지배해 왔기 때문이다.[12]

동방정교회 세계에서 교회와 국가 간의 관계성을 묘사할 때 언급되는 '황제교황주의'란 무엇인가? '황제교황주의'로 번역되는 "카이사로페이피즘(Caesaropapism)"라는 용어를 처음 사용한 학자는 19세기 독일 교회 사가 헤르겐료테르(I. Khergenräter)로 알려져 있다.[13] 그는 비잔틴제국의 황제권과 교회 사이의 독특한 관계를 설명하기 위해 '황제교황주의'라는

---

11) 참고. A. A. Vasiliev, *History of the Byzantine Empire* (Madison: University of Wisconsin Press, 1952), pp.14850, 25758, 283, 334, 46970.

12) 한국외대 기연수 교수는 "황제교황주의(黃帝敎皇主義)란 교황황제주의에 대비되는 것으로 교권(敎勸)을 속권의 하위에 두어 세속권(世俗勸)의 수장 군주, 즉 황제가 실질적으로 종교권을 행사하는 것"이라고 규정한 후, 황제교황주의의 가장 두드러진 예를 비잔틴제국이나 모스크바대공국 말기 및 제정 러시아에서 찾았다. 따라서 비잔틴으로부터 정교와 함께 제정일치적인 황제교황주의적 통치이념을 수용한 러시아 역사는 "끼예프 시대로부터 시작하여 모스크바 대공국 시대와 제정 러시아 시대를 거쳐 오늘날의 러시아 연방시대에 이르기까지 상호 보완적 입장이기는 하나 줄곧 교황권이 황제권에, 교회가 국가에 종속되는 속권 우위의 모습을 보여주었다"라고 주장하였다. 기연수, "러시아 전제정치의 기원", 21718쪽.

13) 林永尙, "황제교황주의와 러시아정교회" 『歷史上의 國家權力과 宗敎』, 歷史學會편(일조각, 2002), 210쪽.

개념을 도입했는데, 이는 신성로마제국의 황제에 대한 로마 교황의 우월적 권위를 주장한 '교황황제주의'에 대비하는 개념이었다.

다시 로마가톨릭교회의 입장에서 황제교황주의에 대한 본격적인 연구가 나온 것은 1946년이었다. 미국 예수회 신학부가 간행한 "신학연구"에 기고한 "비잔틴과 러시아에서의 황제교황주의(Caesaropapism in Byzantine and Russia)"에서 키릴 투마노프(Cyril Toumanoff)는 황제교황주의란 한 마디로, "교회가 국가에 의해 조건 지워지는 교회와 국가의 관계"이며, 이는 "하나의 교의가 아니라, 역사적인 경향이며, 하나의 이단이 아니라, 이단들의 어머니"라고 규정했다.[14] 원래 교회와 국가의 관계에 대하여, 예수 그리스도는 "가이사의 것은 가이사에게, 하나님의 것은 하나님에게"라고 명확하게 가르쳐 주었는데도 불구하고, 가이사 곧 세속권이 그리스도의 가르침에서 벗어나서 국가와 교회의 수장(首長)을 겸하거나, 적어도

---

14) Cyril Toumanoff, "Caesaropapism in Byzantine and Russia", *Theological Studies*, Theological Faculties of the Society of Jesus in the United States, vol.vii, n.2(1946), p.214.

가이사가 지명한 교황이 그리스도교회의 중심적인 위치를 차지하였기 때문이다. 투마노프는 후자의 경우 비잔틴제국에서, 또 전자의 경우 러시아 제국에서 나타남으로써 황제교황주의적인 이념의 가장 완전한 형태가 바로 러시아에서 구현되었다고 설명했다.

서방의 러시아사 학자인 커티스(J. S. Curtiss)와 파이프스(Richard Pipes) 등도 투마노프와 같은 입장에서 비잔틴에서뿐만이 아니라, 모스크바대공국 시대와 제정러시아에서의 교회와 국가의 관계를 비잔틴적이고 황제교황주의적인 것으로 인식했다.[15] 파이프스도 비잔틴에서 황제는 교회의 수장이었으며, 교회는 "국가 안에 있었고, 국가 기구의 일부였다"고 설명하면서 러시아 정교회를 국가의 종복으로 파악했다.[16] 이후 세속의 지배자인 비잔틴 황제가 교회의 수장을 겸하는 체제를 황제교황주의라고 규정한 투마노프의 주장은 서방 학계의 보편적인 입장이 되었다.[17]

---

[15] J. S. Curtiss, "Church and State" in C. E. Black. ed., *The Transformation of Russian Society: Aspects of Social Change Since 1861*(Harvard Uni. Press, 1960), pp.4-5.

[16] 한국학계의 경우, 황제교황주의를 최초로 언급한 사람은 한국외대 러시아어과 기연수 교수이다. "러시아 전제정치의 기원", 46-74쪽 참조.

[17] 동방정교회 세계에서의 교회-국가 관계를 흔히 '황제교황주의'라는 개념으로 설명한다. 이 개념을 두고서 논란의 여지가 많이 토론되고 있다. 교회가 국가 권력의 완전히 시녀노릇을 한 듯한 인상을 풍기기 때문이다. 그래서 황제교황주의 개념의 부적절성을 주장하는 학자들은 교리문제나 성례전집행에 대해서 황제가 간섭한 경우는 전혀 없었고, 황제의 무분별한 칙령에 대하여 교회지도자들이 저항한 예들이 많이 있었다는 사실을 근거로 그러한 명칭은 정확한 것이 되지 못한다고 말한다. 게다가 국가의 군주가 교회 인사문제, 재정 재산문제에 주도적으로 관여하는 황제교황주의적 형태가 동방정교회 세계 안에만 나타나는 것이 아니라, 로마가톨릭교회, 영국교회 안에서도 나타난 것임을 언급하며, 황제교황주의 현상을 정교회 세계의 특징인 양 묘사하는 것은 적절하지 못하다고 반박한다. 러시아정교회 사제들도 오래전부터 교회-국가에 관한 문제에 깊은 관심을 가졌다. 사제 알렉세이 니콜린은 1997년에 출간한 『교회와 국가』에서 국가와 교회와의 상호 관계성을 세 가지 유형

황제교황주의에 대한 보다 구체적인 개념정의는 크로스(F. L. Cross)가 편집한 『옥스퍼드 교회사 사전』에서 찾을 수 있다.[18] 여기에서 황제교황주의는 "절대군주가 자신의 영토 내의 교회에 대한 완전한 통제권을 가지며 통상적인 경우 교회의 권한에 속했던 제반 문제(예를 들면 교리)까지 그 지배권을 행사하는 체제"로 규정되었고, "일반적으로 비잔틴 황제들이 특히 1054년 교회의 대분열 이전 동방의 총대주교들에게 행사한 권한에 대해 사용된다"고 덧붙여졌다. 실제로 비잔틴 사람들에게 근대적인 의미의 교회-국가의 구분은 무의미했다. 그들은 교회와 국가를 협력과 갈등 관계의 대조되는 실체로 간주하지 않았으며, 사회를 단 하나의 통합된 전체라고 생각했다.[19] 따라서 비잔틴 황제가 시민행정뿐만 아니라, 종교행

으로 구분하였다. ① 최고의 국가권력이 종교의 중심으로 변한 형태. 파라오가 국가의 수반인 동시에 최고의 신관 심지어 신(神)까지 되었던 이집트와 황제들이 최고 신관이 된 로마 등 이교도 국가에서 있었던 경우이다. 기독교 국가에서는 황제교황주의(Цезаропапизм)라고 부르며, 종교개혁 국가, 특히 영국에서 왕이 교회의 수장이 된 현상을 말한다. 러시아정교회사의 대부인 카르타세프는 이를 협화음인 심포니아가 아니라, 불협화음을 의미하는 카카포니아라고 하였다. ② 국가가 종교기관에 복종하는 형태이다. 예를 들어 티벳과 남아메리카에서 다양한 신권정치의 유형이 존재하였는데, 기독교 국가에서는 이를 교황황제주의(Папоцезаризм)라고 불렀다. 교황황제주의의 기본적인 원리 가운데 하나는 교황을 교회권력의 수장으로서만이 아니라, 국가의 최고 권력자로서 인정하는 것으로서 바티칸이 그 대표적인 예라고 할 수 있다. ③ 교회와 국가의 대립이 아니라, 조화와 동의에 기초하는 동맹(Союз)의 형태. 역사상 이러한 동맹은 '권력 간의 심포니아'라는 이름으로 나왔는데, 이는 모든 정교회 국가들이 노력해 왔던 교회와 국가의 관계를 의미한다. Св ященник Алексей Николин, Церковь и Государство: История право вых отношений (교회와 국가: 그 관계의 역사)(Издание Сретенского монастыря, 1997), с.13-15. 林永尙, "황제교황주의와 러시아정교회" 『歷史上의 國家權力과 宗敎』, 219-20에서 재인용.

18) *Oxford Dictionary of the Christian Church*, 1958, p.215.

19) 그것은 서로마제국이 476년 고트족에게 멸망당한 이후에 국가의 절대성에 대한 인식이 흔들렸던 반면에 동로마제국에서는 1453년 콘스탄티노플이 멸망당할 때까지 국가의 절대성이 의심받지 않았기 때문으로 보인다.

정에 책임을 지는 것은 당연한 일이었다.[20]

모든 선교가 그러하듯이 선교는 사회, 문화, 역사적인 모든 요소가 종합되어 이루어지는 복합적인 현상이다. 동방정교회와 러시아정교회의 선교는 위에서 언급한 황제교황주의적 맥락 속에서 자연스럽게 국가-정치적 선교로 발전하였다.[21] 교회적 선교나 선교회 선교에 비하여 국가-정치적 선교는 국가적 차원에서 이루어지는 정책적 사업의 성격을 강하게 지니기 마련이다. 때문에 반드시 역사적이고 사회적이고 정치적인 배경을 가지기 마련이며, 선교가 현장에서 진행되면 그 다음 다양한 현상들이 나타난다. 국가 내에 다른 소수파 종교를 억압한다거나, 선교를 수용하지 아니하면 국민 생활에 제약과 불이익을 가하는 등의 국가 행정적인 조치를 취한다.

이러한 예가 초기 기독교와 기독교의 역사 가운데서도 나타났다. 역사적으로 로마제국 시대 200여 년 동안 기독교는 소수종파로서 제국의 핍박을 받았다(디오클레시안 황제의 칙령, 303년, 304년 칙령2-4).[22] 그러다가 콘스탄틴 황제로 인하여 기독교의 상황은 완전히 뒤바뀌었다. 이때 제국의 신학이 시작되었다.[23] 200여 년간 로마제국의 핍박을 받다가 이제는 종교의 자유뿐만 아니라, 황제의 후원으로 크게 확장되는 기독교의 성장을 보면서 콘스탄틴 황제의 다스림하에서 실현될 기독교 세계에 대한 이상(理想)에 대한 이론이 나오기 시작하였다. 이러한 이상은 325년 황제가 니케야 공의회를 소집한 사건에 의하여 더욱 구체화되었다.[24] 황제와 교

---

20) 그러나 비잔틴과 러시아의 황제는 교리를 고치거나, 성례전을 집례하는 일은 행하지 않았다. 이 때문에 이형기 교수는 "제한적 CaesaroPapism"이라는 표현을 사용하였다. 이형기, 『세계교회사』, 1권(서울: 한국장로교출판사, 1994), 615-16쪽.
21) 그러나 그리스정교회, 루마니아정교회의 선교개념은 다르다. 국가-정치적 선교의 성격을 거의 보이지 않는다.
22) 참고. Philip Schaff, *History of the Christian Church*, Vol. II (Rrand Rapids: Westerminster B. Eerdmans Pub. 1910), pp.40-70.
23) 최덕성, "콘스탄틴 황제와 제국교회", 『신앙세계』 (1992년 4월), 106-15쪽.

황은 이 세상 기독교를 섬기기 파수꾼으로 간주되었다. 이후 기독교국가가 된 로마제국은 종교재판을 통하여 제국 내 이단들을 재판하고 추방하였다. 나중에는 교회의 보호자 역할을 자처하며 주교 인선문제, 교회재산 관리에도 황제가 관여하였다. 제국의 목표와 교회의 목표는 동일시되었으며, 이교도와 이방 민족들을 개종시키는 선교사역은 교회의 일인 동시에 국가의 일로 간주되었다.[25] 이것이 지리상의 발견 이후에는 스페인-포르투칼의 파드로아도(padroado), 즉 교황이 국가로 하여금 이미 발견되었거나 장차 발견될 나라들에서 신앙전파의 책임을 지우는 이론(교황 알렉산더 6세의 칙서, inter Caetera, 5월 3일, 1493년)의 발전을 가져왔다. 선교사들은 두 주인의 종, 즉 하나님과 군주의 종이 되었다.

16세기 기독교(개신교) 국가에서는 식민지 국가들을 선교해야 한다는 도덕적인 책임감에 대한 선언이 특별히 칼빈주의 세계에서 일어났다(벨기에 신앙고백문, 1561. Confessio Belgica).[26] 그러나 어떤 특정 지역에서 식민세력의 변화는 선교사들의 변화로 이어졌고, 아니면 신앙고백문을 바꾸

---

24) 참고. John L. Boojamra, "Constantine and the Council of Arles: The Foundation of Church and State in the Christian East", The Greek Orthodox Theological Review, Vol.43. Nos.1-4(1998), pp.129-41.

25) Karl Müller, Theo Sundemeier and Stephen B. Bevans, *Dictionary of Mission: Theology, History, Perspectives*, s. v. "State, Church and Mission", Richard H. Bliese, ed., (Orbis Books, Maryknoll, New York: 1997), p.418.

26) 위의 책, s. v. "Colonialism", p.67 이하. 교회와 국가와의 관계성에 대한 개혁 교회의 고전적인 이해는 "벨기에 고백"(Belgic Confession) 제36조항에 잘 나타나 있다. 그들의(정부 관리들의) 직무는 국가의 복지를 관심 있게 지켜볼 뿐만 아니라, 교회 목회도 보호해야만 하며, 이렇게 함으로써 모든 우상을 타파하고 거짓된 예배를 막아내어 그리스도의 왕국을 확장해야 한다. 그러므로 그들은 곳곳마다 복음의 말씀을 전파하는 일을 후원해야만 하고, 그것은 하나님의 말씀이 명령한 것처럼 누구든지 하나님께 예배를 드리고 영광을 돌릴 수 있게 하는 것이다. David J. Bosch, *Witness to the World: the Christian mission in the theological perspective*, 전재옥 옮김 『세계를 향한 증거』(도서출판 두란노, 1993), 147-48쪽에서 재인용.

어버리는 일들로 이어졌다(예컨대, 스리랑카에서의 변화). 교회의 목표와
국가의 목표가 병립 불가능할 경우가 많았는데(예컨대 미국에서 인디언 교
회의 설립이 국가의 반대로 좌절되었다), 이러한 마찰과 갈등으로 인하여
가톨릭의 경우에는 "신앙 포교성"(the Congregation for the propagation of
the faith, Propa-ganda Fide, 1622)이 만들어졌고, 기독교 세계에서는 "선
교회들"(missionary societies)이 만들어졌다. 선교 현장에서는 식민지배세
력의 대표자들과 선교사 개인들 간에 갈등과 마찰이 끊임없이 있었다.[27]
로마가톨릭 세계에서는 1789년 프랑스 대혁명 이래로 대부분의 국가에서
국가와 교회의 분리사상이 지배적인 여론이 되었고,[28] 국가-정치적 기반
이 없는 상태에서 시작된 기독교회는 대체로 16세기 종교개혁 때부터 국가
와 교회의 분리 사상을 구체화해 나왔다.[29]

그러나 러시아정교회는 달랐다. 처음부터 황제 주도하에 수용되고 확대
되고 발전해 온 러시아정교회는 오랜 역사 속에서 국가-정치뿐 아니라,
국민의 교육과 생활에 긴밀한 관련성을 갖게 되었다. 특별히 표트르 대제
시대에 교회의 권위를 대표하는 총대주교제를 폐지하고 교회와 선교를 관
장하는 국가관청인 신성종무원(Святейший Синод)을 신설하여 교회의
모든 문제를 관활하게 함으로 러시아정교회는 국가교회적 성격을 더욱 강
하게 지니게 되었고, 따라서 선교도 국가-정치적 선교의 성격을 뚜렷하
게 드러내었다. 국가법으로 제정된 신성종무원 제도는 1721년부터 1901년

---

27) 예컨대, Las Casas, Francis Xabier, W. Penn 그리고 C. Lavirerie 등과 같은
  선교사들을 언급할 수 있겠다. Karl Müller, Theo Sundemeier and Stephen
  B. Bevans, *Dictionary of Mission: Theology, History, Perspectives*, p.418.
28) 참고. 白仁鎬, "가톨릭교회와 국가-프랑스 절대왕정에서 혁명까지", 『歷史上
  의 國家勸力과 宗敎』, 166-92쪽.
29) 참고. 朴駿徹, "프로테스탄티즘과 근대유럽의 정치체계-루터파와 절대주의의
  관계를 중심으로", 위의 책, 193-209쪽.

까지 존속하였다.[30] 20세기 초 러시아정교회는 전체 제국 신민의 거의 70%에 달하는 8천4백만 명에 육박하는 신도수를 거느린 거대한 국가교회였다.[31]

따라서 국가교회인 러시아정교회는 러시아제국 안에서 그 지배적 위치를 법에 의해 보호받았으며, 필요한 재정의 상당 부분을 국고에 의해 지원받았으며, 정치 및 종교의 적들과 경쟁자들로부터 법에 의해 보호받았다. 그리고 공립 교육기관에서 정교의 교의를 교수했으며, 종교적 선전을 독점적으로 수행하였고, 유일하게 선교할 수 있는 기관이었다. 또한 종교 서적 발행에 있어 출판권을 소유할 뿐만 아니라, 검열권까지 행사하였다. 뿐만 아니라 신성종무원장(Обер-Прокуратор)이 대신회의의 일원이며, 주교들은 교회의 이익을 지키기 위해 젬스트보(Земство, 지방의회)에 참

---

30) J. S. Cutiss, *Church and State in Russia: The Last Years of the Empire 1900-1917*, (New York.: 1972) pp.23-24.
31) 1897년 인구 조사에 따르면, 당시 제국의 인구는 1억 2천5백만 명이 훨씬 넘었다. 유럽-러시아 50개 현(懸)의 정교신자는 82%에 가깝다. 이 신자들은 당시(1897년) 66개 주교구와 1개의 외교구에 소속되었다. 위의 책, p.72.

가하였고, 정부 관료들은 교회의 이익을 지키도록 요청받고 있었다. 이런 여러 길을 통해 국가와 교회는 밀접하게 연결되어 있었다.[32] 그러나 이것이 선교에 대한 절대적인 이익을 뜻하지는 않았다. 국가는 교회에 도움과 특권을 부여한 반면 교회와 선교의 자율성을 제한하였다. 결과 선교방법, 선교사의 소명의식, 선교의 목표, 선교 내용 등에 있어서 갈등과 변질이 불가피하였다.

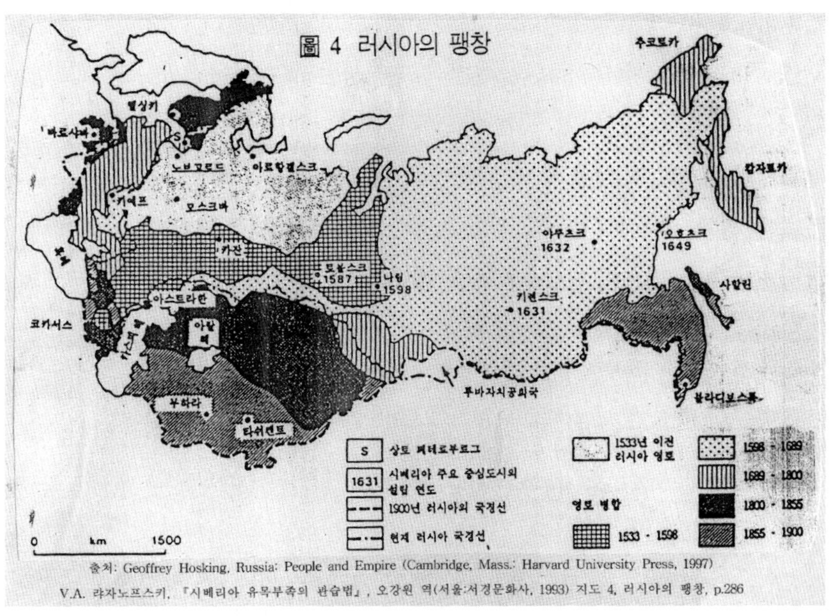

출처: Geoffrey Hosking, Russia: People and Empire (Cambridge, Mass.: Harvard University Press, 1997)
V.A. 랴자노프스키, 『시베리아 유목부족의 관습법』, 오강원 역(서울:서경문화사, 1993) 지도 4, 러시아의 팽창, p.286

러시아 제국의 팽창지도

---

32) 위의 책, pp. 35-38.

부록 3

러시아정교회 선교 줄거리

　지금까지 한국에서 가르친 세계 선교역사는 로마가톨릭과 프로테스탄트의 선교역사였다. 온전한 세계선교역사가 아니었다. 5세기부터 15세기까지 페르시아, 인도, 중앙아시아, 몽골제국, 중국 당나라에서 전개된 네스토리우스파(경교)의 선교역사와 비잔틴제국과 러시아제국을 중심으로 모라비아, 불가리아, 러시아, 시베리아, 알래스카, 극동 지역에서 9세기부터 19세기까지 전개된 동방정교회선교역사가 빠져 있었다.

　그 이유가 무엇일까? 경교의 선교역사를 알지 못한 까닭은 남아 있는 역사기록물이 거의 없기 때문이다. 다행히 최근에 프린스톤 신학교의 사무엘 마펫 박사가 "아시아 선교역사(김인수 역)"을 발행하여, 그동안 땅 속에 숨겨져 있던 경교의 선교역사를 소개해 주고 있다. 한국에서 동방정교회의 선교역사를 알지 못하였던 까닭은 서구선교사들의 지배적인 영향과 한반도에서의 냉전체제의 영향 때문이었다. 미국 선교사들의 영향을 지배적으로 받아온 한국교회는 그동안 서구교회사를 배우기에도 바빴다. 게다가 1991년 이전까지 공산주의와의 대결구도 속에서 동유럽과 소련을 공산주의 국가들로만 알았지, 동방정교회의 유구한 역사와 문화를 지닌 국가들이라는 사실을 깊이 인식하지 못하였다.

그러나 1991년 구소련의 붕괴와 냉전체제의 해빙으로 인하여 러시아를 여행하며, 동유럽 국가들과의 교류가 빈번해지면서, 동방정교회에 대한 관심과 연구도 점점 많아지고 있다. 앞으로 문화, 역사, 정치, 사회적 교류, 신학, 선교에 있어서 동방정교회에 관한 이해와 지식은 더욱 많이 필요할 것이다. 여기서는 동방정교회, 특별히 러시아정교회의 선교역사를 간략하게 살펴보고자 한다.

동방정교회의 선교역사를 이해하려면, 우선 동방정교회 세계가 처한 지정학적인 특징을 알아야 한다. 비잔틴제국과 러시아제국은 종교적으로 항상 모슬렘 세계와 대결구도 속에서 살았다. 중세시대 동방 정교회는 소아시아(터키)를 거쳐 서방 그리스도교 세계의 심장부까지 밀고 들어온 이슬람의 진출과 이교도들인 타타르족(몽골제국)의 러시아 진출 등, 두 번에 걸친 대타격으로 그 기능이 마비되어 있었다.[1] 15세기 콘스탄티노플의 함락은 동방정교회 제국의 몰락일 뿐만 아니라, 희랍정교회의 위대한 선교역사의 종언을 뜻했다. 콘스탄티노풀, 안디옥, 예루살렘, 알렉산드리아 등 고대 에큐메니칼 총대교구청들을 가지고 있었던 시리아, 예루살렘, 이집트 지역의 동방정교회들은 아랍과 투르크인들의 연속적인 공격과 지배를 받으며 힘든 생활을 하였다. 사실상 선교의 자유는 박탈당하였다. 약 400년 동안 그리스를 비롯한 발칸반도의 희랍정교회, 안디옥, 예루살렘을 비롯한 고대 오리엔탈 정교회, 콘스탄티노플 정교회는 거세당한 남자처럼 무기력한 모습으로 겨우 명맥만 유지하면서 살아왔다.

그러나 19세기에 와서 이 교회들은 그 지역 국가들의 정치적인 독립과 더불어 자유를 얻게 되었다. 그러나 그들의 선교 활동은 아직 재개되지

---

1) Stephen Neill, *A History of Christian Missions*(1979), 『기독교 선교사』, 홍치모 오만규 역(성광문화사, 1995), 264.

않고 있었다. 러시아가 정신을 수습하여 그 독립성을 다시 주장하고 공격적이며 확장적인 그리스도교 세력으로서 자신의 자리를 차지하게 된 것은 오랜 후의 일이었다.

13세기, 14세기에 타타르족(몽골제국)의 침략으로 러시아는 많은 피해를 입었지만, 역사적으로 유익한 측면도 있었다. 러시아 민족의 연합운동이 일어난 것이다. 타타르족의 공격으로 슬라브족, 스칸디나비아족, 핀족(Finns) 등 여러 종족들은 다 같이 큰 피해를 입었다. 따라서 공동의 원수에 대한 그들의 저항은 그들에게 이전에 경험해 보지 못한 단결의 토대를 마련해 주었던 것이다.

놀라운 것은 타타르족의 지배 아래서 선교사역을 시도한 선교사가 있었다는 사실이다. 그는 스테판 차르프(Stefan Charp, 1340-96)였다. 그는 1383년에 페름(Perm) 교구의 감독으로 임명되어 수년간 그곳에서 활약하였다.

그는 동방정교회의 선교의 탁월한 전통(9세기 끼릴과 메쏘디우스)을 좇아 선교 지역의 언어를 사용하여 가능한 자신의 양 떼들인 주리안족(Zyrian)의 관습과 풍습을 보존하였다. 뇌물이나 폭력으로 신자들을 얻고자 하는 유혹을 피하였다. 다음은 스테판에 대한 현대의 어느 학자가 내린 평가이다:

> 그의 사업은 지혜와 넓은 시야로 특징되어 있다. 그의 선교 사업에는 정치적인 개입을 전혀 찾아볼 수 없다. …… 그의 모든 선교활동은 견고하고 신중했다. 그는 겨우 겉치레의 성공에 끝나는 것이 아닌가 하여 항상 주의를 기울였으며 그가 개심시킨 자들의 그리스도적 신앙을 강화하고 깊게 하는 일에 자신을 헌신하였다.

그러나 그의 모범은 그의 뒤에 오는 사람들에게 하나의 추억과 영감으로 남았다. 선교사역에 있어서 스테판(Stefan)의 성공은 조그마한 것이었고, 그의 노력들은 적절히 계승되지 못했다.

이후 러시아정교회의 선교적인 태도는 세 가지 새로운 요인들에 의하여 바뀌게 되었다. 첫 번째 요인은 이슬람에 대한 적개심이 더욱 날카로워졌다는 점이었다.[2] 러시아에 처음으로 들어왔을 당시 타타르족은 모슬렘 교도들이 아니었다. 1세기 후에 그들은 이슬람교도가 되었지만 그들이 받아들인 이슬람은 광신주의적인 것이 아니었다. 남을 핍박하는데 열심이 있는 것도 아니었다. 기독교도들과 모슬렘 교도들은 함께 의좋게 살았다. 이러한 분위기로 말미암아 상호 침투가 크게 이루어졌고, 또 러시아인들도 동부 러시아의 고원 지역으로 침투해 들어갈 수가 있었다.

하지만 그와 같이 우호적인 공존 체제는 선교적인 열성과 쉽게 양립될 수가 없는 것이다. 볼가(Volga) 강 유역에 있는 새로운 칸(Kan-몽골 민족)국들의 태도가 강경해지면서 그리스도교도들이 볼가 강 일대의 지역을 더 이상 통과할 수 없게 되자, 사태는 달라지고 말았다. 러시아에 대한 이슬람의 태도와 이슬람에 대한 러시아의 태도는 1453년 콘스탄티노플의 함락으로 더욱 날카로워졌다. 남쪽에 남아 있던 기독교 세계의 최후의 보루가 무너진 것이다.

이제는 모스크바가 비잔틴 세계의 후사이며 투사가 되었다. 이때부터 모스크바의 통치자들은 그들의 도시를 "제3의 로마"로 부르기 시작한다. 첫 번째 로마는 이단자들의 손에 떨어졌다. 러시아는 1438년 플로렌스(피랜츠) 회의에서 이루어진 동서교회의 잠정적인 연합을 한 번도 인정하지

---

2) S. Neil, 같은 책, 265.

않았으며, 러시아가 가지고 있는 최후의 희랍 대도시였던 키에프의 이삭크(Isaac of Kiev)의 회수를 거부함으로써 자신의 독립성을 뚜렷이 표명했다. 두 번째 로마라고 할 수 있는 콘스탄티노플은 투르크의 손에 떨어졌고 모스크바만이 홀로 남았다. 모스크바는 마지막 시대에 세계의 중심이 되기 위하여 하나님이 세우신 곳으로 여겼다.

이반 3세(1462~1505)는 콘스탄티노플의 마지막 황제 요안네스 팔래올로구스(Johannes Palaeologus)의 조카를 두 번째 왕후로 맞이하였다. 그때부터 그는 황제의 칭호를 사용하고 자신을 비잔틴 왕계의 합법적인 계승자로 자처하였다. 그는 이제 지상에 있는 하나님의 대표자로서 하나님께 반역하는 자를 응징해야 하는 제2의 콘스탄티누스였다. 그래서 뇌제(雷帝) 이반 4세(Ivan Ⅳ, the Terrible: 1533-84)가 1552년에 카잔(Kazan)의 타타르 칸국(Khanate)을 굴복시키기 위하여 전쟁을 개시했을 때, 이 전쟁은 그에게 있어서 하나님의 성전(聖戰)이었던 셈이다. 카잔을 점령하고 첫 번째로 나온 그의 공식 문서는 기독교회의 건립에 관한 것이었으며, 그 도시의 주민들은 세례를 받거나, 아니면 추방되어 러시아인들로 대치하였다.[3] 1589년에 콘스탄티노플의 총대주교(Oecumenical Patriarch)가 다소 마지못해하면서 모스크바를 총대주교 교구로 승격시킨 것은 단지 논리상의 단계였을 뿐이었다. 러시아 국가와 러시아의 교회는 모두 팽창할 차비를 갖추고 있었다.

일단 팽창 작업이 개시되자 러시아 세계의 지리적인 확장은 놀라울 만큼 신속히 전개되었다. 시베리아 개척의 교두보 요새 도시 토볼스크(Tobolsk)시가 1586년에 건설되었다. 1619년에는 예니세이(Yenisei) 강을 횡단하였다. 1632년에는 현재의 야쿠츠크(Yakuchk)의 근처에 있는 레나(Lena)에

---

3) S. Neil, 같은 책, 266.

도달하였다. 1648년에 러시아는 처음으로 태평양 연안에 도달했으며, 데지네프(Dezhnev, Semyon lvanovich)는 이스트 케이프((East Cape)를 돌아 베링 해협을 발견하였다. 물론 이와 같이 신속한 발견 자체가 이 광막하고 인적이 드문 지역의 완전한 점유를 뜻하는 것은 아니었으며, 그곳 주민들의 동화나 기독교화 같은 것은 더욱이나 거리가 먼 이야기였다. 그런 과정은 3세기 이상이나 걸려 진행되어 온 것이며, 아직도 여러 가지 면에서 완결되지 않은 작업이다.

처음에는 러시아정교회가 시베리아선교에 적극성을 보이지 않았다. 새로운 교두보 마을이 마련되고, 러시아인들의 강력한 요청이 있을 때, 최소한의 사제를 보내는 수준이었다. 시베리아에서 선교하는 일은 쉬운 일이 아니었다. 세 개의 종교가 이 지역에서 경쟁을 하고 있었다. 대다수의 주민들은 종교라고 부르기보다는 마술과 공통성이 많은, 흔히 샤머니즘이라고 부르는 종교를 신봉하는 정령숭배자들(animists)이었다. 그러나 티베트식의 불교 형태인 라마교(Larnaism)가 남쪽에서부터 들어오고 있었으며, 어떤 지역에는 이슬람 세력도 만만치 않았다.

시베리아를 선교하기 위한 진지한 노력은 겨우 표트르 대제 치세 중에 시작된 일이었다. 1700년 6월 17일에 표트르는 우카즈(ukaz: 제정 러시아 황제의 칙령)를 공포하여 다음과 같이 선언하였다.[4]

> 우상을 숭배하는 백성들에게 정교회 신앙을 강화, 확장시키고 기독교 신앙을 전파시키기 위하여, 그리고 토볼스크(Tobolsk)의 주변의 조공을 바치는 백성들과 시베리아의 다른 도읍들을 기독교의 신앙과 거룩한 세례로 인도하기 위하여 짐은 키에프에 있는 총주교에게 다음과 같은 서한을

---

4) S. Neil, 같은 책, 268.

보내기로 작정하였다. 총대주교는 유덕하고 유식한 사람으로서 선하며 흠이 없는 사람을 찾아 구하라. 그로 토볼스크 교구의 주교직을 갖게 하여 하나님의 도움으로 시베리아와 중국에서 우상 숭배에 눈이 멀고 무지한 중에 살고 있는 백성들로 하여금 서서히 참되고 살아 계신 하나님을 알고 섬기고 예배하도록 하게 하라.

선교에 황제가 이러한 관심을 보인 것은 단순히 기독교 확장만을 위한 것이 아니었다. 그에게는 정치적인 목적이 있었다. 사실 러시아정교회 선교에 있어서 거의 예외 없이 교회와 국가 간의 유착이 너무나 깊었기 때문에 선교사역에 있어서 국가와 교회를 분리한다는 것은 거의 불가능하다고 하는 점이 러시아 선교의 특징이었다.

러시아정교회 선교사역은 서서히 진전되어 갔다. 그 진전 과정은 7단계로 나누어 생각해 볼 수 있다.

(1) 서시베리아의 선교:

1702년 1월 4일 필로페이 레스친스키(Filofey Leschinski 또는 Aillotheos Leszczynski)가 토볼스크 감독에 임명되었다. 토볼스크는 시베리아의 중심 도시이기는 하지만, 광막하고 쓸쓸한 시베리아 한가운데 있었다. 그는 거기서 많은 외로움과 고생을 겪었다. 1721년에 이르러 많은 고생 끝에 오스티아크족(Ostiaks), 보굴족(Bogul), 야쿠트족(Yakuts) 그리고 그 외 지역 부족들을 개심시키는 작업을 단속적으로 수행하였다.

필로페이는 의심할 여지없이 열성적이며, 헌신적인 선교사였고, 많은 열매를 얻었다. 그의 재직 시에 교회 수는 160에서 448곳으로 늘어났으며, 4만 명에게 세례를 베풀었다고 한다.

그러나 그의 선교사업에 있어서 한 가지 우리가 눈여겨보는 부분은 그가 황제의 허락을 얻어 그리스도교로 개종하는 사람들에게 면세(免稅)의 특권을 선언한 사실이다. 이것은 시베리아 정교회의 발전을 위하여 나쁜 선례가 되었다. 필로페이가 사망한 이후 시베리아 선교는 혼란에 빠졌다. 이미 선교사의 부족으로 심각한 어려움을 겪고 있었는데 필로페이가 사망하자, 그의 선교사역을 계속해 나갈 일꾼이 없었다.

그러나 실베스터 골로바키(Silvester Golovacky: 1746-58) 감독의 부임과 함께 선교사역은 다시금 활기를 띄었다. 1753년에는 462명 그리고 1754년에는 311명의 세례를 기록하고 있다. 그러나 광대한 시베리아에서의 이러한 열매는 정말 미미한 것이었다. 시베리아에서 선교사역이 조직적으로 활력 있게 광대하게 전개되기 시작한 것은 1세기의 세월이 경과된 이후였다.

(2) 중국 선교:

17세기 말부터 이미 러시아인들이 북경에 거주하고 있었다. 그들은 중국 군인들에 의하여 포로가 되어 북경으로 끌려온 사람들이었다. 거주자들의 대다수는 러시아 국경을 지키던 코사크인들과 알바지아인들로서 그들 가운데 군종 신부도 있었다. 이러한 사실이 러시아 중앙정부에 알려진 후, 이들을 위하여 사제를 보내려는 시도가 수차에 걸쳐 이루어졌다. 그러나 이러한 시도는 분명히 러시아의 정치외교적인 목적에서 이루어지는 조처였기 때문에 아직도 쇄국정책을 충실히 펴고 있던 중국은 계속해서 러시아 사제의 북경 주재를 거절하였다. 러시아 사제의 북경거주가 허락된 것은 키아크타 조약(Teaty of Kiachta: 1727년)에서 러시아 황제가 몽고에 대한 중국의 정당한(de Jure) 주권을 인정해 주고 그 보상으로 얻은 것이었다. 사제의 수는 네 명으로 제한되었다. 러시아의 선교회는 18세기를 간신히 끌고 갔다.

전반적으로 볼 때 중국에서 러시아정교회 선교사들과 로마가톨릭 예수회 수도사들 및 그들의 후계자들과의 관계는 순조로웠던 것 같다. 중국에서 예수회 선교회의 마지막 감독인 나사로회의 피레스(Pires)가 1835년 사망할 때, 자기 선교회 전체 재산을 러시아의 대승정(archmendrite)에게 유증했다. 그러나 중국에서 러시아인들의 빈곤과 영향력의 부족은 이전에 로마가톨릭이 중국에서 누렸던 지위 그리고 그들이 황제의 총애로 확보할 수 있었던 안정성과는 너무도 서글픈 대조를 보여 주었다.

많지 않은 사람들이 세례를 받았다. 어느 선교사의 보고에 의하면 자신은 1732년에 9명의 중국인에게 세례를 베풀었으며, 1755년과 1772년 사이에는 적지만 신실한 신도들이 있었다고 하였다. 선교회는 선교하는 일 이외에 연구소로서도 봉사하였다. 18세기에만 해도 상당수의 저명한 동양학자들이 여기에서 배출되었다. 그러나 그때는 너무나 초라한 시대였다. 1795년에 보고된 북경 교회의 교인 수는 25명의 러시아인과 10명의 중국인에 불과했다.

(3) 칼묵크 선교:

칼묵크족(Kalmucks)은 우랄 산맥의 동남쪽 고원 지대에 사는 유목 민족이었다. 이들에 대한 그리스도교의 선교는 추장 선출을 둘러싼 분쟁에 러시아인들이 개입함으로써 처음부터 크게 체면을 잃었다. 추장 후보 중의 한 사람이었던 바크사다이 도르디히(Baksodai Dordjhi)는 러시아인들의 지원을 받을 목적으로 피오트로 타이신((Peter Tayshin)이란 세례명으로 세례를 받았다. 그에게 사제 한 사람을 배정하여 유목생활을 함께 하며 기독교 교육을 시키려는 시도가 여러 차례 이루어졌으나 모두 간헐적인 것으로 끝났다. 따라서 이들 명목상의 그리스도인들에게 베풀어진 교육이란 보잘것없는 것이었다. 이 사업의 지도자는 니코담 렌키이비치(1673년 출생)라는 수도승이었다.

나중에 러시아 중앙정부가 칼묵크족 그리스도인들에게 러시아 내에 정착지를 제공하려고 하는 움직임이 있었다. 그러나 유목생활을 더 좋아하는 이들의 마음을 돌리게 한다는 것은 불가능한 일이었다. 이 제안을 받아들인 사람은 얼마 안 되었으며, 그나마 그 가운데 많은 사람들은 다시 그들의 고원 생활로 되돌아가고 말았다. 그러나 칼묵크족은 서서히 러시아인의 생활 방식으로 젖어들기 시작했다. 하지만 그리스도인의 덕성을 갖추는 데 있어서는 뚜렷한 진전을 보이지 않았다. 1780년에 주임 신부 추보브스키(Chubousky)가 보낸 보고에 보면 칼묵크족은 완전히 이중적인 생활을 하고 있으며 아직도 기독교인이라고 하기보다는 라마교도(소승불교)의 측면이 훨씬 많았다.

(4) 볼가 강 중류 지역 선교:

이 지역의 선교는 아직까지 보아 온 그 어떤 지역보다도 표면상으로는 성공적이라고 할 수 있었다. 그러나 이 성공은 남다른 사도적 열심으로 이루어진 것이라기보다는 그리스도인이 되는 사람에게 베풀어진 보상과 물질적 행정적 혜택의 결과였다. 표트르 대제는 그의 전임자들의 약속들을 확인했으며 그 위에 세례를 받은 자에게 군복무의 면제라는 특권까지 추가했다. 주민들은 물론 이와 같은 제안들을 환영하였다. 1701년에서 1705년 사이에, 3638명의 체르미스족(Cheremis)이 세례를 받은 것으로 기록돼 있다.

그러나 후년에 와서 이 방법이 전적으로 만족스럽지만은 못했음이 밝혀졌다. 수년 전에 세례를 받은 자 중에는 단 한마디의 기도도 못하고 겨우 성호를 긋는 것이나 아는 사람이 상당수에 달했다. 그것도 그럴 것이 이 사람들은 러시아 말을 전혀 몰랐고, 그렇다고 자신들의 언어로 가르침을 받은 일도 없었다. 사태를 바로잡기 위한 조처들이 취해졌지만 별로 성공을 거두지 못했다. 세례자 명부가 정확히 작성돼 있지 않다는 사실과 또 혜택이 제공될 때마다 그 혜택을 받을 마음으로 상당수의 사람들이 두, 세 번씩 세례를 받았다는 사실도 1730년대에 밝혀졌다. 이 지역 선교는 카잔(Kazan)의 정력적인 총주교 루크 코나세 비치(Luke Konashevich: 1738-55, 재위기간)의 재임 기간에 가장 활발히 전개되었다. 그는 "새신자의 사무소"를 세우고 엄격한 방침하에 사업을 조직화하였다. 옛 특권들이 다시 인정을 받았다. 감독의 지시에 강요가 금지되고 있던 만큼 주민들에 대한 신앙의 간곡한 권유가 이루어졌다.

"새신자 사무소"의 보고에 의하면 1741년에서 1762년까지의 20년 동안에 추바쉬(chuvashes), 체르미스(Tchennisses), 오스티아크(Ostiaks) 및 그 밖의 부족에서 430,350명이 신앙을 받아들였다고 했다. 이 지역에는 이교도가 단 한 명도 남지 않았다.

이슬람을 신앙하는 타타르족은 감언이설과 위협을 다 같이 거부하였다. 세례를 받은 사람은 8,310명에 불과했다. 1750년에 이슬람의 신학자들(mullabs)이 총주교의 고압적인 방법을 반대하여 교회 회의에 항의를 제기했다. 교회 회의(Synod)는 그들의 불평을 정당한 것으로 받아들이지 않았다. 그러나 후에 타타르부족에서 공공연한 반란이 일어나고서야 국가는 열성이 너무 지나쳤던 이 주교를 순수한 러시아 지역인 벨고로드(Belgorod)로 전임시키는 것이 현명하다는 판단을 갖게 되었다.

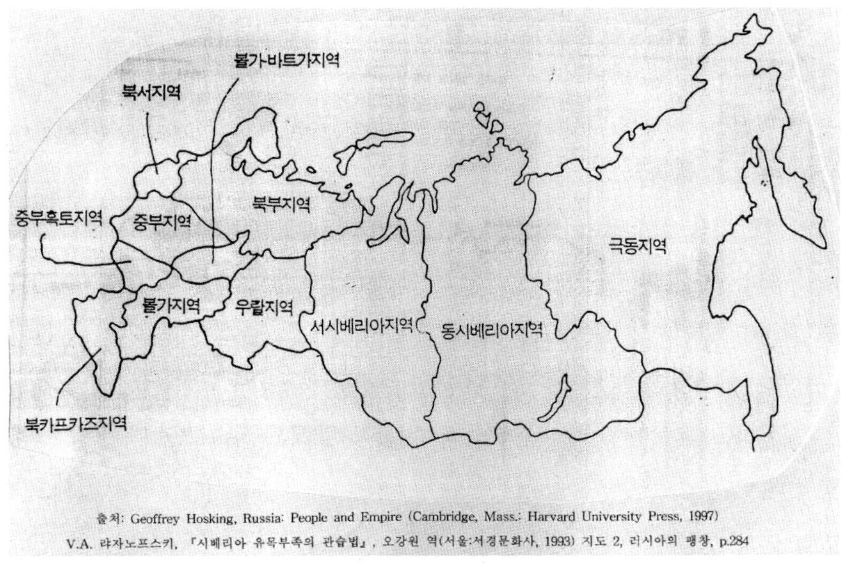

출처: Geoffrey Hosking, Russia: People and Empire (Cambridge, Mass.: Harvard University Press, 1997)
V.A. 랴자노프스키, 『시베리아 유목부족의 관습법』, 오강원 역(서울:서경문화사, 1993) 지도 2, 러시아의 팽창, p.284

러시아의 지역구분

(5) 동시베리아 선교:

이미 1682년에 13명으로 구성된 선교단이 "레나(Lena)와 다우리아(Dauria)에 있는 외딴 도시들"로 파송되었다. 그들의 선교사역 방법은 단순했다. 그들은 사람을 가축처럼 사고파는 코사크족의 습관을 받아들여 토인들을 몇 사람 사서 세례를 준 후 수도원 토지에서 농노로 일하게 하였다. 이렇게 해서 여러 개의 교회가 생겨났다. 그러나 이 선교사들을 대치시키는 후속 지원이 없었다. 따라서 1733년에 이 첫 번째 선교는 완전히 종말을 고했다. 1727년에 이르쿠츠크(Irrkutsk)가 독립 교구로 승격되었다. 첫 감독 인노센티 쿨치스키(Innocemy Ku1chisky)는 재임 기간이 4년에 불과했으나, 그가 남긴 거룩한 인상이 너무나 깊었기 때문에 1805년에 교회는 그를 성인으로 공인하였다.

동시베리아 지역은 광활한 지역이었다. 이러한 지역을 조직화하여 교구화하는 일은 대단히 어려운 일이었다. 따라서 이 지역의 복음화는 어떤 중앙 집권적인 계획에 의하여 이루어지기보다는 다분히 선교사들의 개별적인 자발성에 달려 있는 문제였다. 그러한 선교사들 가운데 가장 저명한 인물은 시릴 바실리에비치 수카노프((Cyril Vasilyevich Suchmov, 1741~1814)였다. 이 평신도는 전 생애를 다우리아(Dauria)의 퉁구스족들의 개종을 위하여 헌신하였다. 선교 사업은 말보다 생활의 실제 모습에 더 의존되고 있다고 생각한 그는 자신의 소유를 여행용 가방에 담을 수 있는 정도로 제한하고 유목민들 사이를 쉴 사이 없이 왕래하면서 그들의 진정한 사랑을 얻었다.

1776년에 그는 최초의 교회를 세웠다. 그는 교회 주변에 그리스도인들을 함께 모아 좀더 정착적인 생활의 터전을 마련해 주었으며, 그리스도교 신앙뿐만 아니라 농업과 수공업의 기술까지 가르쳤다. 평신도였던 자신의 직함이 불충분하다고 생각한 그는 이르쿠츠크로 가서 미하일 미트케비치(Michael Mitkevitch) 감독에게서 사제로서 안수를 받고 다시 자신이 선택한 선교지 땅으로 돌아와 헌신하였다.

① **캄차카**(Kamxhatka) **선교**: 캄차카는 화산이 그 대부분을 이루는 반도이며, 그중 제일 높은 화산은 17,000피트에 달한다. 기후는 맹렬해서 남부의 좀더 온화한 지역의 연평균 온도가 섭씨 3도 밖에 안 된다. 발견 당시부터 캄차카 반도는 군사 기지와 죄수들의 유형지로서 사용되었다. 완전히 세 종족으로 분리된 이 지역의 주민들은 러시아 문명과 접촉할 당시 이제 막 석기 시대를 벗어나고 있었다.

캄차카 반도에 처음으로 그리스도교 신앙을 증거한 사람은 1705년에 이곳에 도착한 대수도원장 마르티니안(Martinian)이었다. 그는 다수의 개종자를 내었으나 1717년에 살해되었다. 전망이 밝지 못했던 출발에도 불구하고 사업은 진전되어 1733년과 1744년 사이에 878명이 세례를 받은 것으로 기록돼 있다. 그러나 캄차카 반도의 진정한 사도는 이오아사프 초툰세브스키(Ioasaf Chotunshevsky)였다. 그는 모스크바 아카데미의 설교자였는데 1745년 수도사 2명, 집사 1명, 모스크바에서 따라온 학생 6명 그리고 토볼스크에서 데리고 온 7명의 성직자들을 대동하여 캄차카 반도로 왔다.

처음에는 초툰세브스키는 품행이 나쁘고 교회 의식을 등한히 한다 하여 평판이 좋지 않은 그곳 러시아인들에게 관심을 두었다. 사태를 정상화하기 위하여 엄격한 조처를 취하였다. 그 후에 선교사들을 둘로 나누어 반도 전역에 대한 조심스러운 탐방을 시작하였다. 세례자가 다수 등장하여 교회의 신앙생활이 질서를 갖추어 갔다. 2년 후에 초툰세브스키가 보낸 보고에 의하면 토착 그리스도인들의 도덕적 수준이 러시아인 이주자들의 수준보다 높다고 되어 있다. 이곳의 선교 사업에도 희생은 예외가 아니었다. 수도사 1명, 학생 1명, 사제 2명이 주민들의 반란에 희생되었다. 그러나 1748년 초툰세브스키는 11,574명의 교인 수를 보고하면서 지역선교가 완성되어 더 이상의 추가 선교지원이 필요 없을 것 같다고 하였다.

후기에 와서 이 반도에 재난이 닥쳐왔다. 1766~1767년 겨울에 가공할 만한 천연두 전염병이 발생하였다. 주민의 절반 이상이 사망했으며, 이 중에는 4명의 사제들도 포함되어 있었다. 이때에 교회가 입은 타격은 19세기에 들어와서도 충분히 치유되지 못했다.

② **아메리카 선교**: 알류산 열도(Aleutian islands)는 아시아와 아메리카 사이에 반원형의 형태로 퍼져있는데 지금은 러시아와 미국으로 양분되어 있다. 1728년 덴마크 태생의 러시아 탐험가 비투스 베링(Vitus Bering)이 지금의 베링 해협을 지났다. 베링 이전에 데즈네프(Dezhnev)가 이곳에 와

서 동쪽을 바라보면서 저기 있는 육지는 아메리카 대륙일 것이라고 정확하게 예측하였다. 알류우산 열도는 1743년에 발견되어 1766년에 러시아의 영토로 병합되었다.

1770년에 러시아 상인 셸레코프(Shelekhov)가 이 섬으로 무역선을 파송하였는데, 기독교 선교사업이 이곳에서 시작된 것은 이 평신도의 기업적 모험을 통해서 이루어진 것이었다. 셸레코프는 유배되어 온 러시아인들이 캠프 주변에 둥그렇게 모여앉아 고향 생각을 하면서 부르는 기독교 노래를 이곳 주민들이 열심히 듣고 있는 모습들을 자주 주목하게 되었다. 1787년에 셸레코프는 상원과 교회 회의 앞으로 서한을 보내어 선교사의 파송을 요청하였다.

이 요청은 승낙되어 대수도원장 이오아사프 볼로토프(Ioasaf Bolotov)를 이곳 선교회의 책임자로 임명하였다. 그는 4명의 수도사와 2명의 집사와 2명의 평신도 수도사를 대동하였다. 우리는 "1794년 1월 24일 모스크바를 출발했다"로부터 시작되는 그의 생생한 여행 기록을 가지고 있다. 도착하자마자 선교사들은 이곳 주민들이 놀라우리만치 세례받을 준비가 잘 갖추어져 있는 사실을 발견하였다. 이 사람들이 신앙하는 종교는 악령에 대한 두려움에 불과한 것이었으며 그들의 창조주 아구구크(Aguguk)는 너무도 멀리 떨어져 있기 때문에 예배할 수가 없는 신이었다. 이들은 오랫동안 러시아의 이주민들과 친밀한 관계를 유지하고 있어서 기독교에 대하여 우호적인 태도를 갖고 있었다. 한 겨울에 세례를 받은 사람들은 코디아크(Kodiak) 섬 한 곳에서만도 6천 명이 되었다. 그들은 세례를 받자 즉각 샤만 숭배에 사용하던 모든 물건들을 부수고 태웠다. 1795년 보고된 그리스도인 숫자는 1만 명에 가까웠으며 선교 사업은 아메리카 본토까지 확대되었다. 이 같은 기쁜 소식 속에는 성장하는 이 교회를 더욱 충실히 치리하기 위하여 이오아사프를 감독으로 승품시켜야 한다는 주장이 포함되어 있었다. 1797년 4월 10일 이오아사프는 이르쿠츠크에서 승품되었다. 그러나 이렇듯 부풀었던 소망은 성취되지 못했다. 그의 목적지에서 과히 멀지 않은 지점에서 그가 타고 돌아오던 배가 침몰하여 타고 있던 사람들이 죽었기 때문이다.

그 후 몇 해 동안은 보드카 술과 질병이 알류우산의 소박한 백성들을 크게 괴롭혔다. 우리는 후에 이 지역의 성공적인 선교 역사를 써야 하겠지만, 지금은 한때 매우 촉망되었던 이 어린 교회에 단지 가슴 아픈 파편들만이 남아 있는 것이다.

지금까지 대충 살펴보았듯이 러시아의 확장 과정은 책략과 위압, 뇌물과 영웅적인 열심, 사도적인 단순성과 고난과 죽음을 무릅쓰려는 정신이 이상하리만큼 혼합된 역사였다. 2세기에 걸친 선교를 위한 수고들을 회고해 보면서 그 수고의 진정한 결과가 무엇인지를 판단하기는 쉬운 일이 아니다. 17세기, 18세기 러시아정교회 선교역사를 살피면서 우리가 받는 인상은 러시아정교회가 아직도 중세에 속해 있는 것이 아닌가? 아니면 고대 시대에 속해 있는 것이 아닌가 하는 느낌이다.

그러나 표트르 대제 시대부터는 러시아의 분위기가 완전히 달라진다. 표트르 대제(Peter the Great) 때부터 러시아는 서구의 일부가 되기 위하여 분투해 왔다. 서구화의 과정은 부분적으로 러시아정교회의 위치를 매우 불리하게 만들었다.

서구로부터 자유주의 사상들이 러시아로 들어왔다. 볼테르와 백과사전파들의 사상이 들어왔고, 후에는 프랑스의 시민혁명 사상이 흘러 들어왔다. 러시아정교회의 독점권과 양립할 수 없는 종교관용의 개념이 러시아 평민들 사이에 광범위하게 수용되었다.

마침내 캐더린 2세 여왕은 종교 자유의 칙령을 선포하였다. 이로써 러시아에서 최초로 정교회 이외의 종교 단체를 형성할 수 있게 되었다. 1773

년 6월 17일에 정교회의 신성종무원(Holy Synod)은 종교관용령을 포함한 칙서를 공표하고, 전문 속에 전능하신 하나님은 온갖 형태의 신조, 언론, 신앙고백의 존재를 허용하시고 계심으로 이 칙서를 정당하게 여기고 있다는 내용과 하나님의 뜻에 따라 사랑과 우의가 전체 신민에게 미치게 하고자 함이 여왕 폐하의 주요 뜻하신 바라고 하는 내용을 포함시켰다.

이러한 조치의 논리적인 결과는 러시아정교회의 선교활동의 종말이었다. 대신에 교회의 신부들이 할 일은 여왕 폐하의 신민들 사이에 의견의 차이로 말미암아 분쟁이 생기지 않도록 하고 사랑과 평화와 통일이 백성들 사이에 널리 보급되도록 하는 것이었다. 러시아정교회의 통치가 허약해지고 있다는 사실은 서구의 여러 종파들이 퍼지고 있었다는 사실과 1813년에 러시아 성서공회가 창설된 사실로도 입증되고 있었다.

선교적 정력이 손실되자 18세기의 정교회 선교의 열매로 나타났던 그리스도인들 가운데서 수많은 배교자들이 나타났다. 교회를 떠나는 운동은 이슬람신앙을 가지고 있었던 개심자들 가운데서 먼저 시작되었다. 그러자 그밖의 여러 가지 이교적 배경을 가졌던 자들 사이에서도 정교회 신앙을 떠나는 운동이 확산되었다. 1826년부터 1836년까지 카잔(Kazan)의 대감독으로 봉직했던 필라레트 암피테아트로프(Philaret Amphiteatrov)는 자신의 구역에서 299,314명의 배교자가 나타났다고 보고하였다. 근간에 세례를 받은 14,796명의 타타르족 가운데에 13,058명이 타락해 나갔으며, 이들은 이전에 이슬람 신앙을 가지고 있던 자들이었다. 이전에 이교도들이었던 사람들의 배교 통계는 다음과 같다. 350,818명의 추바쉬(Chuuvash)족 신자 가운데서 233,500명이, 66,650명의 체르미스(Tchermiss)족 신자 가운데서 45,096명이, 4,866명의 보티크(Vodick)족 신자 중에서 4,409명이 신앙을 떠났다. 다른 부족들보다도 더 철저히 러시아 문화에 동화되었던 모르드빈(Mordvin) 부족만이 배도의 물결에도 요동치 않고 굳게 섰다. 이슬람의 세력이 기독교에 대하여 공세로 나왔던 초창기에도 배도자의 총수는 이렇게 많지 않았다. 이 사실들은 너무나 엄청나서 결국 러시아 교회의 선교 방식 전체에 대한 무거운 저주와 실패로 이해될 수밖에 없었다.

러시아정교회의 선교 방식은 기독교적 교훈보다도 정부의 압력과 호의에 의존한 것이었기 때문이다. 따라서 개종은 사실상 명목상 개종에 불과하였던 것이다.

부록 4 ----------------------------------

러시아정교회 선교(시베리아 개척과 선교)

러시아정교회 선교는 시베리아와 북극 지역을 포함한 북쪽 원주민 지역 거의 모든 곳까지 미쳤다.[1] 시베리아 원주민 부족들 가운데 기독교화의 정도는 부족에 따라서 다양하였다. 20세기 초, 지리적 
으로 아주 멀리 떨어져 있는 축치부족(Chukchi) 같은 경우는 6%가 세례를 받았고, Hakas족이나 Aleuts족 같은 경우에는 100% 주민이 세례를 받았다. Koriaks부족과 같은 기타 부족들의 경우에는 43.5%에 달했다. 수적으로 볼 때, 러시아정교회의 선교적 영향력과 열매는 대단한 것이다.

그러나 기독교인으로 등록되었다는 것이 무엇을 의미했는가? 여행객들이 남긴 수많은 기록들을 보면, 원주민들의 세례는 단지 형식적인 것이었으며, 명목상의 기독교인을 만들었을 뿐이라고 한다. 사실 선교사역의 열

---

1) 이 글은 다음의 원고를 번역한 것이다. Oleg Kobtzeff, "Ruling Siberia: the imperial power, the Orthodox Church and the native people." 『St Vladimir's Theological Quarterly 30, no.3』 1986, pp.269-280.

매를 보여주는 통계자료를 의심할 만한 측면들이 여러 곳에서 발견된다.

볼셰비키 혁명이 일어나기 전 수십 년 동안 러시아정교회 작가들은 시베리아와 북쪽 지역에서의 정교회 선교사역의 결과들을 승리주의적 시각에서 기록한 글들을 발표하였다. 이 때문에 Shashkov, Bogoraz 그리고 Jochelson과 같은 역사가와 민족학자들은 그러한 글들이 틀렸다고 계속 주장하였다. 그들은 정교회의 선교사역이 원주민의 삶에 영향을 거의 끼치지 못하였다는 입장을 펼쳤다. 사실, 시베리아 선교사역 가운데 병리적인 요소들을 기록한 문서들은 수없이 많다. 심지어 19세기 20세기 초 러시아정교회 내부에서 발행한 출판물들도 선교사역의 잘못된 측면들을 지적하고 있다. 그 내용을 4가지로 정리하면 다음과 같다.

(1) 강요된 회심. 러시아정교회 선교사가 원주민이나 비정교회 신자에게 폭력이나 억압의 수단으로 회심을 강요한 사례들.

(2) 정교회 성직자들의 무지. 선교회를 지도하고 이끌 수 있는 문화적인 지식과 심리적인 지식이 부족하여, 가끔 원주민들을 짐승처럼 취급한 사례들이 있었다.

(3) 선교사들이 원주민 언어를 모름. 사제 선교사, 평신도 선교사들이 시베리아 부족의 언어를 몰라서 의사소통이 안 되고, 번역물도 없어서 선교사역이 제대로 이루어지지 않은 사례들.

(4) 선교사들의 태만. 선교사가 정교회 교리에 대한 분명한 이해와 지식이 없어서 원주민들을 제대로 가르치지 못하고, 세례식의 의미를 모르고 세례받는 원주민들을 제대로 가르치지 않은 사례들.

이러한 사례들을 종합하여 학자들은 19세기 시베리아와 북쪽 지역에서의 정교회선교사역은 완전히 실패한 것이라는 평가를 내렸으며, 그러한 평가가 볼셰비키 혁명 이후 일반화되었다. 정교회선교사역은 원주민의 삶에 거의 영향을 끼치지 못하였다는 결론을 내렸다. 이러한 평가와 결론으로 인하여 20세기 상반기에는 19세기 시베리아와 북쪽 지역에서의 러시아 정교회 선교사역에 대하여 연구하는 학자가 없었다.

그러다가 최근 5~6년 전부터 민족학을 연구하는 학자들 사이에서 새로운 움직임이 희미하게 등장하였다. 시베리아에서의 정교회 영향력에 대하여 연구하는 민족학자들이, 기존의 평가와 결론에 대하여 의심을 품는 사례들이 나타났다. '정교회의 선교가 완전히 실패한 것은 아닌 것 같다'는 생각을 지닌 학자들이 생겨났다. 이러한 의심을 가능하게 한 최초의 논문은 1983년 "Paris Siberian Colloquium"에서 발표된 Marjorie Mandelstam -Balzer의 연구논문이었다.

그녀는 Khanty부족 안에서 정교회 선교사역이 상당히 중요한 성공을 거두었을 것이라는 가능성을 부정하고 의심하는 내용의 논문을 발표하였다. 하지만 완전히 성공하지 못한 것이라는 결론도 내릴 수 없다고 하였다. '선교사역이 완전히 피상적인 것이었다'라고 간단하게 결론 내릴 수 없는 새로운 요소들이 발견되었기 때문이다. 이러한 언급은 당시로서는 혁신적인 것이었다. 왜냐하면 시베리아 선교에 대하여 기존의 염세주의적인 평가를 뒤집을 수 있는 일의 시작이었기 때문이었다. 이렇게 되자 소련 학자들도 이 주제에 대하여 점차로 많은 관심을 가지기 시작하였다. 처음에는 선교사역의 실패라는 평가를 뒤집을 수 있는 증거들을 거의 찾지 못하다가, 원주민들의 종교의식들을 관찰하면서, 혼합적인 종교의식 가운데 들어 있는 정교회적인 요소들을 찾아내기 시작하였다. 그러자 학자들 중에서는 당시 반종교적인 시대 분위기에도 불구하고, 시베리아 선교사역의 성공적인 측면들을 언급하는 사람들이 등장하였다.

1979년 브도빈(Vdovin) 교수가 "Koriak 부족과 Cukchis 부족 안에서의 정교회 신앙"이라는 제목의 글을 발표하였다. 처음에는 이 논문이 정교회 선교사역의 효과에 대하여 부정적인 입장을 피력하는 것처럼 보였다. 그런데 그 다음 James Van Stone과 Wendell Oswalt라고 하는 저명한 알래스카 민족연구의 전문가들을 인용하여, 다음과 같은 결론을 내렸다. "러시아의 국경선을 넘어 정교회 신앙을 전파한 역사는 Aleut부족과 에스키모 부족들의 종교적 의식 속에 견고하게 남아 있다는 사실에 의하여 증거된다." 그리고 그는 계속하여 알래스카와 시베리아에서의 종교적인 상황들을 나란히 비교하여 자신의 주장이 근거가 있음을 제시하였다.

브도빈 교수의 논문이 들어 있는 같은 책, 논문 모음집에서 Sem 교수도 같은 입장을 피력하였다. Amur 강 유역에 거주하는 Nanaitsy부족 안에 기독교신앙의 전파의 결과로 남아 있는 증거들을 확보할 수 있었다고 하였다. 학자들의 이러한 발견과 주장은 당시 정치적 분위기와는 아무런 상관이 없는 순수한 학문적 연구의 결과들이다. 율리아나(Ul'iana Grigor'evna Popova)박사는 서민들의 민족학 연구를 통하여 정교회 선교사역에 대하여 더욱 담대한 입장을 피력하였다.

"처음에 생각했던 것보다 기독교는 원주민들의 일상적인 삶과 의식 가운데 중대한 영향을 끼쳤으며, 그 영향력이 오늘날까지 견고하게 남아 있다는 사실을 부인하기 어렵다. 정교회와 사제 선교사들의 선교사역은 열매를 맺었다. 멀리 떨어진 타이가 숲 속에 사는 퉁구스 언어를 사용하는 부족들은 지금도 저녁기도송을 부르는데, 여기에 그들의 정교회적인 경건이 잘 나타난다."

원주민들의 이러한 모습은 단순히 외적이고 피상적인 것이 아니다. 정교회의 저녁기도송은 러시아정교회 경건생활에 아주 중요한 부분을 차지하는 것이다. 하루에도 여러 번 기도하며 조용히 부르는 노래, 이것은 개인적으로 가정적으로, 혹은 공동체에서 성인을 추모하며 미사를 드릴 때, 중요한 부분을 차지한다. 그러므로 원주민들은 단순히 형식만 따르는 것이 아니라, 비록 혼합적인 요소가 있지만, 분명히 그들도 신앙을 가지고 있다는 것을 부인하기 어렵다.

과거 5년 동안 프랑스 북극연구소(Felix Torres of the French Arctic Institute)와 필자는 고문서들과 현장조사를 통하여 알래스카 원주민들의 역사를 연구하였다. 우리가 서로의 연구 논문들을 읽어보기 전에 우리는 19세기 20세기 대다수 정교회 알래스카 원주민들에 관하여 비슷한 결론을 내리고 있었다는 사실을 뒤늦게 발견하였다. 동시에 일본 학자들도 일본정교회의 역사에 대하여 관심을 가지기 시작하였다. 일본정교회는 시베리아선교사역이 진행될 때, 함께 진행된 선교의 열매이다. 19세기 후반기에 우연히 시작되었지만, 지금은 2만 명 이상의 신자들이 있으며, 일본인 사제도 있다. 시베리아의 조그만 부족보다 침투하기가 더 어려웠던 일본문화 속에 정교회 신앙을 불어넣어 지금까지 존속하게 한 그 힘이 무엇이었는지에 대한 연구가 진행되고 있다.

그러나 러시아정교회 선교사역의 결과들을 일반화할 수 있는 의견이나 연구결과는 아직 나오지 않고 있다. 그럼에도 불구하고, 러시아정교회 선교사역이 완전히 실패로 끝났다는 종전의 평가는 새롭게 재구성되어야 한다는 주장에 대한 증거들이 계속 발견되고 있다. 현재 시베리아와 북쪽 지역에서의 정교회 선교사역이 완전히 실패로 끝났다는 종전의 평가는 모든 선교사역이 잘못된 것이라는 18세기의 문서들을 읽고 무비판적으로 편견을 가지고 19세기 선교사역을 대하였기 때문이라는 해석도 나오고 있다. 편견을 가지고 읽은 사람들은 19세기 하반기부터 새롭게 등장한 새로운 선교사역의 모습들을 자세히 주의하여 읽는 일을 놓쳐버렸다는 것이다. 작은 지역에서 발생한 불미스러운 선교사역에 집착한 나머지, 러시아 전역에서 전개된 일반적인 선교사역의 모습들을 총체적으로 관찰하고 평가하는 일을 적절하게 하지 못한 것이다. 그들이 조금만 주의를 기울여서 자세히 읽었다면, 1800년대 초엽부터 시작된 새로운 변화의 표징들을 발견했을 것이다. 그러한 새로운 징후들은 서구 종교개혁에 비길 만한 엄청난 사건이었다. 그러나 충분한 증거자료가 부족하여, 이런 주제에 관한 연구가 계속 진행 중에 있다.

15세기에 러시아정교회는 서구 종교개혁을 야기한 것과 똑같은 지적인 위기로 고난을 경험하고 있었다. 300년에 걸친 토론 끝에 서구 가톨릭과 개신교는 그들의 지적인 전승들과 신학 사상들 그리고 신학적인 어휘들과 철학체계와 교육 형태까지 새롭게 평가하고, 갱신하고 심화하는 발전을 이룩하였다. 서구 기독교는 목회신학을 갱신하고 사람들의 영혼을 주님께로 인도하는 방법적인 측면에 있어서도 많은 발전을 이룩하였다.

반면에 러시아정교회는 중세시대와 별다를 것이 없는 불변의 모습으로 남아 있었다. 정교회의 신학적인 사고는 고도로 지방주의화 성격을 지니게 되었고, 형식주의적으로 변하였다. 아마 지리적으로 고립된 상태에서 오래 지내다 보니 그런 결과가 생긴 것 같다. 학자의 능력과 어휘와 방법론적인 실력의 부족으로 서구의 신학적인 토론에 참여할 수 없었던 정교회는 점차로 중심부에서 소외되어 변두리 신세로 전락해 갔다. 이러한 고립의 결과 정교회는 점차로 자아정체감을 상실하고, 교회의 보편성과 사도성에 대한 자각도 약해지고, 선교사명에 대한 열정도 사라져갔다. 일찍이 300년 전에 시베리아 지역을 정복하여 러시아 영토로 편입하였지만, 거의 300년 동안 러시아정교회는 그들의 신앙과 복음을 새로 편입된 지역의 새로운 이방 백성들에게 전해야 한다는 소명의식을 느끼지 못하였다.

시베리아에서 처음으로 선교사역을 시작한 사람들은 시골에 사는 시골
교구 사제들이었다. 거주 지역 근처에 사는 원주민들에게 부분적으로 그
리고 간헐적으로 선교하였다. 하지만 다른 한편에서는 파렴치한 상인들이
원주민을 상대로 이익을 얻기 위하여 기독교를 이용하는 경우가 있었다.
그리고 원주민들과의 만남에서 몇몇 사제들이 보여준 무례한 태도는 당시
러시아정교회 신학과 목회학과 선교열정이 얼마나 형편없는 것들이었는지
를 보여준다.

이상하게도 변화의 물결은 서쪽으로부터 왔다. 낭만주의 운동, 민족주의
그리고 특별히 헤겔주의 철학 같은 서구의 새로운 이데올로기들이 19세기
의 러시아인들로 하여금 그들 자신의 민족적인 정체감에 대한 믿음과 확
신을 가지도록 자극하였다. 결과 정교회의 특수주의를 민족의 영혼의 특
징으로 볼 수 있으며, 정교회의 독특성과 우수성을 전파하는 일을 해야
한다는 생각으로 발전하였다. 많은 영역에서 서구의 정신적인 도전들이
정교회로 하여금 자존감을 다시 가질 수 있는 기회를 제공하였으며, 특별
히 사제들을 교육하는 데 서구의 도전이 중요한 역할을 하였다. 서구 신
학교들의 모범들을 보고서 정교회는 19세기 상반기에 학교, 목회자를 위
한 신학교, 신학대학원들 사이에 서로 연결망을 만들었다. 1840년에는 새
로운 카잔 신학대학원에서 선교사역을 위한 교사와 사제와 주교들을 뽑아
서 교육시키는 선교전문 교육프로그램을 준비하기 시작하였다.

동시에 이데올로기적인 기회를 찾던 독재자들은 독재 권력을 합법화하
는 유일하고도 가능한 길은 러시아를 '최후의 독립된 정교회 국가(the last
independent Orthodox State)'로 만드는 데 있음을 깨닫게 되었다. 결과
"제3의 로마"이론을 다시 부활시켰다.

하지만 15세기 이래로 상황이 완전히 변하였다. 모스크바와 뻬쩨르부르그의 짜르(황제)는 이제 더 이상 동유럽의 수장이 아니라, 세 개의 대륙에 걸친 다양한 종교와 다양한 민족들의 황제가 되었다. 1453년 콘스탄티노플이 멸망한 것이다. 이렇게 되자 두 가지 문제가 생겼다. 첫째는 이제 상당한 수의 비기독교인 국민들을 가진 국가가 되었는데, 어떻게 정교회 러시아인들과 정교회 국제공동체가 정교회에 기초한 통치 권력의 합법성을 받을 수 있겠는가? 둘째는 비정교회 국민들이 정교회신앙의 최후 보호자 역할을 하는 권력을 왜 존경해야 하는가 하는 문제였다. 이런 문제들에 대한 유일한 해결책은 모든 국민들을 정교회 신자로 만드는 것이었다. 이것이 시베리아의 기독교화의 시작과 20세기 초기 이데올로기 건설이 긴밀하게 맞물려 있는 이유이다. 이러한 현상을 관찰한 카람진(Karamzin)은 우라노프(Uranov)가 명제화한 표현대로 인용하여 "정교회, 독재권력, 러시아화"라고 하였다.

우리가 러시아에서 정교회 선교사역을 역사적으로 중요하게 여기는 이유가 바로 이런 관점 때문이다. 아직 우리는 선교 현장에서 선교사역의 구체적인 결과들이 무엇이었는지에 대하여 아무것도 모른다. 하지만 20세기 초엽에 선교사를 훈련시키는 일과 관련하여 아주 중요한 정보를 가지고 있다. 사제들이 자신들의 사역을 수행할 때 목회적인 도구로서 사용할 지침서들을 가지고 있었다. 그중에서 우리는 우리 논문과 관련하여 세 가지만 인용해 본다.

(1) 19세기는 기독교 문서들을 원주민 언어로 번역한 사실들을 풍부하게 증거하고 있다. 이러한 번역물들은 수많은 부족 그룹들의 문맹 퇴치운동을 수행하였으며, 러시아 학자들과 지역 부족 문화에 관심을 지닌 사람들에게 언어적 도구들을 제공해 주었다.

(2) 이노센트 베니아미노프 혹은 이르쿠츠의 유세비우스 같은 주교들은 모든 사제들이 선교 현장에서 사용할 선교 핸드북(missionary handbooks)을 만들어서 배포하였다. 이 지침서들에 따르면, 성실한 자세로 대화하고 복음을 전하기 위해서는 온유하고 겸손하며, 인내력을 가지고 관용하는 마음씨로 원주민의 문화와 정체감을 존중하는 자세로 행동해야 한다고 가르치고 있다.

(3) 선교사 교구는 수백 개였는데, 학교는 19세기에 수천 개가 세워졌다. 이 중 언어를 사용하는 타 문화 교육기관들이 세워졌는데, 이러한 교육기관들이 원주민 성직자들, 교구지도자들, 교사들을 양성하였다.

포포바(U. G. Popova)에 따르면, 평민들을 대상으로 한 정교회의 선교가 성공할 수 있었던 것은 바로 이러한 요소들 때문이었다. 필자도 알래스카 정교회의 성공 배후에도 바로 이러한 요소가 있었다는 사실을 증명하려고 하였다. 그러나 아직 질문 하나가 남는다. 왜 그들은(알래스카 정교회 신자들) 고립되어 있어야만 했던가?

선교현장에서의 성공은, 그러한 성공이 어느 곳에서 이루어지든지 간에, 제국에 봉사하게 되어 있다. 단순히 정치적인 이데올로기를 위한 봉사뿐만이 아니라, 국가의 다양한 측면에서 기여를 하게 된다. 왜냐하면 선교사역으로 세워진 교회들은 시베리아를 통치하는 실제적인 문제들을 취급하는 데 도구로서 쓰임을 받았기 때문이다. 정교회 선교와 식민지화 과정 사이의 관계성은 '러시아-아메리카 회사(Russia-America Company)'의 예를 통하여 잘 증명된다.

멀리 떨어진 기독교 공동체를 방문하기 위하여 여행을 다녀온 사제들이 세세하게 기록한 여행 일기들은 그 당시 알래스카의 자연과 지형, 사람들의 모습을 정확하게 알려주는 중요한 정보의 역할을 하였다. 그리고 원주민 추장들의 도움을 받아 사제들이 측량한 각종 기록들은 마을의 숫자, 마을의 크기, 인구 수, 그리고 러시아 영향권 아래 있는 영토의 크기를 정확히 파악하는 데 중요한 역할을 하였다. 선교사역은 문화적으로 중요하고도 깊은 충격을 주었기 때문에 원주민들의 회심은 점차적으로 삶에 있어서 조용하면서도 심오한 혁신을 일으켰다. 동시에 러시아정부의 입장에서는 선교의 진행에 따라서 식민적 행정에 유익한 요소들을 많이 획득하였고, 새로운 경제활동의 영역을 넓혀나갔다. 탐험가 자고스킨(Zagoskin)에 따르면, 시베리아 원주민의 기독교화는 러시아화의 문을 열어놓았다. 세례받은 원주민은 러시아 기독교인들의 삶의 방식들을 모방하고, 보수를 받을 수 있으면 무슨 일이든지 하고, 농사기술을 배워 자기 마을에 적용하고, 유럽 스타일의 기술을 배워 유능한 기술자가 되기도 하였다. 러시아 기술자들이 극히 적은 지역에서는 그러한 유능한 원주민 기술자들이 아주 좋은 대우를 받았다. 하지만 알래스카 원주민들에게 그들 자신의 전통과 문화를 버리라고 강요할 필요는 없었다. 만일 버리라고 강요했다면, 그들은 기독교를 받아들이는데 크게 반발심을 가졌을 것이다.

알래스카 내륙 지역에서는 기독교 축제일 행사가 수많은 원주민들을 러시아인들이 모여 사는 항구에 세워진 정교회당 안으로 끌어 모았다. 이런 형식으로 러시아인들과 원주민들 사이에 여러 차례 만남이 있은 다음에, 1840년대 초부터는 원주민들 사이에서 정교회 스타일의 축제가 정착되어 전통이 되었다. 한때는 '러시아-아메리카 회사'의 울타리 안에 있는 요새에서 에스키모인들과 아타바스칸(Athabaskan) 여행객들이 회사를 상대로 물물교환을 벌이곤 하였다.

부족들의 관계는 평화로웠다. 많은 경우 부족들과 러시아식민주의자들 사이에서 선교사들이 중재자 역할을 하였다. 선교사들은 원주민들이 너그러운 마음을 가지고 외국인들이 그들의 땅에 거하는 것을 받아줄 것을 호소하는 방식으로 중재를 하였다.

알래스카에서 원주민 문화에 가장 중대한 변화를 끼친 것이 교육제도였다. 알래스카에서 처음 교육기관이 생긴 것은 개인적이 것이었다. 최초의 학교들은 모피 상인들이 Aleut젊은이들로 하여금 러시아어를 배워서 통역인 되게 하려고 세운 학교였다. 시간이 지남에 따라서 학교를 운영하고 책임지는 일이 선교사의 몫으로 떨어졌다. 선교사들은 현지인 성직자들을 양성하려는 목적으로 학교를 운영하였다. 동시에 현지 교회의 자립을 위하여 수고할 교사, 평신도 지도자, 성직자들을 양성하였다. 1899년 1만 명의 알래스카 원주민 신자들이 있었고, 모두 787명의 학생을 가진 43개의 학교가 원주민 교사들과 지도자들에 의하여 운영되었다. 총독 Swineford는 1866년 다음과 같은 기록을 남겼다.

> 이러한 학교들을 통하여 수많은 알뤼시안인들이 러시아어를 읽고 쓰며, 동시에 자기들의 언어로도 읽고 쓸 줄 아는 사람들이 되었다. 알래스카 남동쪽에 사는 원주민들 가운데서도 러시아어를 읽고 쓸 줄 아는 사람들이 적지 아니하였다.[2]

한번은 시베리아에서 우연히 얀드린쩨프(Iadrintsev)가 19세기에 소수민족들을 위하여 세워진 학교들을 통하여 정교회가 상당한 영향력을 끼치고 있는 것을 목격하였다. 이것은 제국의 정치적인 영향력이 이러한 학교들에 의하여 강화되었다는 것을 의미한다. 왜냐하면 당시 종교와 국가 이데올로기는 서로 긴밀하게 연결되어 있었기 때문이다. 식민지적 상황 속에서 교육제도와 교회와의 연결은 유럽의 여러 제국들에서보다 훨씬 더 강한 영향력을 끼쳤다. 아시아, 북극 지역, 러시아 아메리카의 시골 학교들

---

2) U.S. Department of the Interior: Annual Report of the Governor of Alaska, 1887, p.716.

에서 원주민들의 입장에서는 외국적인 것이며 피상적인 것으로 여겨질 수 있는 러시아적인 성격의 교육주제들을 거룩한 것으로 가르치고, 학생들은 또 그렇게 받아들였다. 왜냐하면 교회가 학교를 운영하고 사제선교사들이 교사노릇을 하였기 때문이다. 시민교육, 러시아 역사, 러시아 교회사, 러시아 성인전(聖人傳) 그리고 러시아 언어는 새로운 종교와 동일시되었다. 이러한 모든 교과목을 공부함으로써 학생들은 교회공동체에 통합될 뿐만 아니라, 그들 자신의 사회공동체에 대한 새로운 정체감과 비전을 가지게 되었다. 새로운 종교를 가짐으로써 그들은 시골마을과 부족의 일원일 뿐만 아니라, 여러 시골마을에 존재하는 정교회 공동체의 일원이며, 대제국 러시아제국의 일원이라는 새로운 사실을 체득하기 시작하였다. 알래스카의 경우에는 이러한 러시아화 작업이 원주민 문화를 적극 활용함으로써 보완되었다. 즉, 원주민 언어로 진행되는 반을 만들고, 원주민 교사를 세우고, 원주민 문화와 관련된 커리큘럼을 개발하는 방식으로 교육제도를 조금씩 개선하고 보완해 나갔다.

러시아제국의 정치교육도 이런 방식으로 이루어졌다. 러시아제국의 지도력의 성화(聖化)도 이런 식으로 이루어졌다. 예를 들면, 국가의 지도자를 위한 기도가 모든 예배시간에 드려졌다. 특별히 주일 성찬식 미사 시간에는 반드시 황제와 그 가족을 위한 기도를 드렸다. 그리고 러시아에서 중요한 국가적인 일들, 예컨대 전쟁, 평화, 황제의 죽음, 후계자의 탄생과 등극, 황제의 생일 그리고 역사적으로 중요한 기념일에는 특별한 미사를 드렸다. 교회 장식을 다르게 한다든지, 아니면 교회종소리를 하루에 세 번 울린다든지 하는 방식으로. 종합해보면, 매년 이러한 특별 미사가 40번을 넘었다. 이러한 새로운 삶의 방식에 점차로 익숙해지고 동화되어 감에 따라서 원주민들은 교회의 일원이 될 뿐만 아니라, 러시아제국의 일원이 되어 갔던 것이다.

시간이 지남에 따라서 교회는 러시아-아메리카에서 새로운 행정 구조를 개발하는데 무거운 책임감을 받아들였다. 교회는 식민적인 제도들이 생겨나는 과정 중에 주요한 기관으로서 행동하였다. 러시아인들이 들어오기 전에 알래스카에는 이미 추장관할 지역이라는 게 있었다. 추장의 통치력은 원로회의를 통하여 통제되었다. Aleut부족의 tukux가 좋은 예를 제공해준다. 러시아 식민 행정력은 이러한 부족 지도자들의 지위를 강화해주는 방식으로 넓혀나갔다. 부족의 유지들을 토이온(Toions)라고 불러주었다. 이 말은 야쿠트 언어인데, 부족의 시장, 재판관, 총독과 같은 뜻을 지닌 말이다. 토이온들은 교회를 신뢰하였고, 교회는 그들에게 교구 내에서 명예를 지닐 수 있도록 세워줌으로써 그들을 통한 교구 행정력을 펼쳐나갔다. 토이온들은 원주민들의 영적인 생활을 지도하고 보살피는 데 동등한 지위를 지녔다. 어떤 면에서는 그들의 지위가 선교사들의 지위보다 더 높을 때도 종종 있었다. 그들이 원주민들의 결혼과 세례를 승낙하였다. 승낙받은 자들을 교회가 세례를 주고, 결혼식을 주례해 주었다. U. G. Popova가 말한 대로 이렇게 시베리아와 북쪽 지역에서 행하여진 선교사역과 원주민들의 반응들을 조사하고 관찰하는 일은 매우 흥미롭다.

지금까지 우리가 언급한 내용들은 부분적이며 불완전한 것들이다. 그럼에도 불구하고 이 글의 주제를 설명하고 증거하는 데 훌륭한 기여를 하고 있다. 즉, 식민주의적 확장 정책을 추진하던 러시아 안에서 정교회는 식민화정책을 추진하는 과정으로서의 국가의 문화정책들을 적절하게 시행해나갈 수 있도록 도와주는 주요한 매체로서의 역할을 감당하였다는 사실이다. 앞으로 원주민 생활에 끼친 러시아제국의 행정력과 원주민 언어 사용과 지역문화와 관련된 선교사들의 다양한 활동들 사이에 어떤 관련성이 어느 정도 존재하였는지에 관한 값진 연구들은 계속해서 이루어져야 할 부분들이다. 미래 연구를 위하여 시급하게 해결해야 할 문제는 여러 가지

정책들과 실행, 그리고 정책의 수정 보완 배후에 어떤 배경과 동기들이 있었는지에 대한 규명작업이다.

우리가 알기로는 1880년 이전에는 정교회 선교가 조직적으로 대규모로 이루어지지 않았다는 사실이다. 19세기 중엽 선교사역과 20세기 선교사역들은 새로운 시베리아 문화를 창출하였고, 기독교적인 요소와 원주민적인 요소가 결합하여 새로운 스타일의 혼합 문화를 만들었다. 이런 사실들 중에 가장 훌륭한 예는 이중언어 학교들의 존재이다. 이런 학교에서는 어린이들에게 두 가지 언어로 즉, 러시아어와 원주민 언어로 교과목들을 가르친다. 이러한 모습은 선교사역들이 상당할 정도로 성공을 거두었다는 사실을 증명해준다.

이노켄티 베니아미노프는 자신의 선교 현장 경험들을 이용하여 선교이론들을 만들었는데, 소위 "친원주민적인 선교방법들(pro-Native methods)"을 적용하여 많은 효과를 거두었으며, 1868년 러시아정교회 대주교가 되었으며, 1870년에는 선교회의 최고 책임자로 임명되었다.

후대에 강력한 힘을 가진 정교회가 소수 반대 단체들을 억압하기 시작했다는 비난이 일어났다. 시베리아에서 정교회 선교를 받아들이지 않은 소수 부족들, 그리고 급진적인 러시아화 정책에 반기를 들었던 단체들을 핍박하고 억압하였다는 비판이 생겼다. 정교회의 선교는 과연 성공적이었는가? 선교사역에서 정교회가 보여준 국가와 교회와 관계는 어떤 것이며, 그것이 순수한 기독교 선교의 관점에서 어떻게 평가될 수 있을 것인가? 시베리아와 북쪽 지역에서의 러시아정교회 선교사역은 여러 가지 측면에서 논쟁의 여지가 많다.[3]

---

3) 이 글을 쓴 Oleg Kobtzeff는 St Herman's theological Seminary에서 가르치고 있으며, Seminary Archives책임자로 사역하고 있다. 알래스카 정교회에 대하여 전문지식을 가진 학자는 Michael Oleksa이다. Michael Oleksa는 알래스카 베델에 있는 성 소피아 교구의 사제이다. 동시에 알래스카 종합대학에서 가르치고 있다. 그가 쓴 대표적인 책은 Orthodox Alaska: A Theology of Mission(St. Vladimir's Seminary press, 1998)이다.

부록 5

러시아정교회 선교(16~18세기)

:16~18세기 모스크바 남동부 지역을 중심으로

1821년 새로 임명을 받은 카잔제국대학교 총장이 뻬쩨르부르그로부터 다음과 같은 명령을 받았다.[1]

"정부는 기독교에 기초하여 러시아 국민 교육을 실시하고자 한다. 우리 시대의 악한 정신, 파괴적인 자유주의 사상이 거룩한 교회를 넘어뜨리지 못한다. 오늘날 젊은이들에게 기독교 진리를 분명하게 가르침으로 미래 세대의 행복을 지켜주어야 한다."

정교회가 러시아 제국의 정체감을 형성하는 핵심요소라는 사실은 어제 오늘의 이야기가 아니다. 그러나 그러한 러시아 정체감을 카잔 지역에도 그대로 적용하려고 한 것은 놀라운 일이다. 카잔 지역의 거주민은 러시아인이 아니었다. 종교도 다른 종교를 가지고 있었다. 이 점이 주요한 관심사이다.

본 소고는 16세기부터 18세기 후반까지 러시아제국이 새롭게 획득한 남부 지역, 동부 지역에 거주하던 비러시아인들을 향하여 러시아정교회와

---

1) 이 글은 다음 원고를 번역한 것이다. Khodarkovsky, Michael, "Not by word alone: Missionary policies and religious conversion in early modern Russia", *Comparative Studies in Society and History:* (Cambridge: Apr 1996) Volume 38, Issue 2, pp.267-293.

정부가 실시한 개종화 정책을 살펴보고자 한다. 새로운 세계에서 이루어진 개종화 작업에 대하여 가톨릭과 개신교는 풍부한 자료들을 생산한 반면, 러시아에서 이루어진 개종화 작업에 관계된 문서자료들은 많지 않다. 게다가 남은 자료들마저 소련시대의 무신론정책으로 파기되었으며, 남은 자료들은 대부분 공산주의적 시각을 따른 자료들이다.

16세기 이전에 비러시아인들을 기독교로 개종시킨 것은 대부분 열정적인 선교사들의 헌신 덕분이었다. 그러나 16세기 이후에는 비러시아인들을 러시아제국의 신민으로 통합시키려는 정부의 정책과 선교사들의 노력이 함께 어우러져 비러시아인들의 기독교개종이 이루어졌다. 비러시아인들을 기독교로 개종시키려는 목적을 위하여 교회와 국가 간의 협력방법과 수준은 황제에 따라서 달랐다. 17세기 이반 4세 때에는 야수적인 방법을 동원하여 개종화 작업을 추진하였으며, 표트르 1세 때에는 개종화 정책이 애매하였으며, 18세기 중엽에는 조직적인 강제력으로 개종화 작업을 추진하였고, 캐더린 2세 때에는 종교관용정책(1764년)으로 사실상 개종화 작업을 포기하였다. 하지만 종교적인 개종화 작업은 러시아 제국의 중요한 정책들 중의 하나였다.

16세기 이후 러시아정교회 선교사역에서 사도 바울의 모델을 따르는 모습을 찾아보기가 매우 어렵다. 근세기에 이루어진 개종화는 비러시아인들이 기독교에 관심을 가졌기 때문에 개종한 것이 아니었다. 원주민들이 개종하게 된 이유는 강제력에 의하여 압력을 받았기 때문이다. 혹은 차별을 받았기 때문이다. 혹은 정부가 개종자들에게 주는 수많은 혜택을 보면서 매력을 느꼈기 때문이다.

러시아에서 개종화는 명목상 변화였다. 이름만 정교회 신자로 바뀔 뿐이었다. 세례를 받으면, 기독교인이 되는 동시에 러시아제국의 신민이 되고, 물질적인 혜택이 주어지고, 사회적 안정과 장차 주류사회와 교제할 수 있는 가능성과 희망을 가질 수 있었다. 유럽사회에서와 마찬가지로 러시아에서도 근대 이전의 사회 속에서는 종교는 단순히 종교생활에만 영향을 미치는 것이 아니라, 문화, 사회, 정치 차원에까지 광범위한 영향을 끼쳤다. 러시아에서의 개종화는 문화적 변용의 과정을 밟는 첫 번째 단계였으며, 러시아제국에 동화되는 출발점이었다.

러시아 국민을 분류하는 첫 번째 시도는 18세기 후반에 왕자 미하일 세르바토프에 의하여 이루어졌다. 그는 문학가이자 역사가였다. 1776년 그가 쓴 소논문에서,[2] 제국의 국민을 6개 그룹으로 나누었다. 생활방식, 세금, 군역, 그리고 종교에 따라서 분류한 것이었다.

   1. 인두세와 군역의 의무를 감당하는 러시아인과 모든 비러시아인.
   2. 세금은 내지만 군대 안 가는 러시아인과 모든 비러시아인.
   3. 러시아정교회 신도가 아닌 기독교인들.

---

2) M. M. Shcherbatov, "Statistlka v razsuzhdenii Rossii", in *Chteniia v Imperafor-skom obshchestve istorii i drevnostei rossiiskikh pri Moskovskom universitete. Sbornik*, book 3, pt. 11(1859), p.46.

    4. 모든 종류의 코삭과 다른 군대 거주자들,
    5. 이슬람을 믿는 바쉬키르인들과 다른 야만인들,
    6. 우상을 섬기는 칼믜크인들과 다른 유목민들,

첫 번째 선교

16세기 이전에 이교도들을 선교하기 위하여 정교회가 노력한 일들에 관한 기록은 거의 발견되지 않고 있다. 그러한 노력이 거의 이루어지지 않은 이유는 당시 교회의 우선적인 관심은 러시아 땅을 하나의 종교, 하나의 군주 밑에서 하나로 통합시키는 것이었으며, 러시아 국민을 하나로 만드는 일이었기 때문이다.

1380년대 우랄 지역에 위치한 페름에서 사역한 스테판 선교사의 이야기는 러시아정교회 선교역사에 있어서 고전적인 사례이다.

이 이야기가 관심을 끄는 이유는 첫째 그의 선교사역에 관한 기록이 많지 않기 때문이다. 둘째는 그의 선교사역이 1550년대 이후 이루어진 러시아정교회 선교사역들과는 많은 부분에서 대조를 이루고 있기 때문이다.

페름의 스테판의 선교사역에 관한 이야기는 모두 현자 에피파니로부터 나온 것이다. 그는 15세기 후반에 살았던 러시아 수도사였다. 에피파니에 따르면, 스테판은 우랄산악 저지대에 거주하는 주리안 민족에게 복음을 전하기 위하여 스스로 자원하여 페름으로 갔다.[3]

스테판이 건축한 교회의 아름다움을 보러 온 지역 주민들이 기독교로

---

3) Epifanii, 『Zhitie Sviatogo Stefana, episkopa Permskogo』(St. Petersburg: Tip. Imp. Akademiia Nauk, 1897), 24.

개종하였다. 그 이후 페름의 주민들은 두 개의 그룹 즉 개종자들(노보크레쉔누예)과 우상숭배자들(꾸미라 슬루쥐쩰리)로 나뉘어져서 서로 싸웠다. 스테판은 이교도 사원들을 파괴하고, 우상들을 불태웠다. 그러나 신들로부터 아무런 해를 받지 않았다. 신전을 장식하고 있는 모피 우상들도 다 불태웠다. 그러나 아무런 일도 생기지 않았다. 개종자들이 샤먼을 붙잡아서 그에게 데려왔다. 그러나 징벌하지 않았다. 대신에 "나는 벌주기 위하여 이곳에 온 것이 아니라, 영혼을 구원하기 위하여 왔다"고 말하였다. 스테판의 헌신과 관대함에 깊은 인상을 받은 원주민들은 스테판에게 몰려와서 세례를 받았다.

1383년 스테판이 모스크바에 왔다. 이유는 교회 고위 성직자들에게 지금 엄청나게 많은 열매를 추수할 때가 왔음을 알려주기 위함이었다. 페름에는 이제 주교가 필요하였다. 모스크바 대주교와 첫 번째 왕자는 스테판을 페름의 첫 번째 주교로 임명하는 일에 기꺼이 동의하였다. 스테판은 죽을 때까지 페름 지역의 원주민 개종을 위하여 수고를 계속하였다. 거기서 그는 러시아 언어를 이용해서 원주민을 위한 알파벳을 고안해서 성경을 번역하였고, 지방 방언으로 예배를 인도하였다.

이와 같은 선교방식은 정교회 세계에 오랜 역사를 지닌 아름다운 모습이었다. 옛날 끼릴과 메쏘디우스가 그리스 알파벳을 이용하여 러시아 알파벳을 만들어서 성경을 번역하였으며, 결과 기독교가 슬라브족 사이에 급속도로 전파되었다. 수많은 이교도들이 모스크바의 직접적인 통제 밖에 있을 때, 선교사들은 이교도들 가운데 거주하며 그들의 필요를 이해하고 도우면서 개종자들을 얻었으며, 러시아 정부의 개척자적인 역할을 감당하였다.

그러나 모스크바가 카잔과 아스트라한과 거기 거주하는 수많은 기독교 부족들을 획득하게 되었을 때, 이러한 태도는 변하였다. 16세기 중엽 이후 모스크바가 이미 정복하고 통치하기 시작한 지역에 들어가서 선교하기 시작한 선교사들은 정부의 관심사의 뒷자리를 차지했다.

카잔과 이슬람 세계 정복

1550년 모스크바의 눈부신 팽창 이전에는 비기독교의 개종은 간헐적으로 일어났다. 남부 지역 출신 타타르 왕자들과 서부 지역 출신 리투아니아 귀족들 폴란드 귀족들이 러시아 황제를 섬기기 위하여 러시아 와서 정교회로 개종하였다. 북쪽 지역과 북동쪽 지역에서는 수많은 핀(Finn)족들이 러시아 상인들과 수도사들과 접촉한 이후 기독교를 받아들이면 얻을 수 있는 여러 가지 유익을 생각한 끝에 기독교로 개종하였다.

그러나 종교적인 개종을 정부차원에서 관심을 가지고 재정적인 지원을 쏟아 부어 추진하기 시작한 것은 16세기 중엽 이후부터였다. 모스크바 공국이 1552년 카잔을 정복하고, 1556년 아스트라한을 정복한 것은 단순히 군사적인 승리 그 이상의 의미가 있었다. 이 승리는 모슬렘 군주들을 정교회 모스크바인들이 최초로 정복한 종교적인 승리였다. 당시 모스크바 안에서는 정교회를 중심으로 민족주의 의식이 강하게 성장하고 있었다. 승리한 모스크바 공국의 군주 이반 4세는 1556년 새롭게 설립된 카잔 주교구 책임자 구리(Gurii) 대주교에게 편지를 보내어, 이교도들을 개종시키는 것은 중요한 하나님의 일임으로 선교사들은 어린아이들 같은 이교도들이 읽고 쓸 수 있도록 가르칠 뿐만 아니라, 그들이 읽고 있는 것이 무엇인지를 이해할 수 있도록 가르쳐서 그들이 나중에 또 다른 모슬렘을 가르칠 수 있도록 만드는 일에 최선을 다해 달라고 부탁하였다.

1552년 카잔을 정복한 이후에 러시아제국은 러시아 언어도 모르고 기독교인도 아닌 사람들을 러시아 백성으로 영입하게 되었다. 카잔 지역에는 6개 방언을 말하는 민족들이 살고 있었다. 타타르, 바쉬키르, 모르드바, 추바쉬, 체르미스(마리) 그리고 보티악이 그들이다. 타타르족과 바쉬키르족은 이슬람을 믿었고, 다른 4개 민족은 대부분 미신을 믿고 있었다. 여기서 타타르인들이 엘리트 지배계층을 차지하고 있었고, 타타르어가 그 지역의 공용어처럼 사용되었다. 이제 러시아가 점령한 이후 러시아어가 타타르어를 대신하게 되었다. 기독교가 이슬람의 자리를 차지하게 되었다. 이반 4세는 새로운 모스크의 건축을 금하였다. 카잔의 모스크들을 부수고, 대신 거기에 교회당을 세웠다.

볼가 지역에 모스크바의 영향력이 급속도로 팽창해 나감에 따라서 1556년 아스트라한을 정복하게 되고, 1567년에는 북코카서 지역에 째르스크(Tersk)요새를 건축하였다. 모스크바 공국의 이러한 진출은 크리미아 반도와 오토만 제국의 중요한 근심거리가 되었다. 이반 4세는 이것을 의식하여 변명을 하였다. 볼가 지역을 점령한 것은 단순히 거주민들의 충성을 받아내기 위함이지, 이슬람 신앙을 제거하고 모슬렘에게 해를 입히기 위함이 아니라고 설명하였다.

그러나 오토만 제국의 황제 셀림 2세는 그의 변명을 받아들이지 않았다. 모든 모슬렘의 보호자로 자처하는 술탄은 아스트라한 지역과 코카스에 있는 카바르다(Kabarda) 지역은 전통적으로 모슬렘이 거주하는 지역이며 오토만제국의 영역이므로 모슬렘 순례자들과 상인들이 북하라(Bukhara)에서 아스트라한을 지나 메카(Mecca)에 도달하는 길을 열어주고 안전하게 보호해 주어야 한다고 못 박았다. 1571년 이반 4세는 술탄에게 통지하여 째르스크 요새는 다시 없앨 것이며 아스트라한을 통과하는 길을 다시 열어줄 것이라고 하였다. 당시 모스크바 공국은 이슬람과 정면 충돌할 만큼 준비가 되어 있지 않았다. 당분간 모스크바 공국은 오토만 제국을 자극할 만한 일들은 자제하고 선교사역도 자제하게 하였다.

회심과 징벌

16세기 후반 개종화 정책은 짜르가 카잔 대주교 구리에게 지시문을 내림으로 가속화되었다. 자원하는 자에게만 세례를 베푸는 것이 아니라, 원하지 않는 자에게도 수단 방법을 다하여 세례를 베풀어야 한다고 지시하였다. 약간의 죄가 되겠지만, 돈을 주어서라도 일단 기독교로 개종시켜 그리스도에게로 인도한 다음, 사랑으로 잘 가르치면 용서받을 수 있다는 말로 구리 대주교를 설득하였다. 그러나 개종화의 열매는 거의 없었다. 오토만제국의 위협이 계속되고 있었고, 카잔 지역에서 폭동이 계속 일어나고 있었으며, 그 지역 주둔 군대장교들의 일탈행위로 인하여 러시아 정부와 교회의 개종화 정책이 좋은 반응을 얻지 못하였다.

카잔 지역 개종화 문제에 관한 논의가 1590년대 카잔 지역 대주교 게르모겐(Germogen)에 의하여 다시 진지하게 제기되었다. 그는 짜르에게 편지를 보내었다. 지방 관청 관리들의 무지 때문에 새로 개종한 사람들이 기독교법을 따라 살지 못하고, 다시 비기독교 친족들에게로 돌아가 버리는 일들이 계속 발생하고 있으며, 타타르인들은 국가가 제정한 금지사항들을 우습게 여기고 모스크를 새로 건축하고 있다는 등의 내용을 적어 올렸다.

짜르는 1593년 게르모건 대주교가 제기한 문제들에 대하여 다음과 같은 칙령을 내렸다. 즉 "새로운 개종자들은 카잔 근처 분리된 마을로 이주하

여 살아야 한다. 그들을 위하여 농지를 국가가 제공한다. 그들은 러시아인
들과 함께 살아야 한다." 러시아 관리들은 개종자들이 기독교 법을 준수
하는지, 러시아인들이 타타르인이나 전쟁에서 잡혀온 외국인 포로들과 결
혼하지는 않는지를 관찰하였다. 그리고 다른 인종 간에 태어난 자녀들과
개종자들의 노예들은 반드시 세례를 받아야 했다. 만일 기독교의 삶의 방
식을 따르지 않는 개종자는 쇠사슬에 묶어서 감옥에 넣었다. 타타르 신앙
을 잊어버리고, 확실한 기독교인이 될 때까지 가두어 두었다. 모든 모스크
는 다 파괴되었다. 위협, 강력, 그리고 전통적인 특권들을 다 몰수해버리
는 등의 다양한 위협들은 국가의 선교정책들 중의 일부분에 불과했다. 강
제 수단은 러시아 군사 통제와 관료체제가 견고해진 지역에서, 예컨대 볼
가 강 중류 지역 같은 곳에서만 사용될 수 있었다. 러시아가 비기독교인
들에게 호소하는 초기의 방법은 채찍과 당근이었다. 이러한 방식은 특별
히 최전선 지역일수록 더욱 중요한 의미를 지니고 있었다. 그곳에서는 현
지인의 협조를 얻는 것이 초미의 관심사였기 때문이었다. 그러나 교회 성
직자들은 강제가 아니라 오직 사랑의 방법으로 개종시키라는 지시를 받았
다. 개종자에게는 보상으로 모피 옷감, 셔츠, 신발, 돈 등이 주어졌다. 개
종자들은 군대 소총을 사용할 수 있는 후보자의 명단에 올랐고, 최전선
부대 군인이 될 수도 있었으며, 군에서 수고하면 돈이나 곡물을 보상으로
주었다.

비기독교 귀족들의 경우에는 더 좋은 보상이 주어졌다. 그들은 16세기 이래로 점점 더 많은 숫자가 보호와 특권을 위하여 정교회로 개종하였다. 귀족들 대부분은 남쪽 지역과 남동쪽 지역에서 왔다. 팽창하는 러시아는 지방 엘리트들에게 새로운 기회들을 제공하였다. 1552년 카잔을 정복하자마자, 아스트라한, 크리미아, 카잔, 시베리아 그리고 카시모프의 칭기시드(Chinggisid) 왕조의 귀족들이 정교회로 개종하였다. 개종한 귀족들 중에서 가장 주목받은 인물은 1573년 개종한 카시모프의 칸 사인-불랏(Sayin-Bulat)이다. 그가 개종하였을 때, 정교회와 국가는 크게 기뻐하였다. 이후 그는 시메온 베크불라토비치(Simeon Bekbulatovich)라고 더 널리 알려졌으며, 이반 4세에 의하여 약 1년 동안 러시아를 다스리는 왕의 반열에 앉아 있었다. 사인-불랏의 개종 이후 17세기 중엽까지 그의 후손들 모두가 정교회로 개종하였다.[4]

시베리아로부터 크리미아에 이르기까지 여러 곳에서 살던 칭기시드 왕자들, 카잔 지역에 살던 비(非)칭기시드 타타르 귀족들, 카바르디니아 귀족들, 코카스 출신의 임메레치안 통치 왕가들, 볼가 스텝 지역에 살던 노가이 추장들, 칼뮈크 추장들 모두가 각기 다른 시기에 다른 이유들 때문에 정교회로 개종하였다. 어떤 이들은 자신의 라이벌과 대항할 수 있기 위하여 모스크바의 지원을 희망했다. 어떤 이들은 적을 피하여 피신처를 희망했다. 그들 대부분은 개종자들에게 주어지는 혜택에 매력을 느꼈다. 귀족들은 세례를 받으면, 바로 러시아 귀족반열에 올랐다. 군역을 면제받았고, 땅과 돈을 매년 보상으로 받았다.[5]

---

4) *Polnoe Sobranie zakonov Rossiiskoi imperii, Sobranie pervoe*, 45 vols. (St. Petersburg, 1830), 2:867:312-13, *Polnoe sobranie postanovlenii i rasporiazhenii po vedomstvu pravoslavnogo ispovedaniia Rossiiskoi imperii*, 10 vols. (St. Petersburg: Smodal'naia tip, 1869~1916), vol.2, 1722 god: 888, 578).

5) 카시모프의 왕자 세이드 부르칸(Seyid-Burkhan)이 개종했을 때, 짜르 알렉세이는 자신의 딸을 신부로 주겠다고 약속했다.(Vel'iaminov-Zernov, Izsledovanie,

국가가 보기에 개종시키고 세례 주는 것이 비기독교인들의 충성심과 러시아사회질서를 수용한다는 것을 확고히 보증해주는 유일한 수단으로 여겼다. 그들의 인종적인 특징은 그들의 종교적인 차이점에 비하여 하등 의미가 없었다. 비기독교 귀족들의 경우에는 세례는 러시아 주류사회에 동화되는 첩경이었다. 개종한 귀족들은 러시아 귀족들과 결혼했고, 군대의 높은 계급을 받았으며, 국가의 신임을 받아 종종 최전선 지휘관으로 일하였다. 개종한 다음 두세 대만 지나면, 그들의 이름 가운데 비기독교, 비러시아인의 흔적이 하나도 남아 있지 않았다. 어떤 왕조는 개종한 이후 러시아 귀족 명부에 올라 러시아화가 완벽하게 이루어졌다.6)

그러나 귀족반열에 속하지 않은 서민들이 개종할 경우에는 사정이 많이 달랐다. 서민들이 개종할 경우에는 분리된 사회 그룹으로 간주하였다. 그들이 보상으로 받은 세금면제, 군역면제의 혜택은 일시적인 것이었다. 3년 내지 5년이 지나면, 다시 세금과 국가의무를 다 채워야 했다. 게다가 러시아 지방관청 관리들이 자주 약속을 어기고, 원주민들이 러시아 말과 글과 법을 모른다는 점을 악용하여 괴롭혔다.

어떤 러시아 관리들은 개종하려고 세례 달라고 하는 사람들을 거절한 경우도 있지만, 어떤 러시아인은 강제력을 동원하여 억지로 세례를 받게 하는 경우도 있었다. 러시아 관리들이 지나치게 강제력을 동원하여 세례를 준다는 보고가 모스크바에 알려지자, 국가는 오직 자원하는 사람들에게만

3:200). 1598년 크리미아 공국을 대항하는 짜르 보리스의 군부대의 지휘관 이름을 살펴보면, 개종자들의 이름이 상당수 발견된다. 17세기 초부터 체르카스키 왕자들 중에서 카바르디아 왕조가 북코카스 지역에서 러시아 정책을 수정하도록 하는 데 매우 중요한 역할을 하였다(Kabardino-russkie, 1:46, 73-75).

6) 1686년 러시아 황제는 코카스의 임메레치아 통치 왕조들과 시베리아의 왕자들, 카시모프의 왕자들의 이름을 러시아 귀족 명부에 올리라고 명령하였다. (Vel'iaminov-Zernov, Izsledovanie, 4:144).

세례를 주고, 세례받는 자에게 주어지는 많은 혜택을 알림으로써 세례자의 수를 증가시키라고 지시하였다. 국가의 관심은 사실 세례에 있다기보다는 어떻게 하든지 국민들을 통합시키고 국가질서를 견고하게 하며, 폭동이나 불안한 일들이 생기지 않도록 만드는 것이었다. 그래서 필요하다고 생각되면, 국가는 명령서를 발급하여 관청 관리들로 하여금 비기독교인들의 불평을 잠재우도록 지시하거나, 강제적인 이주정책을 정당화하였다.

17세기에 보다 많은 개종자들을 얻기 위하여 러시아 국가의 정책과 행정은 보다 체계화되었다. 특별히 국가는 카잔 지역을 통치하는 수준을 지속적으로 강화해 나갔다. 결과 점점 더 많은 비기독교인들이 러시아의 신민이 되었다. 이러한 현상은 국가와 교회의 개종화 정책을 더욱 고무시켰다. 모스크바는 몇몇 정교회 신자들이 모슬렘 타타르인들 밑에서 노예생활하는 것을 못마땅하게 여겼다. 1649년 국가는 처음으로 포괄적인 노예금지법을 만들었다. 그 내용을 보면, 러시아인들은 타타르인을 섬겨서는 안 되며, 러시아인이 러시아인을 비기독교인들에게 노예로 파는 행위를 금지하는 법률이었다. 국가는 더욱 적극적으로 '개종하기를 원하지만 비기독교인을 섬겨야 하는 노예들'을 해방시켜주기 위하여 노예주인에게 노예 1인당 15루 불씩을 지불하기 위하여 예산을 마련하였다. 그러나 노예제도 덕을 보는 사람들이 많았기 때문에 국가의 정책에 호응하지 않았다. 국가는 벌금제도와 형벌제도를 도입하여 개종한 사람들과 러시아인들이 다시 노예생활로 돌아가는 일을 엄격하게 금하였다.

17세기 후반기에는 국가가 수많은 칙령을 발표하여 개종자들의 토지소유문제를 언급하였다. 비기독교인으로서 군역에 종사하던 사람들에게 우선적으로 개종의 기회와 개종에 따른 보상의 혜택이 주어졌다. 만일 개종하지 않으면, 그들이 소유한 모든 땅을 몰수하여, 개종한 사람들에게 재분배하였다. 몰수당하기 전에 개종한 자들은 재산과 땅을 그대로 세습할 수 있는 권한을 부여해 주었고, 몰수당한 다음에 개종한 자들에게는 새로운 땅을 분배해 주었다. 그러나 시간이 지남에 따라서 국가는 개종자들에게 주어지던 혜택을 제한하였다.[7]

개종자들 중에서 일부는 다시 자기의 비기독교인 친족에게로 돌아가는 경우도 있었다. 그러나 대부분의 경우 돌아가는 길은 막혀 있었다. 배교할 경우 러시아 법 "십자가 목걸이를 벗어버린 죄"를 물어서 벌을 받아야 했다. 가장 심한 벌은 기독교인을 모슬렘으로 만든 모슬렘에게 주어졌다. 그러한 모슬렘은 화형당하였다. 이후 이러한 법은 유대인들에게도 적용되었다. 1738년 스몰렌스크 시에서 보즈니친(Voznitsyn)이라고 하는 퇴역한 러시아 대위가 고문을 받은 다음 자백하기를, 자기는 바룩이라고 하는 유대인에 의하여 할례를 받고 유대교로 개종하였다고 하였다. 두 사람 모두 1649년 국가법에 따라서 화형당하였다.

표트르 1세 치하에서 개종

16세기, 17세기에 개종자들에 관한 정확한 자료가 많지 않다. 있다 하더라도 그 내용과 기록을 정말 신빙할 만한지에 대해서는 논란의 여지가 많다. 기독교로 개종한 자들을 지원하는 법률을 집행한 사례들, 명목상 기독교인이 된 개종자들에 관한 사제들의 불평들, 개종자들의 명단 등 다양한 자료들이 남아 있는데, 분명한 사실 하나는 개종자들의 수가 별로 증가하지 않았다는 사실이다.

---

7) 이런 문제가 다음의 책에서 계속 토의되었다. James Cracraft, *The Church Reform of Peter the Great*(Bristol: Macmillan, 1971). pp.64-70.

비기독교인을 개종시키는 일의 중요성과 당위성에 대하여 이반 포소쉬코프(Ivan Pososhkov)가 나서서 되풀이하여 강조하였다. 그는 표트르 대제 시대 사람이었으며, 러시아의 아담 스미스라고 불린 사람이다. 1719년에 그가 쓴 논문에서, 러시아인들의 소극적인 선교적 노력들과 로마가톨릭 신자들의 적극적인 선교노력들을 비교한 다음, 비기독교인들을 기독교로 끌어들이는 데 무능한 정교회와 정부에 대하여 신랄한 비판을 가하였다.

이 사람들도 200년 동안 러시아 제국의 신민이었다. 그러나 그들은 기독교인이 되지 않았다. 우리가 그들에게 관심을 가지지 않았기 때문에 그들의 영혼은 멸망할 것이다. 가톨릭은 선교사들을 중국, 인도, 그리고 아메리카에까지 보내고 있다. 우리의 신앙이 정통임에도 불구하고, 우리는 아무것도 하지 않고 있다. 조금만 노력하면, 쉽게 모르드바, 체레미스, 그리고 추바쉬인들을 개종할 수 있는데 말이다. 우리 주변에 있는 이교도들은 어린 아이들과 같다. 그들은 읽을 줄도 쓸 줄도 모르고, 법도 없다. 그들은 멀리 있지 않다. 러시아 안에 살고 있다. 볼가 강 유역에, 카마 강 유역에 살고 있다. 그들은 외국인이 아니다. 러시아의 백성이다.[8]

가톨릭교회의 선교, 특별히 제수잇 교단의 선교에 자극을 받은 이반 포소쉬코프는 비기독교인들의 영혼을 구원하여 그들을 훌륭한 기독교인을 만드는 일에 깊은 관심을 가졌다. 포소쉬코프의 이러한 도전은 러시아 정부를 자극하였다. 그러나 동기와 이유는 달랐다. 이슬람과 갈등하고 있던 러시아 정부는 개종화 정책을 더욱 강화하여 모스크바 밖에 있는 비기독교 백성들로 하여금 러시아 황제에게 충성하게 만들어야 하겠다는 의지를 가졌다.

---

8) I. T. Pososhkov, Zaveshchanie Otecheskoe, E. M. Prilezhaev, ed., St. Petersburg, Sinodal'naia tip., 1893, p.323. 포소쉬코프는 계속해서 다음과 같이 주장했다. 국가는 극동 지역 캄차카 반도에도 선교사들을 보내야 한다. 만일 가톨릭이 그곳을 발견한다면, 당장 선교사들을 보낼 것이다. p.327.

개종화 정책은 팽창하는 러시아 제국과 비기독교인들과의 식민적인 만남의 한 측면만을 보여줄 따름이다. 러시아 정부는 비기독교인들을 정교회 신자로 개종시킴으로 러시아 국민으로 만들고자 하였다. 개종자들에게는 많은 혜택을 베푼다는 정책을 시행함으로 개종자들과 개종을 거부한 사람들 사이를 갈라놓았다. 그러나 개종화 정책은 결코 일방적인 정책이 아니었다. 많은 경우 시간이 지남에 따라서 비기독교인들은 개종을 할 때 흥정을 벌였다. 세금면제와 군역면제, 다른 물질적인 혜택을 요구하였다. 어떤 경우에는 여러 번 세례를 받기도 하였다. 일이 이렇게 되자, 개종화 정책은 많은 비용이 드는 일이 되었다. 세금납부자들의 수가 줄어들고, 자주 폭동과 반란이 일어났다. 러시아에서 개종화는 동화(assimilation)와 같은 말이 아니다. 이전의 정체감을 버리고, 새로운 정체감을 획득하는 일은 어려운 과정이었으며, 오랜 시간이 걸리는 일이었다.

19세기에 개종자들이 기독교를 너무 모르고 있다는 사실과 개종자들이 다시 옛 신앙으로 되돌아가는 현상을 보면서 개종화 정책을 수정하여 더 많은 새로운 개종자들을 얻는 대신에, 이미 개종한 사람들을 대상으로 기독교 교육을 더욱 강화하는 방향으로 정책을 수정하였다. 1870년대, 1880년대 이런 정책의 변화가 이루어졌다. 러시아의 교육가, 선교전략가인 니콜라이 일민스키가 개종자들을 향한 새로운 접근법을 개발하였다. 일민스키 시스템이라고 알려진 이 새로운 접근법은 토착 언어로 교육하는 학교를 세우고, 아무것도 모르는 사람들을 위하여 알파벳을 고안하고, 쉬운 말로 성경을 번역하고, 토착 언어로 기도문을 만들어 주고, 토착 언어로 성례전을 집례하는 일련의 교육개종화 시스템이었다. 이러한 아이디어는 500여 년 전 페름의 스테판이 사용한 것이었으며, 뿌리를 더 파고 들어가 보면, 9세기에 슬라브족의 사도였던 끼릴과 메쏘디우스가 사용한 방법이었다.

일민스키 시스템은 매우 성공적이었다. 비기독교인들 사이에서도 인기

가 높았다. 그러나 일민스키가 죽고, 1890년대 러시아 민족주의의 새 물결
이 밀려오자, 일민스키 시스템은 단명으로 끝나고 말았다. 특별히 1917년
공산주의 혁명이 일어난 후, 새롭게 등장한 소련 정부는 러시아 소수민족
들을 정교회로 개종시키는 대신에 무신론으로 개종시키는 일을 조직적으
로 대대적으로 시행하였다.

부록 6 --

러시아정교회 선교(19세기)

17세기는 러시아정교회는 총대주교의 시대라고 불린다.[1] 1589년 모스크바 대주교가 총대주교로 승격된 이후 총대주교청의 입지를 강화한 다음, 17세기에는 본격적으로 러시아 모든 교회의 실제적인 책임자로서 권세를 가지고 교회 일들을 돌보았다.

18세기는 러시아정교회 역사에 있어서 가장 특기할 시기였다. 왜냐하면 교회에 수많은 변화가 이 시기에 일어났기 때문이다. 이 시기에 일어난 변화들은 교회의 위치를 변화시켰고, 교회의 미래 운명과 발전방향을 결정하였다. 영주와 농노들의 관계성이 와해되기 시작하였고, 새로운 부르주아가 등장하였으며, 새로운 사회관계가 형성되기 시작하였다.

17세기 말엽 표트르 대제가 왕위에 올랐다. 그의 초기 통치 기간에는 교회에 아무런 영향을 주지 않았다. 그러나 표트르 대제는 신성종무원을 만들어 교회개혁을 촉구하였고, 부국강병을 위하여 적극적으로 협조하는 기관이 되도록 만들었다. 독재정치가 전복되기 직전까지, 그러니까 볼셰비키 혁명

---

1) 이 글은 <u>The Russian Orthodox Church: 10th to 20th Centuries</u>, ed. by Alexander Preobrazhensky, (Progress Pub. Moscow, 1988). pp.104-189에 실린 소논문 "The Orthodox Church in the 19th Century(by P. N. Ziryanov)" 중에서 주로 통계자료와 관련된 부분만 발췌하여 번역한 것이다.

으로 제정러시아가 완전히 종식되기 직전까지 러시아정교회는 표트르 대제 시대 제정된 법의 통제를 받았다. 표트르가 제정한 법조문 가운데 가장 중요한 조항은 교회지위(Ecclesiastical Statue)에 관한 조항인데, 이후에 보충 보완하여 19세기 상반기에 러시아제국 헌법(Code of the Russian Empire)으로 편찬되었다.

헌법 제1항은 짜르 권력의 종교적인 합법성을 기술하고 있다. 사실 오랫동안 정교회와 독재자들 사이에 암암리에 협력이 있었다. 그런데 이 법전에서는 공개적으로 종교적으로 합법적으로 독재자의 권력과 권위를 옹호하고 있다. "러시아의 황제는 절대군주이다. 하나님 자신이 세우신 자이다. 그러므로 국민은 그에게 복종해야 하며 노하게 해서는 안 된다."

그리고 헌법 40조항은 "정교회가 러시아의 최고의 주된 신앙이다"라고 선언한다. 그리고 이어서 두 조항에 걸쳐서 황제와 정교회와의 관계성을 기술하고 있다. 황제는 오직 정교회 신앙만을 쫓아야 하며, 황제는 정교회 신앙의 최고 보호자(supreme protector)이며, 국가교회교리의 수호자(custodian)이며, 교회 모든 질서와 예절의 수호자(guardian)라고 선언한다.

이러한 법조항은 독재자에게 교회 일을 마음대로 간섭할 수 있게 만들어주었다. 심지어는 교회 교리문제까지도 간섭할 수 있게 하였으며, 다른 소수 종파들을 박해할 수 있는 권한까지도 제공해 주었다.

공식적으로는 이 헌법이 소수 다른 종파들이 황제에게 충성을 바치고, 러시아 군주의 통치를 따르는 한, 그들의 종교의 자유를 허용한다고 선언하였다. 45항은 "신앙의 자유"를 보장한다고 말한다. 그러나 그러한 비정교회 신도들이 사회생활을 하는 데에는 많은 제한과 불이익을 주었다. 실제로 그 다음 46항을 보면, '범죄 억압과 방지'라는 명목으로 타 종교들에 대한 관용과 자유에 관한 규정에 많은 제한 사항들을 두었다. 러시아 내에서 비정교회 신자들의 삶에 직접적으로 영향을 준 조항이 바로 이 46항이었다. 기독교 교파들은 비기독교인들보다 많은 혜택을 누렸으며, 정교회 신자들은 비정교회 신도들보다 많은 혜택을 받았다. 헌법은 비기독교인이 기독교인 되거나, 비정교회 신도가 정교회 신자가 되는 데에는 아무런 제한사항을 두지 않았지만, 정교회 신자가 비정교회 신앙을 가지는 것은 엄하게 금지하였다. 만일 정교회 신자가 다른 신앙을 가지게 되면, 곧바로 교회 고위 성직자에게 보고되며, 이어서 훈계와 교육이 따른다. 만일 훈계를 받지 아니하면, 그의 모든 재산권을 박탈해버린다. 그리고 감시를 받게 한다. 만일 비기독교로 유혹한 자가 발견되면, 그에게 8년에서 10년의 중노동형이 언도되었다. 정교회 신자를 타 기독교로 이끌었을 경우에는 1년 반 동안 강제노역을 해야 했다. 특별히 분리주의자들(schismatics)이라고 명명된 구파 정교회(old believers)가 정교회에 영향을 끼치는 일을 엄하게 법률로 금지하였다. 헌법은 정교회가 자기 교구 주민들을 등록하고, 모든 교구민은 일 년에 한 번 이상 반드시 성찬식과 고해성사에 참여하도록 규정하였다.

정교회 성직자들은 국가로부터 생활비를 받았다. 1842년에는 백승들도 국가로부터 봉급을 받기 시작하였다. 하지만 대부분의 백승들은 봉급 이

외에 세례식이나 결혼식 주례를 통하여 다른 수입을 얻기도 하고, 교구 신자들이 기부금을 모아서 드리는 돈으로 생활비를 충당하였다. 이 외에 성직자들의 수입원은 교회 땅으로부터 얻었다. 19세기 초에 정교회당의 숫자는 27000개였으며, 447개의 수도원이 있었다. 교회와 국가의 협력문제에 있어서 갈등이 없었던 것이 결코 아니었다. 고위성직자들은 국가관리들의 간섭과 압력이 무거운 짐을 느껴졌다.

19세기 말 신성종무원장 포베도노스쩨프 시대에 정교회의 선교사역은 상당히 팽창되었다. 교회의 선교는 국내 선교와 국외 선교로 나뉘어졌다. 후자의 목표는 다른 신앙을 지닌 사람들을 기독교로 전향시키고, 회심시키는 것이었다. 그러나 전자의 경우 선교 목표는 구파 신자들과 다른 소수종파들을 억압하고 소멸시키는 것이었다.

모슬렘과 이교도들 사이에 정교회가 전파될 수 있었던 것은 1870년에 모스크바에서 창설된 '러시아정교회 선교회'의 수고 덕분이었다. 수많은 정교회 형제단들(Orthodox brotherhoods)의 수고와 헌신도 선교사역에 한 몫을 담당하였다. 선교사들은 정부의 행정지원을 의지하였으며, 국가의 정책과 법적이고 제도적인 지원을 자주 요청하였다. 1880년대에는 정교회 신앙에서 이탈시키는 유혹자들과 정교회 신앙을 버리고 다른 데로 간 자들은 그 당시의 법에 따라서 혹독한 핍박을 받았다. 유혹자들이란 비기독교 선교사들뿐만 아니라, 정교회가 아닌 타 교파 기독교 선교사들까지도 포함하였다.

1887년 제1차 러시아선교회 공의회(the First All-Russian Missionary Congress)가 모스크바에서 열렸다. 공격적인 선교사들은 아주 과격한 주장을 하였다. 끝까지 정교회로 전향하지 않는 구파신 자들의 자녀와 소수종파 신도들의 자녀는 부모에게서 분리시키고, 그 부모의 시민권은 박탈해야 한다는 과격한 주장까지 하였다.

1900년 포베도노스쩨프가 참여한 가운데 러시아 정부는 구파 정교회를 박해하는 새로운 법규를 제정하였다. 이 법규에 따르면, 이후로 구파 정교회 신자들은 종교활동권뿐만 아니라 시민권, 인권까지도 박탈한다는 내용이었다. 전향하지 않는 교회지도자들은 투옥되었다. 만일 볼셰비키 혁명이 일어나지 않았더라면, 구파정교회 신자들은 엄청난 피해를 입었을 것이다.

1891년 제2차 선교사 공회의가 열렸다. 이 회의에서는 이단종파들을 억압하는 법규들이 제정되었다. 종파들을 박멸하기 위하여 행정력을 총동원해야 한다는 주장이 제기되었다. 국가행정제도와 정책에 의지한 선교사역, 이것이 정교회 선교사역의 뚜렷한 특징이었다. 아마 행정력과 정책이 선교를 도와주지 않았다면, 아무런 힘을 발휘해지 못했을 것이다.

20세기 초, 정교회는 수적으로 크게 증가하였다. 정교회는 러시아에서 가장 널리 퍼지고, 가장 많은 신도들을 확보한 종교가 되었다. 1897년 정교회 신도 수는 8730만 명이었으며, 전체 인구의 69.5%였다. 20세기 초 러시아정교회는 전세계에서 가장 큰 정교회 국가가 되었다.

1905년 러시아 전역에 알래스카에 있는 1개 주교 관구를 포함하여 66개의 주교관구(dioceses)가 있었다. 교회당은 48,375개였다. 백승들의 수는 103,437명이었다.[2) 수도원은 267개, 수녀원들 포함한 수도단 및 공동체는 208개였다. 흑승의 수는 20,199명이었다. 4개의 신학대학원, 57개의 신학교

---

2) 백승이란 흰 옷을 입은 성직자를 말한다. 흑승이란 검정색 옷을 입은 성직자를 말한다. 백승은 결혼한 성직자이다. 흑승은 수도서원을 하고 혼자 사는 성직자이다.

(학생수는 19348명), 소년들을 위한 초등신학교가 184개 있었다. 그 밖에 교구학교 교사학교도 있었는데, 이 모든 교회 기관들을 신성종무원이 관할하고 있었다. 1905년 당시 교구학교만 해도 25478개가 있었다.

성직자의 수입에 대해서 알아보자. 대체로 백승(百僧)은 흑승(黑僧)보다 수입이 적었다. 그러나 대도시 백승들은 시골 지역 백승들에 비하여 많은 월급을 받았다. 동부 지역보다 유럽에 가까운 서부 지역에 위치한 50개 도시의 백승이 1905년 당시 소유한 토지가 일인당 337,000데샤치나(1데샤치나는 1.092헥타르)였다. 대도시 카잔 성모 대성당 부제의 연봉은 5,700루불이었다. 이삭 대성당의 부제는 3,300루불, 세 번째로 낮은 성직자의 연봉이 2200루불이었다. 뻬쩨르부르그 안에서 사역하던 신부들 가운데서 연봉은 1000~2000루불을 받는 신부는 368명이었고, 2000~5000루불을 받는 신부는 201명이었으며, 연봉 5000루불 이상을 받는 신부는 3명이었다.

이러한 액수가 당시 어느 정도의 위치였는가? 1905년을 전후하여 백승의 월급은 러시아 부르주아 지성인들 가운데서 최고의 월급이었다. 당시 종합대학 종신교수직을 보장받은 교수가 연봉 3000루불을 받았다. 조교수가 1200루불을 받았다. 판사가 평균 연봉 2000~5000루불을 받았다. 반면에 뻬쩨르부르그 노동자들의 연봉이 1904년 당시 366루불이었다.

포베도노스쩨프는 레오 톨스토이를 교회에서 파문해야 한다고 강력하게 주장하였다. 톨스토이는 무정부주의라는 전염병을 퍼뜨리고 있으며, 러시아전역에 교회와 정부에 대한 불신을 조장하고 있으므로 그는 명백하게 교회와 국가와 시민질서의 적이라고 규정하였다.

포베도노스쩨프는 몸이 아프다는 이유로 내각회의에 불참하였다. 그러나 재무장관 Witte는 말하기를, "신앙의 자유에 관한 칙령에 관한 토론에 불참하기 위하여 아프다는 핑계를 이용하고 있다"고 비난하였다. 포베도

노스쩨프는 성직자들이 사회주의와 무정부주의 사상을 설교하고 있다고
비난하였다.

19세기 후반 러시아정교회는 강력했고 안정되어 있었다. 총 65개의 교
구에 130명의 주교, 50,960명의 사제, 15,120명의 부제, 2만 명의 수도사, 6
만 명의 수녀가 있었고, 교회와 성당만도 1,0267개가 있었으며, 신자 수는
1억 명에 달해 세계 최대의 민족교회였다.

• 저자 •

누가 알렉산더 베로니스

• 약 력 •

누가 알렉산더 베로니스(Luke Alexander Veronis)는 1965년 2월 2일 알렉산더 베로니스 목사님과 펄 베로니스 사모님 사이에서 태어났다. 그는 그리스계 미국인 이민 3세였으며, 다섯 형제 중에서 막내였다. 그는 펜실베니아 주 랑케스터에서 초등학교와 중등학교를 다녔다.

1987년 펜실베니아 주립대학교를 졸업한 이후(교육학을 전공, 수학은 부전공), 케냐에서 1년 동안 선교사 생활을 하면서 동부 아프리카 정교회를 도왔다. 케냐에서 토착민들과 연합하여 4개의 석조 예배당을 건축하는 일과 의료센터를 조직하는 일 그리고 두 개의 선교사 집을 세우는 일을 도왔다.

선교사역을 마친 이후에 1989년부터 1992년까지, 매사추세츠 주 브루클린에 있는 성 십자가 희랍정교회신학교(Holy Cross Greek Orthodox School of Theology)에 입학하였다. 교역학 석사(M. Div.) 학위를 우수한 성적으로 받았다. 그 다음 풀러신학교 세계선교대학원에 입학하여 선교학 석사과정을 시작하였다.

1989년부터 1993년까지 세 개의 단기선교 팀을 이끌고 가나, 케냐 그리고 동부 아프리카(케냐, 우간다, 탄자니아)에 갔다. 한 팀은 건축을 돕는 팀이었고, 다른 두 개의 팀은 교육하는 팀, 청소년 그룹을 지도하는 팀이었다. 그는 이후에 짧은 기간이지만 러시아와 알바니아 단기선교여행을 다녀왔다. 지금은 알바니아 정교회와 연합하여 선교하는 알바니아 장기 선교사이다. 아직 성직자 안수는 받지 않았지만, 주님의 뜻이라면 안수를 받은 뒤에 정교회 선교를 위하여 헌신할 유능한 교회의 일군이다.

• 편역자 •

남정우

• 약 력 •

1993년부터 러시아 모스크바에서 4년간
군선교, 병원선교, 신학교 교수 사역을 하였고,
장로회신학대학교 대학원에서
러시아정교회선교역사를 연구하여
2005년에 신학박사 학위를 받았다.

현재 임마누엘교회(서울 강남구 대치3동) 담임목회를 하면서
장신대 겸임교수(선교학과)로 학생들을 가르치고 있다.

이메일 주소는 jeungou@hanmail.net이다.

• 주요논저 •

『동방정교회 선교역사 연구』
『동방정교회 이야기』
『동방정교회』

외 다수

동방정교회 선교사들
The Missionaries of Eastern Orthodox Church

• 초판 인쇄	2007년 8월 25일
• 초판 발행	2007년 8월 25일
• 지 은 이	남정우
• 펴 낸 이	채종준
• 펴 낸 곳	한국학술정보㈜
	경기도 파주시 교하읍 문발리 526-2
	파주출판문화정보산업단지
	전화 031) 908-3181(대표) · 팩스 031) 908-3189
	홈페이지 http://www.kstudy.com
	e-mail(출판사업부) publish@kstudy.com
• 등 록	제일산 115호(2000. 6. 19)
• 가 격	28,000원

ISBN   978-89-534-7105-4 93230 (Paper Book)
       978-89-534-7106-1 98230 (e-Book)